Antonino Gomes Paixão

O Agronegócio brasileiro: origem, ascensão, queda e seus impactos sobre o Meio Ambiente

2022

O Agronegócio brasileiro: origem, ascensão, queda e seus impactos sobre o Meio Ambiente

Antonino Gomes Paixão

Economia Ambiental

2022

Paixão, Antonino Gomes

O Agronegócio brasileiro: origem, ascensão, queda e seus impactos sobre o Meio Ambiente

Cuiabá, 2022

1. Economia Ambiental; 2. Florestas; 3. Desertificação; 4. Rios voadores

APRESENTAÇÃO

Esta obra é parte integrante do trabalho de maior dimensão publicado pelo mesmo autor sob o título "Os Verdadeiros Fundamentos da Economia Política e Empresarial" no seu Volume I. O Volume II ainda está na fase de elaboração. Na versão original e mais abrangente esse estudo tem como objetivo principal, apresentar uma metodologia inédita e revolucionária a respeito dos fundamentos considerados como verdadeiramente científicos que devem reger a Economia enquanto Ciência Social Pura e Aplicada. A técnica utilizada para isso é o método dialético de Platão trabalhado no contexto da visão holística.

Nesta nova concepção a Economia rompe de maneira definitiva com as metodologias tradicionais que utilizam as técnicas dedutivas, indutivas, cartesianas norteadas pelo contexto sofista, que são consideradas equivocadamente pelas escolas clássica, neoclássica e monetarista como instrumentos essenciais para trabalhar esse campo de investigação enquanto ciência. Com esse novo propósito o fundamento básico deste estudo é transformar a Economia numa verdadeira Ciência Social Pura e Aplicada estruturada segundo os pilares no seu sentido lato, admitidos como basilares para dogmatizar uma doutrina em sua essência.

Inserida nesse contexto esta publicação elaborada à parte, separada de seu corpo gerador, se dá como necessária para fazer uma análise crítica incisiva sobre o intenso processo de degradação das florestas, campos, mata atlântica, cerrado e caatinga brasileiros que se realiza de maneira indiscriminada pela vertente econômica tradicional, alicerçada nos pináculos da Escola Clássica, Neoclássica e Monetarista, considerada por esses como essenciais para a produção da riqueza social, estabelecendo-se nesse cenário uma verdadeira relação perde-ganha.

Entrementes, na apreciação deste estudo essa visão é equivocada em toda sua amplitude. Na verdade não se faz necessário que, para a produção da riqueza social seja preciso que haja a destruição da biota de uma determinada região. Para que se produzam mercadorias nunca é preciso levar a exaustão os recursos que permitem a sua própria fabricação. Assim, nesse contexto pode-se estabelecer um processo de produção fundamentado no princípio ganha-ganha, aonde todos os envolvidos saem em condições satisfatórias dentro de uma relação de produção e distribuição de riquezas.

De maneira sucinta é esse o fundamento que este trabalho pretende demonstrar para evitar a contento a destruição da riqueza natural do Brasil e talvez do mundo, desde que se considerem os fundamentos da produção de riquezas baseados nos princípios econômicos desenvolvidos por Platão e internalizados como basilares por Adam Smith para viabilizar a elaboração de sua obra de maior abrangência na seara econômica, batizada por esse de "Uma Investigação sobre a Natureza e as Causas da Riqueza das Nações" publicadas pela primeira vez em 1776.

Com esse intento de maneira revolucionária esta obra pretende centralizar suas análises sobre a questão da destruição da biota (flora e fauna) brasileira para buscar evitar que haja a sua substituição pela produção de pastos e plantações de *commodities* fazendo com que partes significativas dessas áreas verdes entrem - o que já está acontecendo -, num intenso processo de desertificação.

O instrumental utilizado, conforme frisado, é o método dialético de Platão, trabalhado numa abordagem holística, objetiva, clara, sem a utilização de cálculos matemáticos complexos, aonde os temas são apresentados de maneira natural, abrangente e muito instigante, trazendo a todo o momento à baila, situações que exemplifiquem e demonstrem como os assuntos devem ser tratados e levados em consideração pelo público ledor, com a finalidade de se obter um posicionamento definitivo, conciso e determinado sobre cada discussão avaliada e que tragam à luz do conhecimento as soluções dos problemas principais que levam à destruição da biota brasileira tendo em mente sempre, a essência dessas questões de forma basilar sem o uso de ideologias.

SUMÁRIO

1	**Introdução**..	**06**
2	**A importância da Terra para se produzir riqueza**..	**09**
2.1	Da Renda gerada pelo uso da Terra ou Renda da Terra à Renda Diferencial da Terra............	13
	2.1.1 O salário, o lucro do capital e a renda da terra como os três componentes da renda total gerada na formação da riqueza econômico-social...	19
	2.1.1.1 Parte Primeira...	26
	2.1.1.1a Os produtos da terra que sempre proporcionam renda...................	26
	2.1.1.1b A verticalização do processo de produção agrícola e sua subdivisão em estratos..	28
	2.1.1.2 Parte Segunda...	34
	2.1.1.2.1 O produto da terra que às vezes proporciona renda e às vezes não	34
	2.1.1.2.2 Os verdadeiros motivos que levaram a intensificação da produção de matérias primas (*commodities*) no Brasil pelo regime militar...	40
	2.1.1.2.2.1 Adendo...	**41**
2.2	De onde tudo realmente começou em períodos recentes...	54
3	**Enfim, a intensificação do processo de produção de matérias primas (*commodities*) no Brasil pelo regime militar: fatos e consequências**..	**69**
3.1	A estratégia das multinacionais para se apropriarem do setor de matérias primas (*commodities*) do Brasil...	76
3.2	A importância do real papel que as florestas oferecem para a preservação da vida, no Planeta: a abordagem técnico-científica da situação..	89
	3.2.1 Como se dá o processo de criação das chuvas pelas florestas e a intensificação da formação de desertos no território brasileiro...	93
3.3	O Método de Valoração Contingente – MVC como instrumento de aferição das contribuições financeiras da população visando a preservação dos recursos ambientais.............................	105
	3.3.1 O MVC e o Preço Social de Mercado..	106
3.4	O papel da Economia Ambiental Neoclássica e da Economia Ecológica no trato da preservação dos recursos ambientais...	110
3.5	A importância das florestas mantidas em pé para as práticas socioeconômicas do ecoturismo.....	111
4	**Sugestões e possíveis soluções para o marasmo produtivo brasileiro na seara agropecuária e ambiental**..	**114**
5	**Referências**...	**128**

1. **Introdução**

Para o senhor Adam Smith, (1996: 59):

>O trabalho anual de cada nação constitui o fundo que originalmente lhe fornece todos os bens necessários e os confortos materiais que consome anualmente. O mencionado fundo consiste sempre na produção imediata do referido trabalho ou naquilo que com essa produção é comprado de outras nações.
>
>Conforme, portanto, essa produção, ou o que com ela se compra, estiver numa proporção maior ou menor em relação ao número dos que a consumirão, a nação será mais ou menos bem suprida de todos os bens necessários e os confortos de que tem necessidade.
>
>Essa proporção deve em cada nação ser regulada ou determinada por duas circunstâncias diferentes; primeiro, pela habilidade, destreza e bom senso com os quais seu trabalho for geralmente executado; em segundo lugar, pela proporção entre o número dos que executam trabalho útil e o dos que não executam tal trabalho. Qualquer que seja o solo, o clima ou a extensão do território de uma determinada nação, a abundância ou escassez do montante anual de bens de que disporá, nessa situação específica, dependerá necessariamente das duas circunstâncias que acabamos de mencionar.

Quando Adam Smith cita a expressão: "fundo" ele está se referindo a toda a infraestrutura produtiva que existe e que está disponível para viabilizar as atividades humanas na produção da riqueza social, no caso: a quantidade de estradas, rodovias, ferrovias, indústrias, hospitais, casas, escolas, áreas de lazer, instalações industriais e comerciais, tipos, quantidades e qualidades dos maquinários, quantidade de mão de obra dividida em qualificada e não qualificada, número de trabalhadores-empresários qualificados e prontos para iniciar quaisquer atividades produtivas e que constituem o capital intelectual, tipo e nível de desenvolvimento da tecnologia disponível, etc., e que podem ser acionadas por intermédio do trabalho realizado anualmente na produção, além do montante de dinheiro que o País possui e que pode ser disponibilizado na condição de capital, visto que, dinheiro nada mais é do que um intermediário de trocas.

Vale ressaltar que o dinheiro disponível na forma de fundo corresponde ao montante de moeda que a sociedade acumulou e que pode ser canalizada para investimentos na produção da riqueza social. O dinheiro existente nessa modalidade é dividido em dois tipos de recursos. O primeiro é a totalidade de moeda que forma os fundos privados e que são administradas pelos bancos públicos e privados. Esse é a poupança entesourada pelos particulares e que se encontra recolhida em suas respectivas contas bancárias fornecidas por tais bancos. Esse tipo de moeda é captado pelos bancos junto ao público e é repassado como empréstimos mediante remuneração na forma de juros aos trabalhadores-empresários, que os utilizam para investimentos na produção de mercadorias, além do governo, que os empregam nas atividades de formação bruta de capital fixo via construção da infraestrutura econômica e social.

Nesse contexto cabe frisar que a grande maioria dos recursos, excluindo os depósitos voluntários realizados pelos agentes econômicos, sejam eles, empresas, famílias ou governo, que os bancos recolhem perante a sociedade, os mesmos, os remuneram mediante pagamento de juros. Esses fundos são passados para os bancos na condição de recurso financeiro visto que as autoridades bancárias os utilizam emprestando-os aos agentes públicos e privados também a juros, para geração de rendas definidos como ganhos financeiros. Dessa maneira, os bancos fazem a intermediação do dinheiro entre os poupadores, no caso a sociedade, e os investidores, que são os agentes produtivos (empresas) e o governo, utilizando-se dos juros como meio de troca e geração de ganhos que são originados pela diferença entre a captação e os empréstimos de moeda para o público criando assim o mercado financeiro. Vale ainda acrescentar que essa diferença que se transmuta em renda para os bancos originária dos juros é definida como ganho porque as atividades bancárias são classificadas como prestação de serviços e que, portanto, sendo assim, não geram excedentes econômicos e por isso também, não propiciam lucros, visto que, os lucros da sua parte, são os próprios excedentes econômicos metamorfoseados na forma de renda para os produtores advindos das vendas desses excedentes na condição de mercadorias, no mercado.

Assim, os bancos captam dinheiro no mercado pagando juros e os emprestam recebendo juros para remunerar o recurso financeiro emprestado e ao mesmo tempo obter uma renda na forma de ganho, para garantir o seu sustento. Particularmente, nessa relação, não entrou capital e nem saiu capital do mercado uma vez que o que foi emprestado foi apenas dinheiro, ou seja, meios de pagamentos e recebimentos nominativos de moeda.

Nessa relação não foi produzida nenhuma mercadoria pelos agentes privados ou criada nenhuma infraestrutura econômica e social pelo governo. Apenas houve a circulação da moeda que será utilizada como intermediária de troca numa atividade subsequente, que poderá ser a inversão na produção de mercadorias ou investida pelo setor público na formação de infraestrutura econômica e social, ou ainda, ser destruída na forma de consumo ou gastos pelas famílias.

Quando o dinheiro é utilizado para investimentos na produção de mercadorias e construção de infraestrutura econômica e social, diz-se que nessa condição ele é capital financeiro, uma vez que o mesmo está sendo utilizado na produção da riqueza, portanto, promoção do desenvolvimento econômico e social. Quando esse dinheiro é utilizado em gastos com consumo e pagamentos diversos das atividades de serviço pode-se dizer que ele está respectivamente, contribuindo com a destruição da riqueza social via consumo e facilitação da produção da riqueza econômica, visando suprimir uma necessidade da sociedade.

Daí porque dizer que dinheiro não é capital e sim, apenas um intermediário de trocas. Por possuir essa característica intrínseca básica, pode-se afirmar também que o custo da captação e aplicação desse fundo privado tem alto grau de risco devido à elevada possibilidade de não retorno ao seu detentor, o que implica em captação financeira a altas taxas de juros, fato esse que pode até inviabilizar as atividades econômicas em dado momento. Isso porque no mercado de produção de riquezas o juro aparece como a quarta parte do lucro, pois se não for assim, jamais os agentes produtivos captarão dinheiro para inversões no mercado, visando gerar excedente econômico.

O outro tipo de dinheiro disponível como fundo é o que é constituído mediante o pagamento de impostos pela sociedade para inversões em setores que só cabe ao Estado atuar e os que são criados pelas atividades realizadas pelos trabalhadores e trabalhadores-empresários na forma de contribuições sociais durante o processo de produção de riquezas. Esse tipo de fundo visa gerar poupanças que serão disponibilizadas na aposentadoria, construção de moradia para a classe trabalhadora, assistência médica e dentária desses indivíduos, que em sua grande maioria não têm moeda reservada em quantidade suficiente para enfrentar essas situações, constituindo o que se chama de fundo social. Por apresentar essas características peculiares tais fundos são tradicionalmente de longo prazo e por isso apresentam baixíssimo grau de risco, uma vez que, quem os administra é o próprio governo por intermédio de autoridades financeiras públicas, e utilizadas mediante elaboração de projetos de análise de custo-benefício muito bem administrados por essas autoridades, principalmente os bancos públicos, se tornando assim, como recursos propícios para investimentos em infraestrutura econômica e social. Mediante a adoção de estratégias semelhantes elaboradas pelos agentes públicos e desde que bem administrados, uma boa parte dessa poupança pode ser canalizada na forma de empréstimos para investimentos do setor privado a baixíssimas taxas de juros viabilizando todo o setor de produção e geração da riqueza na economia nacional.

Naturalmente, em decorrência disso resta acrescentar que "conforme, portanto, essa produção, ou o que com ela se compra, estiver numa proporção maior ou menor em relação ao número dos que a consumirão, a nação será mais ou menos bem suprida de todos os bens necessários e os confortos de que tem necessidade" (p.59).

No que tange à formação do Estado, Platão aponta em "A República" que, uma nação reflete a educação, a cultura, as vontades e os interesses de seu governante. Para esse filósofo, um Estado só mudará sua gestão se seu representante maior assim o desejar visto que, a administração de cada país dependerá do perfil de seu líder máximo. Logo, se um governante pertencer a uma classe de produtores rurais, ou pertencer à classe dos industriais, ou ainda, do sistema financeiro, e gostar da forma como esse sistema funciona atendendo aos seus anseios, ele buscará manter tal sistema, uma vez que o mesmo ampara seus interesses e suas expectativas, mesmo que em detrimento das demais classes sociais. Caso discorde do sistema vigente, o líder máximo da nação buscará mudar e implantar a forma de governo que melhor atender seus interesses, a não ser que a sociedade intervenha e o force a manter um sistema de governo que contemple os verdadeiros anseios da nação e não especificamente, os do seu governante. Esse fator primordialmente, de acordo com Platão, dependerá do nível de educação e cultura de seus líderes, portanto da sua condição de verdadeiro Estadista. Agora, esse tipo de tendência de governar é tanto mais utilizado em cada Estado quanto mais tirânico for o governante e quanto mais ignorante for a sua população.

Essa assertiva feita por Platão é reforçada por Smith quando ele versa sobre o mesmo assunto. Como enfatiza esse último, tais discordâncias são motivos de conflitos de interesses e guerras que avançam séculos. Normalmente, mudar o sistema de gestão de Estado significa mudar jogos de interesses e criar novos paradigmas do sistema de produção e de comércio. Essas mudanças normalmente não se dão apenas com trocas de gestores, mas sim, com guerras extremamente sangrentas e transformações severas nas relações sociais em questão, o que podem deixar cicatrizes eternas. Bons exemplos disso é a Revolução Francesa (1789) que solidificou a ideia do liberalismo na Europa. A Revolução Bolchevique na Rússia (1917) e a Revolução Comunista na China (1949). Na realidade a história da evolução econômica e social é toda ela marcada por guerras dessa natureza, que ocorreram ao longo dos séculos.

Sobre o tema, assim assinala Smith (1996:60)

> As nações razoavelmente desenvolvidas no tocante à habilidade, destreza e bom senso com os quais o trabalho é executado, têm adotado planos muito diferentes na gestão ou direção geral do referido trabalho, sendo que esses planos diversos nem sempre têm favorecido de maneira igual a grandeza de sua produção. A política de algumas nações incentivou extraordinariamente a indústria do campo, ao passo que a de outras estimulou mais a indústria das cidades. Dificilmente existe uma nação que tenha adotado a mesma política em relação a cada tipo de indústria. Desde a queda do Império Romano, a política da Europa tem favorecido as artes e ofícios, as manufaturas e o comércio, indústria das cidades, mais do que a agricultura, indústria do campo. [...]
> Embora esses planos diferentes talvez tenham sido de início introduzidos pelos interesses particulares e preconceitos de classes específicas de pessoas — sem nenhuma consideração ou previsão das suas conseqüências para o bem-estar da sociedade —, não obstante isso, deram origem a concepções ou teorias de Economia Política muito diferentes entre si; algumas delas enaltecem a importância da atividade das cidades, outras encarecem a importância da do campo. Essas teorias tiveram uma influência considerável, não somente sobre as teses dos eruditos ou pesquisadores, mas também sobre a gestão pública dos príncipes e governantes dos Estados.

Como o próprio Smith observa em sua obra, a Europa desde o fim do Império Romano dá prioridade à produção manufatureira e às atividades de comércio visando à criação de um fundo global na forma de riquezas sociais, daí porque, talvez, se explique a supremacia das nações desse continente sobre todos os demais países do mundo, principalmente a partir do Século XV, mas que, atualmente, em parte, já não se observa mais, devido ao desenvolvimento e a propagação do próprio sistema capitalista por praticamente todas as nações da Terra, de uma maneira ou de outra.

No § a seguir, Smith (p. 66) continua sua observação já no que se refere à divisão do trabalho:

> Em qualquer outro ofício e manufatura, os efeitos da divisão do trabalho são semelhantes aos que se verificam nessa fábrica insignificante embora em muitas delas o trabalho não possa ser tão subdividido, nem reduzido a uma simplicidade tão grande de operações. A divisão do trabalho, na medida em que pode ser introduzida, gera, em cada ofício, um aumento proporcional das forças produtivas do trabalho. A diferenciação das ocupações e empregos parece haver-se efetuado em decorrência dessa vantagem. Essa diferenciação, aliás, geralmente atinge o máximo nos países que se caracterizam pelo mais alto grau da evolução, no tocante ao trabalho e aprimoramento; o que, em uma sociedade em estágio primitivo, é o trabalho de uma única pessoa, é o de várias em uma sociedade mais evoluída. Em toda sociedade desenvolvida, o agricultor geralmente é apenas agricultor, e o operário de indústria somente isso.

Como se pode depreender do resumo acima, Smith acaba por confirmar que a divisão do trabalho é decorrente da evolução tecnológica ao afirmar que, quanto mais avançado tecnologicamente for a nação maior será a divisão do trabalho e quanto maior for o nível de ignorância do Estado praticamente em todos os níveis tecnológico e social, menor será a divisão do trabalho, fazendo transparecer que essa mesma divisão do trabalho decorre do avanço tecnológico embutido nas próprias máquinas e, portanto, ele se transforma em divisão de profissões decorrentes dos talentos individuais de cada um para as divisões técnicas de atividades produtivas.

Quando cita a agricultura, esse autor embora acrescente que a divisão do trabalho seja muito mais intensa nas fábricas, o resultado da implantação desse processo, nesse ramo de atividade, não é tão notório. Isso por que:

> [...] A natureza da agricultura não comporta tantas subdivisões do trabalho, nem uma diferenciação tão grande de uma atividade para outra, quanto ocorre nas manufaturas. É impossível separar com tanta nitidez a atividade do pastoreador da do cultivador de trigo quanto a atividade do carpinteiro geralmente se diferencia da do ferreiro. Quase sempre o fiandeiro é uma pessoa, o tecelão, outra, ao passo que o arador, o gradador, o semeador e o que faz a colheita do trigo muitas vezes são a mesma pessoa. Já que as oportunidades para esses diversos tipos de trabalho só retornam com as diferentes estações do ano, é impossível empregar constantemente um único homem em cada uma delas. [...] Smith (1996:67)

Fazendo comparações das divisões do trabalho entre cidade e campo no tocante à atividade agrícola em relação às fábricas, Smith deixa claro que, a divisão do trabalho que se verifica no campo não se dá com a mesma intensidade como ocorre nas indústrias, uma vez que, as atividades no campo são intercaladas de acordo com as estações do ano, o que obriga os agricultores a fazerem as distribuições das divisões do processo de produção em etapas envolvendo o período de preparação do solo, o de plantio e o de colheita, aonde os trabalhadores que executam tais atividades são praticamente os mesmos, enquanto que nas indústrias, o processo de produção no chão da fábrica é concomitante, exigindo trabalhadores diferentes para a realização dessas atividades.

O mesmo não se pode dizer ao se fazer a comparação entre países ricos e pobres, no tocante aos produtos manufaturados que, em termos proporcionais, quanto à produtividade, à competitividade e aos lucros, as diferenças entre tais nações são gigantescas, como se observa na transcrição apresentada abaixo. Entrementes, quando se refere à agricultura essa diferença descomunal de ganhos não são tão significativos visto que, os investimentos em tecnologia são elevados gerando custos cada vez maiores enquanto que, a produtividade da terra não acompanha os dispêndios com essas inversões fazendo em última análise com que, os ganhos do campo nos países ricos não sejam tão elevados em relação aos dos países pobres nesse setor. Outro fator que evidencia mais ainda essa situação são os rendimentos decrescentes que se verificam nas atividades agrícolas, que afetam tanto os países ricos quanto os pobres como ver-se-á mais à frente, quando forem trabalhadas as obras de outros célebres economistas neste mesmo livro.

> As nações mais opulentas geralmente superam todos os seus vizinhos tanto na agricultura como nas manufaturas; geralmente, porém, distinguem-se mais pela superioridade na manufatura do que pela superioridade na agricultura. Suas terras geralmente são mais bem cultivadas, e, pelo fato de investirem mais trabalho e mais dinheiro nelas, produzem mais em proporção à extensão e à fertilidade natural do solo. Entretanto, essa superioridade da produção raramente é muito mais do que em proporção à superioridade de trabalho e dispêndio. Na agricultura, o trabalho do país rico nem sempre é muito mais produtivo do que o dos países pobres, ou, pelo menos, nunca é mais produtivo na mesma proporção em que o é, geralmente, nas manufaturas (P. 67).

2. A importância da Terra para se produzir riqueza

No Capítulo VI de sua obra "A Riqueza das Nações: Investigação sobre sua Natureza e suas Causas" publicada pela primeira vez em 1776, Adam Smith afirma que, na fase primitiva que antecede ao acúmulo de riquezas nas mãos de determinadas pessoas é a apropriação da terra, ou seja, a propriedade da terra, a única medida de valor que era possível de se utilizar para se realizar a efetivação da troca e que era baseada no tempo de trabalho que se levava para que o indivíduo tomasse posse daquele objeto que a mesma oferecia, fosse ele um animal ou qualquer outro tipo de objeto diverso. Nesse caso, se, por exemplo, um animal levasse até três horas de trabalho para ser caçado e abatido e outro levasse apenas uma hora de caça para ser totalmente dominado pelo seu caçador, o segundo animal teria apenas 1/3 do valor do primeiro.

No que se refere à determinação de valor pelo tempo de labor despendido pelo artífice na produção de determinada atividade, fosse ela um trabalho braçal ou um tempo gasto na aquisição de um objeto qualquer, prevalece o tempo gasto na realização de tal ocupação. Tomando outro exemplo: se um indivíduo ocupasse quatro horas de trabalho para fazer uma faca de algum tipo de metal e o outro levasse duas horas, também de trabalho, para fazer um cabo de uma lança, esse cabo custaria para o produtor da faca de pedra, apenas a metade do valor de sua faca, ou seja, 2/4, e, a faca de pedra, custaria o dobro do valor em unidades de trabalho para o fabricante do cabo de lança, no caso, 4/2. Assim, esse padrão de medida de trabalho proporcional em função do tempo, deveria prevalecer para quaisquer situações de realização de trocas diversas. (p. 101). Esse tipo de unidade de medida também vale para a questão de talentos individuais no que se refere à habilidade e destreza de cada um dos seres humanos, que se habilitam na produção de um determinado objeto. Lembrando que, essa habilidade é determinada e se adquire pelo tempo em que o indivíduo se dedica na sua especialização e a transforma na sua profissão. Nesse caso, fala-se de uma situação em que, todo o produto do trabalho pertence ao trabalhador.

> Se um tipo de trabalho for mais duro que o outro, naturalmente deve-se deixar uma margem para essa maior dureza; nesse caso, o produto de uma hora de trabalho de um tipo frequentemente pode equivaler ao de duas horas de trabalho de outro. Ou então, se um tipo de trabalho exige um grau incomum de destreza e engenho, a estima que as pessoas têm por esses talentos naturalmente dará ao respectivo produto um valor superior àquele que seria devido ao tempo nele empregado. Tais talentos raramente podem ser adquiridos senão mediante longa experiência e o valor superior do seu produto muitas vezes não pode consistir em outra coisa senão numa compensação razoável pelo tempo e trabalho despendidos na aquisição dessas habilidades. [...] Nessa situação, todo o produto do trabalho pertence ao trabalhador; e a quantidade de trabalho normalmente empregada em adquirir ou produzir uma mercadoria é a única circunstância capaz de regular ou determinar a quantidade de trabalho que ela normalmente deve comprar, comandar ou pela qual deve ser trocada. Smith (1996:101)

Segundo Smith, neste caso, em seguimento aos fundamentos teóricos de Platão[1], que foi o primeiro filósofo que trabalhou com esse tipo de análise em "A República", em decorrência do aumento do número de indivíduos num determinado local, realizando atividades diversas, fato esse que tem como consequência a elevação e a diversificação das necessidades, tudo isso analisado em conjunto traz como resultado o aumento da diversidade de talentos naturais que acompanham as habilidades desses indivíduos num mesmo lugar: uns que tem o talento natural da medicina, outros da construção, outros que têm o dom das invenções, outros das pesquisas e consequentemente das descobertas, da meditação, outros da oração e adoração às divindades, etc. É como reflexo de toda essa movimentação que faz surgir profissões diversas, com rendas também diversas.

Esse cenário incrementa a quantidade e diversidade de trocas, aonde, as pessoas mais laboriosas e mais moderadas nos gastos e no esbanjamento das suas posses vão acumulando riquezas e as que têm o dom de formar equipes e grupos de trabalho, em prol da produção de mercadorias, com certa renda acumulada e capacidade de gerenciamento, vão se estruturando e concentrando suas atividades num único lugar, dando origem às empresas. Esse processo viabiliza a aquisição e aumento do número das máquinas e as divisões do trabalho vão se intensificando, fazendo surgir a indústria, concebida como a concentração de várias empresas num mesmo lugar e produção em alta escala. Por conseguinte, tudo isso exige a construção de estradas, pontes, hospitais, escolas, e infraestrutura, que garanta a estabilidade e a sustentação do crescimento com desenvolvimento das relações de troca, fazendo surgir o Estado e suas funções, e consequentemente, a continuidade desse processo faz viabilizar a facilidade de convivência entre as pessoas viabilizando a formação educacional e a cultura, consubstanciada com a criação de normas mais justas de produção, que vão se consolidando e viabilizando o surgimento e a civilização das cidades.

---

[1] Ver a obra "A Essência da Economia Desvelada pelo Método Dialético de Platão" Volume I, de: Paixão (2021).

Esse contexto imaginado inicialmente, conforme visto anteriormente por Platão, e incorporado por Adam Smith de certa forma em suas análises, fez este último, centrado nas atividades laborais sob o controle do trabalhador-empresário, diante do cenário desenvolvido e apresentado acima, estabelecer as seguintes recomendações:

> No momento em que o patrimônio ou capital se acumulou nas mãos de pessoas particulares, algumas delas naturalmente empregarão esse capital para contratar pessoas laboriosas, fornecendo-lhes matérias-primas e subsistência a fim de auferir lucro com a venda do trabalho dessas pessoas ou com aquilo que este trabalho acrescenta ao valor desses materiais. Ao trocar-se o produto acabado por dinheiro ou por trabalho, ou por outros bens, além do que pode ser suficiente para pagar o preço dos materiais e os salários dos trabalhadores, deverá resultar algo para pagar os lucros do empresário, pelo seu trabalho e pelo risco que ele assume ao empreender esse negócio. Nesse caso, o valor que os trabalhadores acrescentam aos materiais desdobra-se, pois, em duas partes ou componentes, sendo que a primeira paga os salários dos trabalhadores, e a outra, os lucros do empresário, por todo o capital e os salários que ele adianta no negócio. Com efeito, o empresário não poderia ter interesse algum em empenhar esses bens, se não esperasse da venda do trabalho de seus operários algo mais do que seria o suficiente para restituir-lhe o estoque, patrimônio ou capital investido; por outro lado, o empresário não poderia ter interesse algum em empregar um patrimônio maior, em lugar de um menor, caso seus lucros não tivessem alguma proporção com a extensão do patrimônio investido. Smith (1996:102).

No que tange aos lucros, Smith observa que esse "é totalmente regulado pelo valor do capital ou patrimônio empregado, sendo o lucro maior ou menor em proporção com a extensão desse patrimônio" (p.102). Então, diante disso, fundamentado em Smith, que foi o primeiro economista a fazer essa afirmação, pode-se considerar que, o volume maior ou menor de lucro é diretamente proporcional à magnitude dos investimentos. Isso se referindo às mercadorias tradicionais que se negociam no mercado, não valendo a mesma afirmação para a obtenção de lucros extraordinários, que se verificam nas atividades de produtos inovadores com alto grau de utilidade, que são lançados no mercado, e também, para produtos agrícolas que são cultivados em apenas algumas regiões do Planeta, segundo análises do próprio Smith, conforme se verá em páginas subsequentes tratados nesta mesma obra.

> No momento em que toda a terra de um país se tornou propriedade privada, os donos das terras, como quaisquer outras pessoas, gostam de colher onde nunca semearam, exigindo uma renda, mesmo pelos produtos naturais da terra. A madeira da floresta, o capim do campo e todos os frutos da terra, os quais, quando a terra era comum a todos, custavam ao trabalhador apenas o trabalho de apanhá-los, a partir dessa nova situação têm o seu preço onerado por algo mais, inclusive para o trabalhador. Ele passa a ter que pagar pela permissão de apanhar esses bens, e deve dar ao proprietário da terra uma parte daquilo que o seu trabalho colhe ou produz. Essa porção, ou, o que é a mesma coisa, o preço dessa porção, constitui a renda da terra, constituindo, no caso da maior parte das mercadorias, um terceiro componente do preço.
> Importa observar que o valor real dos diversos componentes do preço é medido pela quantidade de trabalho que cada um deles pode comprar ou comandar. O trabalho mede o valor não somente daquela parte do preço que se desdobra em trabalho efetivo, mas também daquela representada pela renda da terra, e daquela que se desdobra no lucro devido ao empresário.
> Em toda sociedade, o preço de qualquer mercadoria, em última análise, se desdobra em um ou outro desses três fatores, ou então nos três conjuntamente; e em toda sociedade mais evoluída, os três componentes integram, em medida maior ou menor, o preço da grande maioria das mercadorias. Smith (1996:103).

Vale lembrar que, a mesma afirmação não tem validade para as atividades de serviços e de aplicação em títulos de dívida pública ou ações no mercado, porque, essas são atividades derivadas e que não geram riqueza, apenas transferem renda de um setor da economia para outro ou, de uma mão para outra, nesses casos: o que um ganha, necessariamente o outro perde.

Já, no caso da produção das grandes manufaturas, Smith além do preço do valor trabalho, cita como componente do preço das mercadorias, o salário de gestão e de inspeção das atividades dentro da empresa, aonde os salários pagos "expressam adequadamente o valor desse tipo de trabalho" (p. 102) e que, considera-se como requisitos fundamentais para sua ocupação além do conhecimento e habilidade, a confiança que se deve depositar nos profissionais que atuam nessa área. Entrementes, conforme bem declara o próprio Smith, a remuneração ou o dinheiro com que se paga essa atividade não faz parte do lucro, mas sim, de um provento, um gasto a mais que se dá em decorrência dessa atividade acessória. Nesse caso, essa ocupação trata-se de um serviço. A remuneração de tal serviço não faz parte do lucro, embora seja uma parte do componente do preço e que está relacionado mais, à despesa. Daí porque, não se considerar nesta obra, atividades acessórias, incluindo aí, serviços, aplicações financeiras, quaisquer que sejam, como sendo fontes geradoras de lucros, mas, apenas e tão somente, de despesas.

No caso do comércio, esse só faz repor ao valor da mercadoria, o deságio obtido na sua compra por atacado das indústrias produtoras, visto que essas últimas, não estão preocupadas com a venda no varejo, apenas no atacado, conforme Marx deixa bem explicitado em "O Capital". E para garantir tais vendas, as indústrias oferecem deságio no valor da mercadoria vendida individualmente, para que o comércio a possa revender para o consumidor final, garantindo seus ganhos naquilo que eles obtiveram de deságio, ou desconto, o que dá no mesmo, na aquisição da mercadoria por atacado. Marx é o economista que melhor desenvolve essa teoria, para explicitar o funcionamento da economia empresarial, como se pode ver em sua brilhante obra "O Capital".

De maneira geral, a única atividade que gera lucro realmente é a movimentação do processo da produção de mercadorias em si, uma vez que ela gera riqueza, as demais são apenas despesas necessárias, inclusive os serviços. Daí porque se dizer que em si que o capitalismo é o sistema gerador de riquezas por intermédio da produção de mercadorias.

Smith acrescenta ainda que, pelo fato da função da administração, existir em atividades diversas, não há uma proporção regular única de gestão que tais funcionários supervisionam, "e o proprietário desse capital, embora fique assim quase isento desse trabalho, continua a esperar que seus lucros mantenham uma proporção regular com seu capital" (p. 103). Como consequência disso, "no preço das mercadorias, os lucros do patrimônio ou capital empenhado constituem um componente totalmente distinto dos salários pagos pelo trabalho, sendo regulados por princípios bem diferentes" (p. 103).

> Já nessa situação, o produto total do trabalho nem sempre pertence ao trabalhador. Na maioria dos casos, este deve reparti-lo com o dono do capital que lhe dá emprego. Também já não se pode dizer que a quantidade de trabalho normalmente empregada para adquirir ou produzir uma mercadoria seja a única circunstância a determinar a quantidade que ele normalmente pode comprar, comandar ou pela qual pode ser trocada. É evidente que uma quantidade adicional é devida pelos lucros do capital, pois este adiantou os salários e forneceu os materiais para o trabalho dos operários. Smith (1996:103).

Da transcrição apresentada acima, é importante observar que o próprio Smith reconhece que o lucro da produção e venda da mercadoria decorre, como ele mesmo afirma acima, de uma quantidade adicional devida pelos adiantamentos de salário, fornecimento de matérias primas e os materiais de trabalho para os funcionários. Essa assertiva confirma indiretamente e quase que imperceptivelmente, as premissas de Platão sobre a geração de excedentes pelas atividades realizadas no interior de uma empresa, como resultado de um trabalho coletivo e não das inversões realizadas e administração dessas, efetuadas exclusivamente pelo proprietário da mesma.

Na realidade, o próprio proprietário é parte integrante e fundamental do processo de produção da mercadoria, acrescentando nessa ainda, o valor de seu labor visto que, esse é o que mais acrescenta trabalho nas atividades produtivas em virtude das suas ações estratégicas e administrativas dentro da empresa: na escolha e contratação de seus funcionários, na gestão das atividades diversas da mesma, no que tange ao controle do fluxo de: recursos financeiros, processo de produção e pelo fato do mesmo ser também, o que abre e o que fecha as portas de seu negócio no final do expediente, fatos esses que em seu conjunto, o transforma no trabalhador-empresário. Em consequência, deve-se acrescentar também que, motivos esses é que o fazem e que justifica ao mesmo, ter direito de auferir maior salário pelo seu labor e de ser contemplado pelo resultado operacional da empresa, na forma de lucro.

Na verdade, os resultados auferidos pela empresa, inclusive os lucros, são reflexos de um trabalho realizado em equipe, sendo que, cada um dos agentes que compõem a produção tem uma atividade específica e que essa é diversa das demais, aonde os ganhos em dinheiro são diretamente proporcionais aos tipos de atividades executadas pelo indivíduo dentro da empresa na produção de utilidades, que geram excedentes na forma de mercadorias, a serem comerciados no mercado. Assim, os lucros empresariais resultam da geração dos excedentes vendidos no mercado e que são resultados das atividades produtivas conjuntas, e não, apenas simplesmente, dependentes da capacidade do trabalhador-empresário poder comandar ou fazer executar trabalho dentro da empresa, como afirma Smith.

No linguajar tradicional praticado pelos gestores, esses costumam dizer que é o trabalhador-empresário que paga os salários dos trabalhadores. Vale dizer que essa expressão representa um grande equívoco uma vez que, o que realmente paga o salário de todos os agentes envolvidos no processo de produção, inclusive o lucro do trabalhador-empresário, é a mercadoria e sua venda, convertendo-se essa, em dinheiro no mercado. Se essa atividade final, que é a venda, não for executada, conforme enfatiza Marx, jamais o trabalhador-empresário e sua equipe terá a remuneração devida pelo trabalho realizado. Mesmo porque, o salário do trabalhador e o lucro do empresário, é uma ação *ex-post* à venda e não *ex-ante*. E assim, fundamentado nesse princípio universal, quanto mais útil e rara for a procedência da mercadoria, maior será o preço da mesma, e portanto, o superlucro, e em decorrência disso, estando a renda incluída no preço dela, maior será a remuneração dividida em salário e lucro que tal mercadoria proporcionará para os agentes envolvidos no seu processo de produção.

Dessa maneira, a acumulação de capital nas mãos de particulares não resulta de investimentos isolados, mas de um conjunto de atividades coletivas que acrescentarão valor ao produto excedente, fazendo com que o mesmo, adquira qualidade e valor diferenciado e, por conseguinte, possa ser comerciado por um preço adicional ou diferencial, que vai aumentar a capacidade de ganho da empresa e vai adicionar maiores lucros ao investidor, depois de deduzidos os gastos, com matéria prima e mão de obra, mais as despesas geradas durante o processo produtivo. Assim, os ganhos são resultados de processos coletivos, que são organizados e bem sincronizados, e não, do interesse e da capacidade de trabalhadores-empresários particulares, agindo de forma individualizada e autônoma. Neste caso, e em outros, o coletivo impera sobre o individual.

2.1 Da Renda gerada pelo uso da Terra ou Renda da Terra à Renda Diferencial da Terra

Smith considera ainda que, a transformação da realidade verificada na cidade e que é resultado de profundas mudanças no processo de produção e da introdução de tecnologias cada vez mais avançadas, criação de novas técnicas de desenvolvimento de produtos, combinações e organização de novos processos de produção, intensificação da circulação de mercadorias, se verificou também no campo.

Com a expansão da propriedade privada da área urbana para o campo, e com ela, a atividade manufatureira, o cultivo da terra passou a ter a obrigação de fornecer uma renda para o produtor decorrente de sua exploração. Então, aquela atividade que anteriormente se tratava de ser apenas uma prática extrativa ou de plantação de alimentos de maneira primitiva, mediante o fornecimento de uma renda natural, em decorrência da exploração intensiva da terra, essa passou a ter a obrigação de repassar ao seu explorador uma renda adicional de forma atrativa decorrente de sua exploração, que justificasse a sua utilização de uma maneira mais intensa. É justamente essa renda que a partir de então, recebeu designação por Smith de renda da terra.

De inovador nas palavras de Smith, há o surgimento da questão da "renda diferencial da terra" e que dá vazão ao surgimento de novas análises relativas à importância da produção agrícola na vertente capitalista, decorrente da descoberta da existência desse tipo de renda e que pode gerar lucro adicional para o produtor das mercadorias agrícolas e ao proprietário da mesma.

Tal tema gerou profundo debate entre dois economistas contemporâneos, no caso, David Ricardo e Thomas Robert Malthus, cada um em sua obra respectiva, tentando dar sua contribuição para o esclarecimento desse tópico. Essa discussão transcende por esses autores e se encerra em "O Capital" de Marx, que acaba dando sua contribuição, afirmando e comprovando, por intermédio de uma análise muito rica e empírica, que ambos estavam corretos.

Isso porque, para Malthus, inspirado quase que praticamente em Smith, que analisou esse problema em sua obra "Princípios de Economia Política – Ensaio Sobre a População", a renda diferencial da terra decorre dos investimentos que são efetuados continuamente na mesma pelo produtor e que lhe rende uma maior produtividade desse fator, permitindo a esse, no caso, o produtor, obter uma renda diferencial adicional como resultado dessas inversões.

Já para Ricardo, em sua obra, "Princípios de Economia Política e Tributação", enfatiza que a renda diferencial, decorre do cultivo das terras mais férteis e da extensão desse cultivo, quando as terras mais férteis se escasseiam, para as terras menos férteis. Segundo esse autor, a expansão da produção para as terras menos férteis faz com que as terras mais férteis passem a receber um valor adicional gerando um diferencial em seu preço, o que Ricardo, assim também como Smith, define como renda diferencial, ou mais propriamente, renda diferencial da terra. Aí se gera os conflitos de análise entre Ricardo e Malthus sobre a questão da renda diferencial da terra. Em "O Capital", Marx equaciona esse debate, eliminando-o, por intermédio de sua análise precisa e brilhante sobre o tema, afirmando e comprovando que ambos estavam corretos, apontando que, esses dois autores analisavam a mesma coisa, por ângulos e por critérios de análise diferentes, porém, obtendo os mesmos resultados nesses estudos.

Marshall, de sua parte, de certa forma, para se esquivar de Marx, procura explicar o mesmo problema da renda diferencial da terra, recorrendo aos princípios do excedente do consumidor, teoria desenvolvida com muita propriedade pelo engenheiro francês *Jules Dupuit*, em seu artigo publicado em 1844, sob o título de, "Medida de Utilidade para Bens Públicos", ou "*De la mesure de l'utilité des travaux publics*", em sua língua pátria, nos originais.

Vale ressaltar que, essa teoria, definida como medida de utilidade e que se centraliza no excedente do consumidor, refere-se a um problema que *Dupuit* teve ao receber a missão de construir uma ponte e ter que atribuir um preço de pedágio, para aqueles que quisessem atravessá-la. A questão que surgia aí era: qual seria o preço justo do pedágio que se deveria cobrar dos transeuntes? O surgimento desse dilema, bem como o resultado dos seus questionamentos foi apresentado em seu brilhante artigo denominado "*De la mesure de l'utilité des travaux publics*" ou "Medida de Utilidade", aonde o autor para efetuar suas análises defende a tese de que, cada transeunte respectivo, que passar pela ponte, tem uma renda específica e um diferencial ocioso nessa renda, que lhe faculta estabelecer dentro do limite desse diferencial, o valor que ele está disposto a pagar para poder atravessar tal ponte, sem afetar quaisquer de seus gastos necessários para manter seu nível de bem-estar e de seus planejamentos financeiros futuros, tornando-o indiferente, pela cobrança ou não do imposto, na forma de pedágio. Nesse artigo Dupuit considera que o valor do pedágio deveria recair sobre quaisquer dos pontos que estivessem encaixados dentro desse diferencial da renda ociosa, e que ele define como sendo "Excedente do Consumidor".

Para Dupuit (1844), a construção de uma ponte se encaixa como uma das várias atribuições de política econômica pública. Se essa atividade se enquadra na função de política pública, o único fator econômico que possibilita ao legislador a criação de leis e decretos, relativos ao seu funcionamento e à viabilização da construção da mesma, é fazê-la recair sobre os fundamentos da Economia Pura, que se dá, por intermédio do repasse da cobrança de impostos, nesse caso, na forma de pedágio para o indivíduo, seja ele qual for, na concepção do princípio do excedente do consumidor. Para o mesmo autor (p. 55-56), "[...] investigações mais ou menos numerosas de leis e decretos, não vão determinar se uma estrada, uma ferrovia, um canal são úteis, se eles realmente não o são. A lei deve, por assim dizer, contemplar os fatos demonstrados pela Economia Política[2]".

Nesse contexto, o que determinará a viabilidade da realização de obras públicas é a identificação da sua utilidade e que é mais bem atribuída, por aqueles que usufruem dos benefícios proporcionados pelo uso da mesma.

Para encontrar uma fundamentação teórica na seara econômica visando justificar sua base analítica, com o propósito de equacionar esse dilema, Dupuit (1844), segundo seus próprios escritos no mesmo artigo, teve que recorrer ao diferencial existente no conceito de "valor de uso" e de "valor de troca", desenvolvidos pelo senhor Adam Smith. Para Smith, o valor de uso é dado pelo indivíduo, no momento em que o mesmo consome a mercadoria, visando suprir suas necessidades pelos benefícios proporcionados pela utilidade do citado bem. Já o valor de troca, segundo ainda Smith, é dado pelo preço com que o produto é efetivamente transacionado ou vendido no mercado. E esse preço é obtido, no ponto aonde a curva da demanda efetivamente intercepta ou cruza a curva da oferta.

Baseando-se no conceito do valor de uso e do valor de troca, desenvolvido pelo senhor Smith, Dupuit, considerou também que, o conceito de utilidade, na seara econômica, para efeito de criação de política pública por intermédio de leis, dividia-se em duas partes: a primeira é dada pelo valor efetivo da compra do bem no mercado, ou seja, o preço que o consumidor efetivamente paga para ter direito de acesso ao mesmo e ao desfrute da sua utilidade, ou em outras palavras, o seu preço de mercado, estando esse referido preço situado no intervalo de sua indiferença entre pagar ou não pagar o citado imposto. A segunda é o valor de uso, também definido por Dupuit, como sendo o valor máximo que o consumidor aceitaria pagar, respeitado o princípio da indiferença, pelo acesso direto à utilidade do mesmo e ao seu consumo, visando suprir suas necessidades vitais em relação a tal produto.

Nesse caso, a diferença entre o valor efetivamente pago pelo contribuinte na forma de pedágio para atravessar a ponte e o valor máximo que o mesmo estaria disposto a pagar pelo usufruto desse objeto e que refletiria a utilidade máxima do bem para esse indivíduo, é o que Dupuit classificou como sendo o excedente do consumidor. A soma desses dois atributos, ou seja, do valor efetivamente cobrado como pedágio pelo usufruto do bem, mais a diferença que o consumidor conseguiu relativo ao valor máximo que ele aceitaria desembolsar pela construção e posterior usufruto da utilidade do mesmo, sem afetar seu nível de bem-estar e planejamento financeiro futuros, é que vão constituir a utilidade total do produto, para o consumidor. Dessa forma, o valor do tributo cobrado na forma de pedágio pelas autoridades públicas do contribuinte, sem afetar quaisquer de seus planejamentos financeiros: presente ou futuro, mais seu nível de bem-estar, tanto material quanto espiritual, teria que se encaixar no diferencial de renda que Dupuit chamou, de excedente do consumidor.

Assim, para o caso da construção da ponte ou de qualquer outra utilidade pública, segundo Dupuit, o valor do imposto teria que se encaixar justamente entre o diferencial do valor máximo que o consumidor aceitaria pagar pela necessidade da construção do bem público e que corresponderia à sua utilidade total, menos o valor efetivo cobrado na parcela referente ao custo da construção da ponte e que refletiria no que Dupuit, chamou de excedente do consumidor. Interpretação essa que, também foi incorporada por Marshall, para analisar a renda diferencial da terra e que a transformou em sua premissa básica para desenvolver o conceito de utilidade marginal e o de utilidade total, embora Marshall não cite Dupuit em sua obra.

Dupuit (1844, p. 58 – 59), descreve a questão da utilidade total da seguinte forma:

> [...] quando o governo coloca um imposto sobre o vinho que vende por $ 15,00 a garrafa que de outra forma seria vendida por $ 10,00 não é algo que passa 5 vezes das mãos do produtor ou consumidor para um coletor de impostos? A mercadoria aqui é um meio mais ou menos conveniente de atender ao contribuinte, e seu valor aqui, é formado por dois elementos, a saber: Em primeiro lugar, o seu valor real com base em sua utilidade e, em seguida o valor do imposto que o governo julgar necessário para que a mercadoria seja comercializada no mercado.

---

[2] *[...] des enquêtes plus ou moins multipliées des lois, des ordonnances neferont pas qu'une route, un chemin de fer, um canal soient utiles, s'il ne lesont pas réellement. La loi ne devrait, pour ainsi dire, que consacrer les faits démontrés par l'économie politique.*

Não há dúvida de que o imposto não pode acrescentar nada à utilidade de um produto; mas quando nos colocamos na condição de consumidores, podemos dizer que a sua incidência sobre o produto é útil ao aumento dos custos de produção.

Porque é que esta garrafa foi vendida por $15,00? É porque o comprador pode encontrar uma utilidade pelo menos equivalente nela, pois, apesar do imposto, ele é totalmente livre para comprar ou não o produto. Não existe poder de Estado capaz de fazê-lo pagar por um valor acima da utilidade que ele vê na aquisição do referido produto[3].

Dessa forma, o governo deve agir no sentido de estabelecer o imposto ou a taxa a ser cobrada, no intervalo que existe entre o preço de mercado do bem e o valor máximo de utilidade (valor de uso) que o indivíduo atribui ao produto. Lógico que, sendo assim, se não existir o hiato entre o valor de troca e o valor de uso, não há como as autoridades criarem políticas públicas, uma vez que não há como estabelecer o que Dupuit classificou como imposto justo.

Se isso não acontece, de outra forma:

> [...] quando as autoridades concedem a uma determinada classe de comerciantes a exclusividade de exploração de uma determinada atividade, o valor intrínseco da mercadoria se eleva acima de seu valor de uso. Este preço é um excesso de dinheiro que sai do bolso dos consumidores para o bolso dos comerciantes privilegiados, fazendo-os enriquecer [...] enquanto os outros se empobrecem na mesma quantidade.[4] (Dupuit, 1844, p. 58)

Dessa assertiva deduz-se que, o estabelecimento do imposto justo só é concebível e deve recair sobre o hiato financeiro que existe entre o valor de troca e o valor de uso do bem. Nesse caso, o valor de uso é representado pela utilidade total que o indivíduo atribui à mercadoria, no momento de consumi-la. Então, disso, pode-se dizer também, conforme diria Marx, que, essa utilidade total se transmuta em toda sua essência, no preço máximo que o consumidor aceitaria pagar pelo bem. Assim, para se determinar o imposto máximo que o indivíduo aceitaria pagar pelo produto, basta saber o valor da utilidade total atribuída por esse ao produto transmutado em preço máximo, que o mesmo aceitaria pagar pelo bem e o seu preço de mercado, ou seja, o preço com que tal mercadoria é comercializada no dito mercado. A diferença efetiva entre o preço atribuído pelo indivíduo ao produto, deduzido do seu preço de mercado, corresponde ao excedente economizado do consumidor. Nesse caso, o preço máximo que o mesmo aceitaria pagar pelo uso do bem e que para esse representaria a utilidade total do citado produto, corresponderia ao imposto que o governo atribuiria ao mesmo, sem afetar: o grau de satisfação ou o nível de bem-estar proporcionado pelo uso do bem pelo tão propalado consumidor; nem o preço de mercado do produto e muito menos, a quantidade comercializada dessa mercadoria no mercado em análise.

Dessa forma fica evidente que, o valor do imposto justo corresponderia ao valor ideal que não afetaria quaisquer condições de produção, comercialização e de consumo da mercadoria em análise. Para Dupuit, e o que

---

[3] *[...] quand le gouvernement met sur le vin un impôt qui fait vendre 15 sous une bouteille qui sans cela se serait vendue 10 sous, fait-il autre chose que faire passer, pour chaque bouteille, 5 sous de la main des producteurs ou des consommateus de vin dans celle du percepteur? La marchandise n'est ici qu'un moyen d'atteindre plus ou moins commodément le contribuable, et sa valeur courante est composée de deux éléments, savoir: en premier lieu, sa valeur réelle fondée sur son utilité, et ensuite la valeur de l'impôt que le gouvernement juge à propos de faire payer pour la laisser fabriquer, passer ou consommer.*

Il est hors de doute que l'impôt ne peut rien ajouter à l'utilité d'un produit; mais lorsqu'on se place au point de vue du consommateur, ou peut dire que son existence constate dans ce produit une utilité supérieure aux frais de production. Pourquoi cette bouteille est-elle achetée 15 sous? C'est que l'acquéreur y trouve une utilité au moins équivalente; car, malgré l'impôt, il est parfaitement libre de l'acheter ou de ne pas l'acheter. Il n'est pas au pouvoir de l'Etat de lui faire payer par l'impôt au-delà de l'utilité qu'il trouve dans cette acquisition.

[4] *[...] quand l'autorité accorde à une certaine classe de négociants le privilège exclusif de faire un certain commerce, celui des marchandises de l'Inde, par exemple; le prix de ces marchandises en est plus élévé, sans que leur utilité, leur valeur intrisèque soit plus grande. Cet excèdent de prix es un argent qui passe de la bourse des consommateurs dans celle des négociants privilégiés, et qui n'enrichit les uns qu'en apauvrissant [...] les autres exactement de la même somme.*

é verdadeiramente correto, a única maneira de o governo implantar uma política econômica pública dessa natureza, de construção de bem público, incorrendo na criação do imposto, seria por intermédio da incidência dessa medida sobre o excedente econômico do consumidor, conforme dito, num ponto aonde, o mesmo fosse indiferente entre pagar o imposto ou não, fazendo-o manter o seu nível de bem-estar inalterado.

Diante disso, pode-se dizer também que, a cobrança desse tipo de imposto, traduzido na condição de pedágio, só seria aplicável sobre o excedente do consumidor depois que esse, segundo Dupuit, e, na concepção de Marx, o que é também verdade, diga-se de passagem, já tivesse metamorfoseado da condição de mercadoria vendida no mercado em dinheiro, gerando o excedente econômico, na forma de renda nas mãos dos indivíduos, tanto na condição de: trabalhadores-empresários, capitalistas -, que vivem de ganhos em cima da renda que possuem -, e dos próprios trabalhadores. Assim, pode-se ainda acrescentar que, o excedente do consumidor só é concebível como factível, depois que esse tivesse se transmutado de excedente econômico da forma de mercadoria, em dinheiro na condição de renda disponível, nas mãos do consumidor. Considerando como consumidores na concepção de Dupuit e Marx, todos os membros da sociedade, sem exceções e sem concessões de quaisquer tipos de privilégios.

De tudo isso depreende-se que, o imposto que se paga e que será aplicado na execução das atividades relativas às políticas econômicas públicas e suas ações derivadas, sejam elas quais forem, para manter todo o processo de produção inalterado produzindo riquezas para a sociedade na forma de mercadorias, só tem sentido, se e somente se, o mesmo incidir única e exclusivamente sobre o excedente do consumidor, já concebido na forma de renda.

Assim, no caso da construção da ponte, o valor do imposto a ser aplicado na forma de pedágio, corresponderá à diferença entre o valor de uso da ponte para o consumidor, traduzida na utilidade total que a construção desse bem representa para o mesmo e toda coletividade e o preço de custo efetivo da construção desse benefício social, pulverizado na forma do total de parcelas, a serem pagas pela comunidade. Nesse contexto, o valor do pedágio será composto então pelo valor de uma parcela dos gastos na construção da ponte, mais a depreciação natural de destruição da mesma e mais a depreciação pelo uso dessa obra pública.

Vale lembrar inda que Marx (1998), raciocínio que também é correto, considera que durante a vida útil da mercadoria existem três tipos de depreciações, quais sejam: a depreciação natural, que corresponde ao desgaste do maquinário pelo tempo; a depreciação pelo uso do instrumento durante a fabricação da mercadoria, ou seja, a transmutação ainda de uma fração do seu valor e que é extraído paulatinamente do preço da máquina pelo seu uso durante a fabricação do produto, para o mesmo e; da depreciação tecnológica, ou seja, a depreciação causada pela introdução de máquinas mais avançadas e sofisticadas produzidas a menores custos, melhores técnicas e menos gastos na sua construção, com maior capacidade de suporte e/ou de quantidade produzida. Nesse último caso, a depreciação tecnológica resulta de melhorias no processo de produção e inovações existentes no setor de construção de pontes ou de qualquer outro tipo de maquinário mais sofisticado e de menor custo agregado para sua produção e que lhe permite produzir maior quantidade de mercadorias e a menores preços do que seus predecessores.

A depreciação tecnológica diagnosticada por Marx consiste no fato de que, tão logo se lança uma nova tecnologia no mercado, praticamente, de imediato, quase que concomitantemente, já se lança outra pelo concorrente da empresa ou a própria fábrica, porém mais avançada, tornando a primeira um produto obsoleto, no sistema capitalista. Entrementes, no que se refere à depreciação da ponte, para a formação do preço a ser cobrado no seu pedágio, considera-se, para efeito da presente análise, apenas as suas depreciações: de uso e a natural, para tornar o raciocínio mais simples.

Outro fator que pode acrescentar mais valor - porém desnecessário e que onera a sociedade como um todo - ao preço do pedágio a ser cobrado da população consiste na questão da concessão. No caso, se a gestão da ponte se transformar numa concessão por parte das autoridades públicas aos particulares ter-se-á que acrescentar nesse diferencial, o ganho do concessionário, o que corresponderia, na produção de mercadorias, ao lucro do gestor beneficiário. Lembrando que, lucro só se verifica na geração de riqueza por intermédio da produção de excedentes econômicos manifestados na produção de mercadorias, e depois, conforme acrescentado por Marx, convertido em dinheiro. Nesse caso, conforme explana o próprio Smith e se analisará mais adiante, esse lembra que, o lucro do empresário não é baixo. Mais ainda, caso isso ocorra, como não existe lucros nas atividades de serviços, visto que, nesse segmento não se gera riqueza na forma de excedente econômico, o que se verifica na forma de ganho diferencial para o concessionário, é uma transferência de renda da sociedade para os indivíduos privilegiados, contemplados com a concessão. Dessa forma, evidencia-se o que Dupuit afirmou acima, que, enquanto os beneficiários privilegiados ficam ricos, os demais membros da sociedade empobrecem, na mesma proporção.

Deve-se acrescentar ainda que, todo o valor do pedágio ou do imposto, deve recair sobre o hiato entre o preço de mercado e o preço da utilidade total do bem, atribuída pelo indivíduo e que corresponde ao excedente do consumidor. Assim, quanto maior for o valor do pedágio ou do imposto, menor será o excedente do consumidor, e quanto mais esse valor se aproximar do limite aceitável do pagamento do imposto por parte do indivíduo, maior será sua resistência em aceitar a construção da obra pública, uma vez que, maior tenderá a ser a transferência de renda do setor produtivo da economia para o setor improdutivo, como diria Smith. É também por isso que cabe ainda a afirmação de que, não se faz concessões ou privatizações para bens públicos em hipótese alguma.

Então, considerando-se essa hipótese como verdadeira, e, como o imposto ou qualquer outro tipo de contribuição social só se deve aplicar sobre o excedente do consumidor, a única forma de se aumentar a arrecadação financeira para viabilizar as políticas e ações públicas, consiste em se fazer incidir as maiores cargas tributárias sobre as maiores rendas, visando não sobrecarregar o setor produtivo da economia. De outra forma, se não for assim, conforme deixa evidente Dupuit, a incidência da carga tributária será sempre injusta e que acaba por refrear o nível de atividade econômica, fazendo retrair a intensidade das relações de trocas dentro do mercado, e que, por último, resultará na inibição do processo de produção, causando no longo prazo, diminuição das dimensões do mercado.

Essa brilhante análise de Dupuit sobre o excedente do consumidor dá vazão para a criação de outros tipos de políticas públicas, a ambiental, por exemplo, deixando claro que, para que esse tipo de procedimento seja implantado, o mesmo tem que fazer incidir os custos de sua aplicação, sobre o excedente do consumidor, o que, se assim não ocorrer, volta-se a frisar, isso faz inibir toda a política de geração de riquezas, que se dá, por intermédio da produção de mercadorias no sistema econômico, seja ele, capitalista ou não.

O segredo para a detecção do valor do excedente do consumidor, uma de suas formas mais simples, seria por intermédio da realização de pesquisas de opinião com aplicações de questionários, assim como é feito por intermédio do método de valoração contingente e que é aplicado para a determinação de valor de contribuições para a criação de política de preservação de recursos ambientais, tais como uma nascente, uma floresta, um animal raro, como o urso polar, por exemplo, que recaem sobre a disposição a pagar do contribuinte ou sobre o seu excedente ou, no caso, o que Dupuit definiu como: excedente do consumidor.

Embora Marshall tenha recorrido a Dupuit para fazer a sua contribuição sobre a questão da renda diferencial da terra para se esquivar possivelmente, das análises impecáveis de Marx, o mesmo não citou em nenhuma página de sua obra "Princípios de Economia" essa célebre contribuição como sendo desse autor à Análise Econômica enquanto ciência do conhecimento pura, mesmo Dupuit sendo seu antecessor.

Entrementes, conforme afirma Paixão (2021), mesmo Marshall tendo feito a sua contribuição sobre a renda diferencial da terra procurando talvez furtar-se das assertivas inquestionáveis de Marx em "O Capital" sobre o mesmo tema, suas análises em nada afetou a brilhante intepretação desse autor sobre o citado assunto, tornando suas respectivas discussões válidas, uma vez que ambos partiram de ângulos diferentes para tratar do mesmo tópico, chegando a conclusões idênticas. Isso ocorre porque, os dois autores, embora cada qual defendendo sua fundamentação teórico-filosófica respectiva para analisarem o mesmo tópico, Marx utilizando-se da dialética enaltecida por Platão e recorrendo às perquirições teóricas de Descartes e de Xenofonte, como ele mesmo afirma em sua obra, e Marshall, do instrumental matemático cartesiano, utilizando-se de sua parte do excedente do consumidor de Dupuit, na ótica da Economia Neoclássica, fizeram com que suas respectivas averiguações só se complementassem obtendo o mesmo resultado analítico sobre a renda diferencial da terra.

Nesse aspecto pode-se dizer também que, as assertivas de Marshall só reforçaram as análises de Marx, deixando transparecer apenas que esse autor não foi tão enfático em suas análises quanto o último, o que faz crer que, mesmo fugindo das prerrogativas de Marx, não se deve descartar a hipótese de que Marshall se inspirou em Marx, visto que, o economista inglês deixou transparecer em sua própria obra que ele leu "O Capital" para fazer suas interpelações sobre a renda diferencial da terra. Nesse debate resta frisar ainda que, quem ganhou foi a Teoria Econômica Pura fortalecendo o seu arcabouço como única ciência social comprovadamente existente.

De volta às análises de Smith sobre os fatores componentes da formação de preços do produto manufaturado, o mesmo assevera que:

> Importa observar que o valor real dos diversos componentes do preço é medido pela quantidade de trabalho que cada um deles pode comprar ou comandar. O trabalho mede o valor não somente daquela parte do preço que se desdobra em trabalho efetivo, mas também daquela representada pela renda da terra, e daquela que se desdobra no lucro devido ao empresário. Em toda sociedade, o preço de qualquer mercadoria, em última análise, se desdobra em um ou outro desses três fatores, ou então nos três conjuntamente; e em toda sociedade mais evoluída, os três componentes integram, em medida maior ou menor, o preço da grande maioria das mercadorias. Smith (1996:103),

Smith (1996, p. 104) dando seguimento à sua brilhante análise sobre a formação de preços da mercadoria, ainda acrescenta que:

> Quanto mais determinada mercadoria sofre uma transformação manufatureira, a parte do preço representada pelos salários e pelo lucro se torna maior em comparação com a que consiste na renda da terra. Com o progresso da manufatura, não somente cresce o volume de lucros, mas também cada lucro subsequente é maior do que o anterior, pois o capital do qual provém o lucro deve ser sempre maior. Por exemplo, o capital que dá emprego aos tecelões deve ser maior do que o capital que dá emprego aos fiandeiros, porque esse capital repõe aquele capital com seus lucros, como também paga os salários dos tecelões e os lucros sempre devem manter alguma proporção com o capital. Nas sociedades mais desenvolvidas, porém, existem sempre algumas mercadorias cujo preço se decompõe em apenas dois fatores: os salários do trabalho e os lucros do patrimônio ou capital; existindo também um número ainda menor de mercadorias, em que o preço total consiste unicamente nos salários do trabalho. No preço de peixe do mar, por exemplo, uma parte paga o trabalho dos pescadores, e a outra os lucros do capital empregado na pesca. [...]

2.1.1 O salário, o lucro do capital e a renda da terra como os três componentes da renda total gerada na formação da riqueza econômico-social.

No que se refere à renda de uma nação, essa não difere da formação dos componentes da renda de uma firma individual, na forma como Smith expõe a seguir:

> Assim como o preço ou valor de troca de cada mercadoria específica, considerada isoladamente, se decompõe em algum dos três itens ou nos três conjuntamente, da mesma forma o preço ou valor de troca de todas as mercadorias que constituem a renda anual completa de um país — considerando-se as mercadorias em seu complexo total — deve decompor-se nos mesmos três itens, devendo esse preço ser dividido entre os diferentes habitantes do país, ou como salários pelo trabalho, como lucros do capital investido, ou como renda da terra. Assim sendo, o que é anualmente obtido ou produzido pelo trabalho de cada sociedade, ou — o que é a mesma coisa — o preço total disso, é originariamente

distribuído entre alguns dos membros da sociedade. Salários, lucro e renda da terra, eis as três fontes originais de toda receita ou renda, e de todo valor de troca. Qualquer outra receita ou renda provém, em última análise, de um ou de outro desses três fatores. Smith (1996:105).

De maneira geral, são esses três tipos de rendas que vão fomentar o crescimento e desenvolvimento de uma nação visto que, são delas que se extraem o dinheiro que se transformará parte dele, em fundo de recursos que, por conseguinte se transmutarão em capital produtivo, o que viabiliza a formação de patrimônio por intermédio de investimentos na produção e que, da sua parte, faz gerar os excedentes econômicos em forma de riqueza gerada durante o processo. Essa riqueza gerada se converterá em ganhos apresentados na forma de reposição do capital investido mais o saldo de recursos, ambos metamorfoseados em dinheiro depois de vendidas as mercadorias, como deixa claro, Marx, em sua obra "O Capital" visto que, segundo esse economista, não há a efetivação da riqueza gerada sem antes a conversão da mercadoria em dinheiro por intermédio das negociações das mercadorias. Por último, depois de recomposto, o dinheiro, na forma de capital produtivo, há a retroalimentação de todo o processo de produção de mercadorias e geração de riquezas, via reinvestimentos sucessivos.

Essas são as chamadas rendas reais da sociedade e é a partir delas que as demais se derivam. Na realidade, as demais rendas são extensão dos excedentes que, já transformado em dinheiro, como enfatiza Marx em "O Capital", se distribui pela sociedade por intermédio de gastos diversos, na forma de: consumo, pagamentos de fornecedores, salários, prestação de serviços, impostos, abatimento de parcelas de financiamentos, aplicações financeiras, reposição de fluxo de caixa, dentre outros tipos de desembolsos financeiros. No sistema econômico, qualquer ele que seja como enfatizam os fisiocratas na produção agrícola, não existe formação de riqueza que não seja por intermédio da produção de mercadorias. Seja ela realizada na terra, que, depois de vendida, se converte em renda da terra; produção de mercadorias na indústria, que vai gerar excedente na forma de mercadorias, que mais tarde, também depois de negociadas, se transmutam em dinheiro, e, este último, por seu turno, assume várias funções: no pagamento dos credores, das dívidas, dos impostos, dos juros, e que, por último, se reverte em renda, na forma de salário do trabalhador e de lucro, do trabalhador-empresário.

Vale ainda frisar que, as demais rendas derivadas de outras atividades como de serviços e aplicações financeiras, citando como exemplo, não geram riqueza direta porque elas simplesmente se convertem em dinheiro. No caso mais específico das atividades de prestação de serviços, o resultado desse tipo de trabalho não gera excedente econômico porque ele é consumido no momento de sua produção. E nem podem ser definidas como fundo de recursos porque, elas não são destinadas diretamente para investimentos na produção de mercadorias quando se transformam simplesmente em dinheiro. Já metamorfoseadas em dinheiro, essas rendas derivadas, apenas podem se converter e se traduzem em algumas situações, em poupança para os mais abastados e gastos improdutivos diversos, que fazem intensificar o fluxo de dinheiro na economia na forma de pagamentos de: serviços, juros, impostos, quitações de dívidas, consumo diverso, além de aplicações financeiras por intermédio da compra de títulos públicos, ações, etc.

Na transcrição abaixo, Smith faz uma explanação simples, porém muito esclarecedora e oportuna sobre a origem da renda, sua distribuição, bem como sua subdivisão entre os indivíduos e classes sociais, e ainda, enfatiza sua importância e utilidade, na função de fundo de recursos para investimentos, consumo das famílias e pagamentos de empréstimos auferidos pelos residentes numa determinada região.

Todo aquele que aufere sua renda de um fundo que lhe pertence necessariamente a aufere de seu trabalho, de seu patrimônio ou de sua terra. A renda auferida do trabalho denomina-se salário. A renda auferida do patrimônio ou capital, pela pessoa que o administra ou o emprega, chama-se lucro. A renda auferida por uma pessoa que não emprega ela mesma seu capital, mas o empresta a outra, denomina-se juros ou uso do dinheiro. É a compensação que o tomador paga a quem empresta, pelo lucro que pode auferir fazendo uso do dinheiro. Naturalmente, uma parte desse lucro pertence ao tomador, que assume o risco e arca com o incômodo de empregar o dinheiro; e a outra parte pertence a quem faz o empréstimo, proporcionando ao tomador a oportunidade de auferir seu lucro. Os juros do dinheiro são sempre uma renda derivativa, a qual, se não for paga do lucro auferido do uso do dinheiro, deve ser paga de alguma outra fonte de renda, a não ser que talvez o tomador seja um esbanjador que contrai uma segunda dívida para pagar os juros da primeira. A renda auferida integralmente do arrendamento da terra é denominada renda fundiária, pertencendo ao dono da terra. A renda do arrendatário provém em parte de seu trabalho e em parte de seu capital. Para ele, a terra é somente o instrumento que lhe permite ganhar os salários de seu trabalho e tirar lucro de seu próprio capital. Todas as taxas, impostos; e toda a renda ou receita fundada neles, todos os salários, pensões e anuidades de qualquer espécie, em última análise provêm de uma ou outra dessas três fontes originais de renda, sendo pagos, direta ou indiretamente, pelos salários do trabalho, pelos lucros do capital ou pela renda da terra. Quando esses três tipos de renda pertencem a pessoas diferentes, são distinguidos prontamente; mas quando pertencem os três à mesma pessoa, por vezes são confundidos entre si, ao menos no linguajar comum. Uma pessoa que cultiva uma parte de sua própria terra, depois de pagar as despesas do cultivo, deve receber tanto a renda que cabe ao proprietário da terra quanto o lucro de quem a explora. Tal pessoa propende, porém, a considerar como lucro os ganhos todos, confundindo assim a renda da terra com o lucro, ao menos no linguajar comum. [...] Smith (1996:105)

Vale salientar que o conceito que Smith atribui ao juro conforme visto acima, como sendo, uma fração do lucro obtido pelo uso do dinheiro emprestado de alguém, é que é a definição correta, visto que, outros autores, como o senhor Irving Fischer, por exemplo, na sua obra "A Teoria do Juro", afirma enfaticamente que, o juro nada mais é do que "o retorno do capital", já fazendo confusão em suas análises de que dinheiro é capital. Na essência, o que é o retorno do capital investido é o lucro e não o juro. Nesse caso, o juro é uma fração do lucro como deixa claro Smith, quando esse afirma que o juro é "a compensação que o tomador paga a quem empresta, pelo lucro que pode auferir fazendo uso do dinheiro" (p. 105). Dessa assertiva fica evidente que o juro é apenas uma parte do lucro que é destinado ao usurário pelo investidor como forma de pagamento pelo uso do dinheiro emprestado.

Embora o *mainstream* tenha adotado como premissa básica, em termos teóricos, principalmente depois do fim da "guerra fria", marcada pela queda do muro de Berlim em 1989, o conceito de juro desenvolvido pelo senhor Fischer, na vida prática, se verificou que é o conceito atribuído por Smith ao juro, que se comprovou como verdadeiro no processo de geração de excedentes econômicos e criação de riquezas, no sistema capitalista.

Até aqui, de acordo com o já visto, observa-se que, o interesse dos demandantes e dos ofertantes em realizar trocas não consiste apenas em buscar manter o máximo de dinheiro em suas mãos respectivas para garantir parcimônia, mas sim de que, a necessidade de permutar dinheiro por mercadoria pelo lado do demandante, e de mercadoria por dinheiro, pelo lado do ofertante, se traduz no fato de que: enquanto o demandante da mercadoria procura utilizar quantidade limitada do dinheiro para conseguir o produto visando a maximização da utilidade do bem pela renúncia da menor quantidade de recursos financeiros possível, retratadas no valor de uso do dinheiro ou do preço na sua troca pela mercadoria, da sua parte, o ofertante busca obter a maior quantidade de moeda possível visando maximizar a utilidade do dinheiro em suas mãos pela troca da sua mercadoria. Isso se dá pela tentativa do ofertante buscar demonstrar ao consumidor o valor da utilidade máxima da sua mercadoria para esse, enquanto que, o consumidor procura maximizar o valor de uso do recurso financeiro em suas mãos, pela troca da mercadoria e que esses valores coincidirão no ponto em que houver a otimização do valor de troca na transação. Baseados nesse jogo de interesses, aí tem início o regateio de ambas as partes, cada qual visando maximizar os benefícios da troca de acordo com seu interesse respectivo.

O objetivo do demandante é comprar o produto pelo menor preço possível que, em suas mãos, depois de adquirido, se transformará no valor de troca do bem e que, acrescido da poupança obtida no regateio, se transmutará na utilidade total da mercadoria para esse. O que, por seu turno, o que dá no mesmo, o preço de aquisição se transfigura no preço máximo que o demandante se dispõe a pagar pelo bem e que, acrescido da poupança obtida na transação, se converterá no valor de uso da mercadoria para o consumidor final.

Já, pelo lado do ofertante da mercadoria, o seu interesse de realizar troca se manifesta em decorrência da sua necessidade em ter dinheiro para que o mesmo consiga honrar seus compromissos: primeiro, pagando suas dívidas perante seus parceiros, que resultaram da compra de matérias primas, pagamento de alugueis, juros, impostos, fornecedores, funcionários, seu próprio salário, e, finalmente, conseguir transmutar todo o excedente de mercadoria convertido em dinheiro através da sua venda, em lucro.

Em suma, para o trabalhador-empresário, a necessidade de obter dinheiro por intermédio da venda da mercadoria está relacionada diretamente ao cobrimento de todo o seu custo de produção mais os pagamentos de todas as despesas que o mesmo incorre para isso, mais a geração do lucro, que se converte na sua renda, gerada no processo de produção.

Dessa maneira, de um lado, o preço mínimo que o trabalhador-empresário deseja vender sua mercadoria, está diretamente vinculado ao pagamento de todos os seus custos, as despesas de produção, e mais, a oportunidade de obtenção de um lucro considerado aceitável por esse, que o mercado pode oferecer naquele momento. De outra forma, o preço máximo que o mesmo pretende vender sua mercadoria corresponde ao máximo de dinheiro que ele consiga obter na venda de seu produto em condições altamente favoráveis. E tal condição favorável somente se verificará com maior intensidade gerando maiores lucros, inclusive o lucro extraordinário, quanto mais útil for a mercadoria para os seus demandantes e quanto mais tecnologias inovadoras estiverem embutidas na sua formação, além da sua imediata capacidade de conversão em dinheiro por meio da efetivação das vendas. Isso sem contar o fato de que, tais negociações devem ocorrer ao menor nível de concorrência possível do produto no mercado.

De acordo com essas explanações, o potencial de retorno do produto se obtém não pelo preço, qualquer que seja: máximo ou mínimo, mas sim, pela maior quantidade possível de mercadorias que forem vendidas. E tal objetivo só se atinge, de acordo com Marx em sua obra "O Capital" como será visto, pela prática do menor preço a ser praticado no mercado no nível de produção, não de concorrência, e também, pela qualidade e produtividade, não do operário, que auxilia na competitividade da mesma, mas principalmente, do maquinário.

Então, pode-se afirmar que, no sistema capitalista hodierno, determinado pelo predomínio das máquinas-ferramentas, conforme estudos de Marx, em "O Capital", o que determina a maximização do lucro é a quantidade de mercadorias vendidas, e não a sua venda a um preço máximo ao menor custo possível. Isso porque, o que prevalece no sistema capitalista hodierno de produção, também chamado de capitalismo civilizado, é a mais valia relativa - conforme explana Marx, de maneira inequívoca, de acordo com seus estudos apresentados em sua brilhante obra "O Capital" - e que se caracteriza pelo predomínio das máquinas ferramentas, que são impulsionadas pelo avanço tecnológico e pela capacidade de mercadorias que o maquinário pode produzir.

Assim, quanto maior for o avanço tecnológico embutido nas máquinas, maior será a quantidade e qualidade das mercadorias por elas produzidas, e sendo assim, o que determinará o retorno dos investimentos para o trabalhador-empresário será a quantidade de mercadorias efetivamente vendidas e não o seu preço, que tende a prevalecer, no curto prazo e dependendo de sua exclusividade no mercado, o mais alto possível, gerando lucros extraordinários. Entretanto, no médio e no longo prazo, depois que a exclusividade da tecnologia for desvendada pelos outros produtores no mercado, esses preços tendem a ficar próximo ou muito próximo do seu custo de produção, onde o que passa a prevalecer no mercado é o lucro advindo da quantidade de mercadorias vendidas. Dentro desse prognóstico, a empresa maximizará o lucro vendendo suas mercadorias em maior quantidade e a um menor preço possível.

Nesse contexto, o que deve predominar na visão dos agentes de produção são a criação e a existência de mercados de alto potencial de consumo. Diante do exposto, mesmo com a antevisão de Marx, apresentado em sua obra "O Capital", publicado pela primeira vez em 1867, pode-se afirmar com a maior segurança possível que, foi em virtude da inobservância dessa condição pelo *mainstream* – pensamento principal que dominava a economia na época, e que, por incrível que pareça, ainda domina em nossos dias -, que provocou a crise de superprodução na economia global entre os anos de 1927 e 33, do século passado.

No sistema capitalista primitivo de produção, prevalecia o que infelizmente prevalece até os dias atuais, a ênfase de que, o lucro máximo seria obtido pela minimização de custo. Nesse caso, imperava a assertiva de David Ricardo que defendia a ideia de que, para maximizar o lucro, o capitalista tinha que procurar minimizar o custo – aqui entendido o custo como o salário a ser pago - ou, no caso, buscar manter ou aumentar de qualquer forma, a relação inversa entre salário e lucro, ou seja, quanto menor fosse o salário a ser pago ao trabalhador, maior seria o lucro do trabalhador-empresário. Então, dessa forma, para maximizar o lucro o capitalista teria que pagar o menor salário possível visando aumentar os investimentos futuros fazendo a economia entrar em ciclos virtuosos de crescimento, onde haveria maior demanda por trabalho fazendo elevar o salário no longo prazo. Assim, enquanto os trabalhadores perderiam no curto prazo, no longo prazo todos ganhariam como decorrência do aumento do salário. Nesse contexto, vale a explanação de Sir Keynes que defendia a tese de que, segundo esse, "ao se pensar apenas no longo prazo, no curto prazo estaríamos todos mortos".

Depois da introdução da máquina-ferramenta e do predomínio da mais valia relativa no processo de produção, como enfatiza Marx, essa máxima ricardiana perdeu sentido, uma vez que, jamais o capitalista conseguirá maximizar o lucro pela minimização de custo, mas sim, pelo aumento da venda de suas mercadorias e pela criação e surgimento de novos mercados potenciais, de consumo. Nesse caso, a tendência é a luta do trabalhador-empresário pela redução do preço das mercadorias, via aquisição de maquinário cada vez mais avançado, que produza sempre em maior quantidade com melhor qualidade, visando ampliar o nível de vendas das mesmas e atender a maior quantidade de mercados potenciais, ou seja, que possa ter a maior capacidade de consumo possível. E, por mais incrível que possa se verificar, de maneira inequívoca, isso, só se consegue pelo aumento do salário real do trabalhador, e não, pela relação inversa entre salário e lucro, mesmo porque, quem paga o salário do trabalhador é a mercadoria e não o trabalhador-empresário. E a mercadoria só conseguirá pagar o salário do trabalhador e de todos os agentes produtivos envolvidos, depois que for vendida e metamorfoseada em dinheiro nas mãos do trabalhador-empresário, como bem comprova Marx, em "O Capital".

No sequenciamento de suas análises, no Capítulo XI de "A Riqueza das Nações" Smith dá ênfase ao conceito da "Renda da Terra" afirmando que:

> A renda da terra, considerada como o preço pago pelo uso da terra, é naturalmente a maior que o arrendatário pode permitir-se pagar, nas circunstâncias efetivas da terra. Ao ajustar as cláusulas do arrendamento, o dono da terra faz o possível para deixar ao arrendatário uma parcela da produção não superior ao que é suficiente para pagar ao arrendatário o capital do qual ele fornece as sementes, paga a mão-de-obra, compra e mantém o gado e outros instrumentos e dispositivos agrícolas, juntamente com o lucro normal do capital empregado, segundo a taxa vigente na região. Evidentemente, isso é o mínimo com o qual o arrendatário pode contentar-se, se não quiser sair perdendo no negócio; e raramente o proprietário da terra está disposto a dar-lhe mais do que isso. Toda e qualquer parcela da produção ou — o que é a mesma coisa — toda parcela do preço da produção que ultrapasse a porcentagem destinada ao arrendatário, o dono da terra naturalmente procura reservá-la para si, como sendo a renda que lhe é devida pelo uso da terra; essa renda pleiteada pelo proprietário naturalmente é a máxima que o arrendatário puder pagar-lhe, nas circunstâncias concretas da terra. Smith(1996:185).

Utilizando-se da expressão acima para definir o que seja renda da terra, Smith deixa claro que, o preço ideal da locação da referida terra, tanto para o arrendatário como para o proprietário é o preço pelo qual o locador pode obter o máximo de valor pela locação dessa, mediante o uso da mesma por parte do locatário e que o arrendatário pode pagar, de acordo com a situação real da terra reservando a este último, o seu direito de recuperar o capital-dinheiro investido no uso da referida em: sementes, mão-de-obra, compra de maquinário e instrumentos agrícolas, mais o lucro normal do mesmo capital-dinheiro, empregado.

Infelizmente, esse valor pode ser negligenciado quando o proprietário aluga a área por uma quantia em dinheiro abaixo do preço ideal de locação fazendo diminuir sua renda em nível inferior ao ideal considerado. Isso pode ocorrer em decorrência do seu grau de liberdade e/ou, de ignorância no negócio, sendo mais comum devido a esse último fator. O locatário pode incorrer no mesmo tipo de problema como resultado do pagamento do aluguel acima do valor ideal devido, como reflexo da sua ignorância no trato de negociações de terras ou da própria inexperiência nesse tipo de atividade, fazendo com que seu lucro caia abaixo do normal. Lucro esse que tem como referência o índice de lucros que se pratica na região. Na concepção de Smith, esse seria o valor natural da renda da terra e que deriva do uso da mesma, ou ainda, o valor natural de aluguel da propriedade que é negociado no mercado.

> Poder-se-ia pensar que a renda proveniente da locação da terra freqüentemente não seja outra coisa senão um razoável lucro ou juros pelo capital empatado pelo dono da terra para melhorá-la. Sem dúvida, isso pode ocorrer, em determinados casos, mas só em parte; o proprietário exige uma renda, mesmo pela terra em que não implantou nenhuma melhoria, e os supostos juros ou lucro sobre as despesas das melhorias constituem geralmente um acréscimo a essa renda original. Além disso, as melhorias introduzidas na terra nem sempre são feitas com o capital do proprietário, mas às vezes com o do arrendatário. No entanto, quando se renova a locação, geralmente o locador exige o mesmo aumento da renda que pleitearia no caso de todas as melhorias terem sido feitas com seu próprio capital.
> Por vezes o proprietário exige renda por uma terra que simplesmente não está em condições de receber melhorias. A alga marinha é uma espécie de planta que, ao ser queimada, produz um sal alcalino, útil para fazer vidro, sabão, e para várias outras finalidades. Cresce em várias regiões da Grã-Bretanha, particularmente na Escócia, somente sobre rochas banhadas pela maré alta, rochas essas que são cobertas pelo mar duas vezes ao dia, e cujo produto, portanto, nunca foi aumentado pelo trabalho humano. No entanto, o proprietário de faixas de terra limitadas por praias de algas marinhas exige no caso a mesma renda que pleiteia por seus campos cerealíferos. (Págs. 185 – 186).

Ao fazer o comentário sobre a alga marinha que fornece o sal alcalino, que é útil para se produzir vidro, sabão, além de várias outras finalidades e que o proprietário acrescenta ao valor normal da renda da terra elevando o seu preço para locação, como evidencia Smith, este, de forma imperceptível está se referindo ao que Ricardo, Malthus, Marx e Alfred Marshall conceituam como sendo renda Diferencial da Terra. Esse conceito foi definido primeiramente por Ricardo, não sem Smith já ter dado uma breve análise sobre o tema; depois por Malthus, que deram início a um debate muito acalorado sobre o assunto. Conforme já frisado, para Ricardo a Renda Diferencial da Terra deriva do acréscimo ou incorporação na produção de terras menos férteis e que fazem aumentar os preços das locações das terras mais férteis. Para Malthus, inspirado em Smith, a Renda Diferencial da Terra deriva dos investimentos sucessivos que são realizados nas terras que estão sendo trabalhadas. Entrementes, conforme já observado nesta obra, como consequência do fato de que esses dois autores estarem corretos nas suas respectivas observações, cada qual se manteve com sua opinião a respeito desse tópico. Isso fez perpetuar um debate estéril entre esses dois pensadores sobre a situação, sem perceberem que, como sempre fizeram, discutiam o mesmo problema, só que por ângulos diferentes, chegando a conclusões também diferentes, porém precisas.

Quem acabou com esse quiproquó sobre a renda diferencial da terra foi Marx que, finalmente fez a definição completa analisando-a pelos dois ângulos, de maneira correta e científica, sem deixar margem para dúvidas sobre a citada tese. Para Marx, toda particularidade natural que uma determinada terra possa ter e que viabilize a sua utilização econômica para o seu usuário, gera uma renda diferencial. Assim, por exemplo, uma terra que possua uma nascente natural, uma cascata, uma porção de terra rara, ou até mesmo uma planta nativa ou endêmica que só se verifica na região objeto de estudo, gera uma renda diferencial, como também conforme visto acima, enfatiza Smith. Essa seria a renda diferencial natural, e a outra, seria a gerada pelos investimentos sucessivos na referida área visando obter melhoria na produção de gêneros alimentícios. Esses são os dois tipos de renda diferencial, tão debatidas por Ricardo e Malthus, mas muito bem esclarecidas por Marx, com auxilio de análises anteriores efetuadas pelo senhor Adam Smith.

Posteriormente, para se esquivar de Marx, Marshall manteve a mesma definição só que recorrendo ao conceito de excedente do consumidor e do produtor, desenvolvido por Dupuit, porém sem citar esse autor, conforme já foi visto em páginas anteriores, visando equacionar de vez esse problema. Assim, voltando ao exemplo exposto sobre as algas marinhas, Smith também deixa claro que, a renda diferencial da terra é aquela que incide sobre a renda natural da mesma, fazendo elevar sua margem de ganhos acima do natural, devido ao aproveitamento direto desse benefício adicional, quando esse faz o uso da citada terra para gerar riqueza através da produção.

Assim, revela o autor:

> Conseqüentemente, a renda da terra, considerada como o preço pago pelo uso da terra, é naturalmente um preço de monopólio. De forma alguma é ela proporcional àquilo que o proprietário pode ter investido na melhoria da terra, ou àquilo que ele pode extrair dela; mas ela é proporcional ao que o arrendatário pode pagar. (p. 186)

De acordo com o exposto acima por Smith, o preço da terra nunca é igual àquilo que o proprietário deseja obter pelo aluguel da mesma, mas esse preço é calculado sobre o valor que o arrendatário pode pagar pelo seu uso e que, por conseguinte, esse último é determinado pelo nível de rentabilidade do produto agrícola trabalhado.

Smith afirma ainda que:

> Geralmente, só podem ser comercializados aqueles produtos da terra, cujo preço normal é suficiente para repor o capital que deve ser empregado para colocar os produtos no mercado, juntamente com os lucros normais desse capital. Se o preço normal da mercadoria for superior a isso, a parcela excedente irá naturalmente para a renda da terra. Se o preço normal não for superior a isso, embora a mercadoria possa ser colocada no mercado, não poderá proporcionar nenhuma renda ao proprietário da terra. Quanto ao preço da mercadoria — maior ou menor —, isso depende da demanda (p. 186).

A classificação acima atribuída para os produtos que devem ser comercializados na terra é dada para produtos normais. Então, mercadorias agrícolas normais são aquelas que proporcionam ao proprietário auferir uma renda da terra considerada normal ao mesmo tempo em que, por outro lado, permitem ao arrendatário, repor o custo do capital aplicado acrescido de lucros normais, em situações de equilíbrio natural de mercado. Entrementes, há diferenças entre produtos agrícolas que se comercializam no mercado e essas diferenças têm como referencial o preço das mesmas.

As mercadorias cujo preço é superior ao lucro normal, tem essa diferença repassada para a renda da terra. Isso porque, ao perceber essa situação, o proprietário procura elevar o preço da locação, e o arrendatário, para não perder o acesso ao uso da citada, aceita a nova condição imposta pelo seu dono. Naturalmente, ao fazer esse tipo de análise, Smith está se referindo aos produtos que geram lucros extraordinários. Essas mercadorias normalmente tem um diferencial de preço muito acima dos padrões normais de mercado de outros produtos agrícolas, o que permite tanto ao proprietário quanto ao locatário auferirem ganhos adicionais com a comercialização de tais bens. Agora, por outro lado, existem outros produtos agrícolas que, embora esses possam ser colocados no mercado, seus preços não atingem o preço natural de mercado, fato esse que não permite ao dono da terra auferir nenhuma renda da mesma. Normalmente esse é um tipo de produto que pode ser trabalhado apenas para garantir a subsistência do proprietário da terra. Agora, por seu turno, o que vai determinar a variação dos preços desses produtos para mais ou para menos é o comportamento da demanda.

Em se tratando do comportamento da demanda:

> Há certos produtos da terra para os quais a demanda deve sempre ser tal que permita um preço superior ao que é suficiente para colocá-los no mercado; e outros há, para os quais a demanda pode ou não ser tal que permita esse preço mais alto. Os primeiros sempre devem proporcionar uma renda ao proprietário da terra. Os segundos às vezes podem proporcionar tal renda e às vezes não, conforme as circunstâncias. (p. 186).

Quando se trata de analisar a variação dos preços dos produtos agrícolas que são comercializados no mercado, é fundamental que se leve em consideração o comportamento da demanda. Por seu turno, a demanda oscila para mais ou para menos com certo grau de intensidade, de acordo com a importância que o consumidor atribui à utilidade desse produto na sua cesta de consumo diário. Assim, quanto maior for a utilidade do produto para o consumidor maior será sua demanda. Quanto menor for a utilidade do produto agrícola, no caso, para o demandante, menor também será sua procura. Dessa forma, produto com alto grau de utilidade para o consumidor apresentará sempre uma demanda elevada. Essa procura se mantendo elevada fará com que o preço da mercadoria se eleve acima do preço natural de mercado.

Por outro lado, produto agrícola com baixo nível de utilidade, gerando por isso baixo nível de preferência por parte do consumidor, como os produtos agrícolas inferiores, citando como exemplo os produtos agrícolas nativos de determinada região, ou de determinado clima, tais como: jiló, maxixe, quiabo, etc., e/ou, que tenham produtos substitutos, caso seu preço se modifique fora dos padrões normais de mercado, ou ainda, demais produtos que são de preferência de determinadas classes sociais, como os produtos nobres, por exemplo, esses podem proporcionar renda da terra ou não para o seu proprietário, podendo se manter acima ou abaixo do preço natural de mercado para os produtos agrícolas em geral. Conforme o próprio Smith considera, o que vai determinar esse tipo de comportamento do produto dependerá das circunstâncias ou da situação em que o mercado se encontre para tais produtos.

Diante dos fatos analisados acima, Smith salienta que, embora o comportamento dos preços varie de acordo com o desempenho do tipo de produto agrícola que se está comercializando, e também, de acordo com a variação da demanda decorrente do grau de utilidade atribuído ao produto pelo consumidor, pode-se ainda observar que, a renda da terra entra na composição do preço da mercadoria de maneira diferente do comportamento do salário e do lucro da mesma. Isso porque, enquanto são os salários e os lucros que determinam a variação do preço da mercadoria no mercado, por seu turno, é a variação do preço da mercadoria nesse mesmo mercado, que determina a oscilação da renda de locação da terra, fazendo com que, segundo Smith:

> Cumpre observar, portanto, que a renda entra na composição do preço das mercadorias de uma forma diferente dos salários e do lucro. Salários e lucros altos ou baixos são a causa do preço alto ou baixo das mercadorias, ao passo que a renda da locação da terra, alta ou baixa, constitui o efeito dos preços altos ou baixos das mercadorias. Se o preço de uma mercadoria é alto ou baixo, é porque se precisa pagar salários e lucro altos ou baixos para comercializá-la. Ao contrário, é porque o preço da mercadoria é alto ou baixo, muito mais, pouco mais ou não mais do que o suficiente para pagar esses salários e esse lucro, que a mercadoria proporciona uma renda alta, uma renda baixa ou nenhuma renda. (P. 187).

É em virtude dessa complexidade, que Smith achou por bem dividir este capítulo em três partes, como ele mesmo observa:

> O presente capítulo se divide em três partes, nas quais se estudará respectivamente: primeiro, aqueles produtos da terra que sempre proporcionam alguma renda; segundo, aqueles produtos da terra que às vezes podem proporcionar renda e às vezes não; terceiro, as variações que, nos diferentes períodos de aprimoramento ou desenvolvimento da terra, ocorrem naturalmente, no tocante ao valor relativo dos dois tipos de produtos naturais da terra, comparados tanto entre si como com as mercadorias manufaturadas. (P. 187).

2.1.1.1 Parte Primeira

2.1.1.1a Os produtos da terra que sempre proporcionam renda

> Uma vez que os homens, como todos os outros animais, se multiplicam naturalmente em proporção aos meios de sua subsistência, pode-se dizer que, basicamente, sempre há demanda de alimentos. Os alimentos sempre podem comprar ou comandar um volume maior ou menor de trabalho, e sempre é possível encontrar alguém disposto a fazer algo para consegui-los. Efetivamente, o volume de trabalho que os alimentos podem comprar nem sempre é igual àquele que poderiam sustentar, se geridos da maneira mais econômica, devido aos altos salários que por vezes são pagos pela mão-de-obra. Todavia, os alimentos sempre podem comprar ou comandar um volume tal de trabalho que possam sustentar, de acordo com a taxa pela qual esse tipo de trabalho é sustentado na região. (p. 187)

Para que se possa fazer uma análise com maior acuidade sobre o contexto de produção agrícola que Smith está se referindo acima, faz-se necessário estabelecer uma divisão de períodos no tempo em que se praticava e ainda se pratica esse tipo de atividade.

No período em que esse autor escreveu sua obra, a revolução industrial proporcionada pelo uso do maquinário se concentrava nas cidades. No campo ainda prevalecia uma atividade agrícola mais rústica, aonde se utilizava para plantio e colheita uma grande quantidade de mão de obra assalariada. Assim, se o proprietário ou o arrendatário quisesse aumentar a sua área de plantio ele tinha que contratar maior quantidade de mão de obra.

Nesse contexto, quanto maior fosse a área a ser plantada, maior teria que ser a quantidade de trabalhadores utilizados no campo. O número de trabalhadores empregados no campo variava de forma diretamente proporcional ao tamanho de área usada para plantio e colheita. Mais ainda, mesmo tendo que contar com uma maior quantidade de trabalhadores, os produtores rurais teriam que ter a sorte de se beneficiarem de uma maior incidência de chuvas durante o plantio, e com uma redução significativa das chuvas no período da colheita, para garantir uma boa quantidade de grãos necessários para manter a margem de ganho e de formação de riqueza. Caso a quantidade de chuva não fosse suficiente durante o plantio ou excessiva durante o período de colheita, o prejuízo era quase certo. Então, nesses casos, o fator sorte, era o principal determinante da formação de riquezas no campo.

No período de safra aonde se considera o plantio e as colheitas, essa mão-de-obra era utilizada em praticamente todo o seu tempo disponível. No período de entressafras os trabalhadores ficavam praticamente ociosos, com poucas atividades a serem feitas no campo. É justamente nesse período em que o proprietário de terras passava por maiores dificuldades. Como o serviço era pouco não se tinha aonde empregar essa mão-de-obra porque não havia atividades disponíveis para todos, e ainda assim, o dono das terras ou os arrendatários eram obrigados a manter quase todo, ou todos os empregados durante o período da safra, fazendo-se elevar seus gastos com a manutenção desse contingente de trabalhadores. Daí porque Smith afirmar que "o volume de trabalho que os alimentos podem comprar nem sempre é igual àquele que poderiam sustentar se geridos da maneira mais econômica, devido aos altos salários que por vezes são pagos pela mão-de-obra".

Dessa forma, quase todo ou, em alguns casos, todo o lucro que o proprietário ou o arrendatário conseguiam obter no período da safra, era gasto no período de entressafra. Havia situações em que, para dar início a uma nova safra os usuários das terras, fossem eles proprietários ou arrendatários, tinham que emprestar dinheiro para o investir na produção, utilizando-o como capital-dinheiro. Dessa forma, no período da safra os investidores eram obrigados a aproveitar ao máximo os trabalhos realizados pela sua mão-de-obra.

De maneira ingênua, os seguidores de Smith transferiram esse tipo de análise para a produção capitalista como um todo, esquecendo-se do fato de que, enquanto na agricultura tinha entressafra na indústria a atividade de produção era, e ainda é, constante, só havendo espaço para descanso ou impedimento da continuidade da produção nos dias comemorativos e nos finais de semana. Daí porque Marx considerar esse período como sendo a vigência do capitalismo primitivo onde prevalecia nas relações de trabalho, entre trabalhadores e empregados, a mais valia absoluta, onde se imaginava que toda a renda que se conseguisse obter nas relações de trabalho teria que sair do salário expropriado do trabalhador pelo capitalista.

Foi justamente nessa concepção que Ricardo se fundamentou para conseguir elaborar sua teoria do lucro, que afirmava ingenuamente que os lucros adicionais, em especial, o superlucro, só poderiam ser obtidos pelo trabalhador-empresário, se ele se apropriasse ao máximo de parte dos salários que deveriam ser pagos aos seus trabalhadores. Foi desse fato que surgiu a relação inversa entre salário e lucro tão propalada por Ricardo. Para esse autor, o lucro acima do lucro normal advinha de todo o valor que o trabalhador-empresário conseguisse extorquir do seu trabalhador.

Dessa forma, para que o trabalhador-empresário pudesse maximizar seu lucro ele teria que se apropriar do máximo de salário que ele conseguisse defraudar do trabalhador. Como os proprietários ou arrendatários mais experientes e mais abastados sabiam disso, os mesmos buscavam se utilizar de estratagemas para manter o trabalhador sob seu controle, tanto na atividade produtiva quanto na atividade econômico-social.

A maneira mais simples e mais utilizada para se fazer isso, além de procurar pagar o menor salário possível ao empregado, era o de associar o trabalho e o salário do trabalhador a uma atividade econômica paralela de propriedade do próprio proprietário ou arrendador. Normalmente, além de trabalhar na terra do produtor rural, o trabalhador tinha que gastar seu salário, a maior parte dele ou todo o seu soldo comprando mercadorias para seu sustento, no empório de propriedade do seu próprio patrão. Assim, enquanto o salário do trabalhador deveria ser o mínimo possível, tudo o que ele comprava no armazém de propriedade do seu patrão tinha que ser o preço máximo. Isso quando esse produto não vinha misturado com terra ou outra mistura qualquer visto que, os proprietários desses empórios além de elevarem os preços, adulteravam a balança e os produtos comprados pelo trabalhador, no caso, seus próprios empregados.

É como Amós prenuncia ou já se praticava no seu tempo:

> Ouvi isto vós que pisais os pobres e fazeis perecer os indigentes da terra, dizendo: Quando passará o mês, e venderemos nós as nossas mercadorias: e o sábado para abrirmos os celeiros: para diminuirmos a medida e aumentarmos o siclo e servimo-nos de balanças falsas: para nos fazermos senhores dos necessitados com a nossa prata, e dos pobres com um par de sandálias e para lhes vendermos até as cascas do nosso trigo? Amós (Cap. 08; Vers. 04 – 06).

Esse ardil ocorria muito nas minas de cobre, ouro, prata e nas atividades agrícolas. Tais artifícios eram corriqueiros nesses locais. Assim, nos finais de meses ou safras, era comum o trabalhador deixar praticamente todo o seu ordenado para pagar as dívidas contraídas nos bazares do proprietário. Na maioria das vezes, os trabalhadores ficavam devendo para o proprietário ou o próprio arrendatário, tendo que pagar a esses, com os seus salários subsequentes. Assim, a vida do operário enquanto empregado dos donos das minas e das fazendas era trabalhar e pagar as dívidas das compras de produtos de consumo para seus patrões ficando trabalhando nesses recintos como refém-cativo.

Por vivenciar tais práticas nesse período é que Ricardo estabeleceu sua máxima do processo de geração de riqueza pelo sistema capitalista, estabelecendo a relação inversa entre salário e lucro. Ou seja, para que o lucro fosse máximo, o salário deveria ser o mínimo possível, em todos os sentidos, é bom que se diga.

Na verdade, como o próprio Smith explana e os Fisiocratas já tinham reconhecido isso, o processo de geração de riqueza por intermédio da geração de excedente é um sistema natural evidente na natureza, que se dá pelo processo de plantio e colheitas. Planta-se uma semente e dessa semente, surgem várias outras sementes. O problema é que, na natureza, para contar com esse processo, os produtores são obrigados a aceitar o período da sazonalidade marcado pelas entressafras, fato esse que consome praticamente todo o lucro obtido no período da safra. A grande vantagem do processo de geração de excedentes no chão da fábrica é que ele é sistemático, contínuo, não tem intermitência, ocorre o ano todo e pode ser praticado durante o dia e a noite. Assim, a quantidade de riqueza proporcionada pela indústria é incomparável, infinitamente superior ao que a natureza produz na atividade agrícola. Malthus, por seu turno, também já percebia isso, ao afirmar que, a produção agrícola se desenvolve em progressão aritmética.

Considerando esses fatores em sua grande maioria, embora a natureza possa gerar riquezas de maneiras diversas, principalmente por intermédio das atividades de turismo e da prática da agricultura e pecuária, em virtude da sazonalidade da produção, dos problemas de transporte, do estoque das mercadorias, da sua perecibilidade e do custo do plantio, essa prática em sua grande maioria, gera uma riqueza ilusória e que, para se transformar em realidade, têm que ser regrada a trabalho constante e intenso durante os períodos propícios para essas laborações.

Marx foi o primeiro economista que percebeu que, o cenário da economia primitiva praticado principalmente na agricultura sofreu modificações sensíveis com a introdução do maquinário e que gerou o que esse autor definiu como mais-valia relativa. Por intermédio da introdução do maquinário pode-se, além de aumentar significativamente a área plantada, consegue-se reduzir de maneira intensa a mão-de-obra aplicada no campo, liberando-a para as atividades nas cidades. Assim, reduz-se a quantidade de trabalhador utilizado no campo, mas por outro lado, introduz-se o maquinário e seu custo na produção, gerando-se uma permuta totalmente desigual pela redução da mão-de-obra empregada e sua substituição por meio da adição de maquinário no processo de produção, que tem que ser compensados pela quantidade de produto produzido e que se deve comercializar de maneira infinitamente maior.

2.1.1.1b A verticalização do processo de produção agrícola e sua subdivisão em estratos

Em virtude dessas mudanças significativas no cenário das atividades agrícolas o que passa a prevalecer para se gerar produção com maior grau de intensidade é a quantidade da terra utilizada para plantio e a busca pela melhoria constante da fertilidade do solo, o que, por seu turno, determina o índice de produtividade do local e que faz distribuir os ganhos da produção agrária de maneira vertical e estanque, dividida por estratos.

Nesse caso, considerando os estratos ou os setores envolvidos na atividade agrícola, a parte mais custosa, mais trabalhosa e que, em consequência disso, reduz sensivelmente o lucro, se existir esse nesse setor, é bom que se diga, é a parte do plantio e da colheita ou também chamado de segmento da produção de matérias primas ou *commodities*, onde a produção se colhe de forma bruta, sem quaisquer tipos de beneficiamentos. Os custos nessa área são astronômicos por envolver: desmatamento da área a ser plantada com utilização de tratores, técnicas diversas de destruição das florestas, ou, quando a área já estiver desnuda para plantio, a preparação do solo por intermédio do processo de seu enriquecimento, que envolve a utilização dos nutrientes químicos, tais como: adubos, fertilizantes, herbicidas, combustíveis diversos, mais trabalhos de profissionais qualificados nas atividades de pesquisas e desenvolvimento do solo e das sementes, além das próprias pesquisas, utilização de outros tipos de tratores, colheitadeiras, máquinas e implementos, mais gastos com salários dos trabalhadores, alterações de temperaturas do clima (excesso ou escassez de chuvas), etc. e ainda, o transporte, sem contar os pedágios e que tem sua despesa repassada para o preço do produto final.

Tudo isso em conjunto faz elevar os gastos da população com alimentos desse segmento, o que, em alguns casos, acaba inviabilizando algumas atividades de produção no campo, em virtude do baixo poder aquisitivo da maior parte da população, que tem o hábito de consumir esse tipo de mercadoria, e que, não pode compra-lo na quantidade necessária para equacionar suas necessidades de consumo. Tudo isso eleva o gasto sobremaneira, tornando essa prática, que é o primeiro estrato da produção, uma atividade além de dispendiosa, muito intensa e com ganhos totalmente incertos, se existirem.

As gradações que mais se beneficiam nessa parte do processo das atividades agrárias são o segundo, o terceiro e o quarto estratos. A segunda camada do processo de produção agrícola é a que se favorece da venda dos nutrientes para o solo tais como: herbicida, fungicidas, venenos, fornecimento de profissionais especializados, pesquisas, maquinário, treinamento do pessoal utilizado na área, etc. Esse setor, ao lado da venda de tratores, colheitadeiras, máquinas e implementos, são os que mais sobressaem em relação aos ganhos no processo de plantio e colheita dos produtos da terra. Isso porque tais bens que são comerciados nesse setor, ou seja, o estrato de plantio e colheitas são mercadorias que têm embutida em si o emprego de alta tecnologia, aplicação de estudos e pesquisas de laboratórios com utilização de pessoal altamente qualificado e que, por isso, repassa o preço dos custos de produção e os lucros a serem auferidos no segmento para o primeiro estrato, elevando os gastos desse último com o processo de melhoramento da qualidade do solo e do sistema de tratamento das áreas plantadas, além da manutenção da mesma, de maneira que se minimizem as perdas com os insetos e pragas, que muitas vezes até conseguem destruir totalmente, o plantio efetuado nas propriedades produtoras.

Muitas vezes misturado com o setor de plantio e colheitas estão os setores de estocagem da produção, que contam com secadores, silos e armazéns prontos para fazer o aprovisionamento da safra e que vivem dos aluguéis dos mesmos aos produtores, por esses não terem condições de construir tais utensílios e justamente por isso, são obrigados a alugarem essas instalações para a estocagem das safras, até elas serem transportadas para os portos ou áreas de embarques da produção, em sua esmagadora maioria, para o mercado externo. Vale frisar que os produtores que mais necessitam do aluguel desses equipamentos que são disponibilizados para a colheita, são os arrendatários das terras e que são destinados à locação porque seus proprietários, por uma razão ou outra, dão prioridade ao seu arrendamento, sem precisar incorrer nos custos de produção.

O setor que responde pelo terceiro segmento ou estrato, que também tira proveito de todo o insumo gerado na terra sob a forma de sementes e capim para a alimentação dos animais, visto que os compra ou transporta já prontos para consumo da criação, bem como do transporte dos próprios animais, que são utilizados como matéria prima para a produção de suprimentos alimentares ou insumos para o setor de beneficiamento da carne, das sementes, das peles, do leite e derivados, como os laticínios, além de outros produtos animais, dentre eles destacando-se os setores de: bovinos, ovinos, caprinos, suínos, aves é o setor de transportes.

Isso ocorre porque, esse segmento procura embutir no preço do frete todos os gastos incorridos na sua realização mais o ganho proporcionado pelo transporte, sendo que é o proprietário da carga, no caso, dos produtos agrícolas que terão que arcar com tais valores. Essa estrutura já conta com uma grande quantidade de caminhões de vários tamanhos, dispõe de frota pronta e preparada para o translado e que, por seu turno, envolvem custos e despesas diversas, como por exemplo: o proporcionado pela perda das sementes durante o percurso realizado; acidentes nas estradas do País que não dispõe de transporte modal apropriado para essa atividade, em especial, o ferroviário e naval; além dos lucros dos proprietários desses veículos, a serem todos pagos pelo dono da produção ou o arrendatário da terra, na forma de fretes remunerados por esses.

Já o quarto estrato que corresponde ao setor de vendas de tratores, colheitadeiras, máquinas e implementos agrícolas, talvez seja o segmento que mais se beneficia de todo o processo de plantio, por vender mercadorias importadas e por isso, muito caras visto que, essas estão embutidas de alta tecnologia no seu fabrico, além de se destacarem por ser um setor oligopolizado e controlado totalmente pelas multinacionais, que estabelecem seus preços de acordo com a margem de ganhos que os mesmos estipulam para efetivarem as negociações desses tipos de mercadorias. Ao produtor cabe apenas bater a continência e assumir os ônus dos investimentos a serem realizados por esse tipo de indústria.

No segmento de produção e desenvolvimento de sementes e capim para criação de carcaças que são destinados para o mercado externo como matérias primas (*commodities*), nesses casos, apenas uma ínfima parte dos investimentos em pesquisas e novas tecnologias é que são despendidos pelos produtores visto que, praticamente todos esses gastos são repassados para o Governo Federal honrar e que se dá por meio das transferências e subsídios realizados por esse último, a tal setor.

Por conseguinte, como o Governo não aceita internalizar esses gastos, o mesmo os repassa para a população por meio da elevação da carga tributária ou do aumento do preço dos serviços públicos que são consumidos pela população, tais como: as tarifas de água, luz, telefone e saneamento básico. No caso, praticamente toda a dívida do setor de produção de matérias primas ou *commodities* é socializada para as demais camadas populacionais, que terão a obrigação de honrá-las.

Para o Brasil, os investimentos na área de *commodities,* via ampliação do plantio em áreas novas causando destruição de florestas, nascentes dos rios, bem como da biota (flora e fauna), seus defensores dizem ser importante porque, esse passou a ser um dos únicos segmentos de produção que geram divisas para o País, em virtude da internacionalização da economia brasileira pelo regime militar a partir de 1964, porém, isso se verificando apenas na parte de plantio. Isso porque, nos demais segmentos da produção de *commodities*, a matéria prima existente e a grande maioria das empresas que atuam no mercado interno são de propriedade das multinacionais e que por isso, todo o seu lucro e os ganhos obtidos no mercado nacional são destinados a outras nações promovendo com isso, uma verdadeira evasão de riquezas do Brasil.

Ao mercado brasileiro ficam retidos apenas os tributos, a destruição das áreas florestais, dos biomas, as cargas das dívidas com o setor que é assumido pela população, e os empregos gerados por essas instituições internacionais, que não são muitos, porém, só enquanto elas estiverem atuando no País, diga-se de passagem.

Nesse caso, "estrategicamente falando", o Governo Federal não está preocupado com os prejuízos advindos do setor de produção de matérias primas (*commodities*), mas sim, se interessa apenas pelas divisas (entrada de dólares no País) que são geradas por esse setor exclusivo de derrubadas de florestas e sua substituição por plantio de sementes e capim nessas áreas, transformando-o assim, num verdadeiro refém do mercado externo.

Normalmente as empresas que vendem todo esse maquinário, que são produtos de alta tecnologia (*high tech*), se tornam proprietárias de mais da metade das safras que são geradas no País por uns cinco ou seis anos consecutivos, sem mesmo plantar uma única semente. Nesses casos o governo assume as despesas, transferindo todo o seu ônus para a sociedade pagar, via elevação da carga tributária de alguma ou de outra forma. Um exemplo claro disso foi o caso da implantação da Lei Kandir, que isentou os produtores rurais e empresas desse segmento, do pagamento do Imposto Sobre Circulação de Mercadorias e Serviços – ICMS em 17%, onde o Governo os repassou para as pessoas físicas via elevação desse tipo de imposto sobre o pagamento de luz, água, saneamento básico e telefone.

Por fim, resta dizer que o setor que mais se apropria dos "lucros" gerados no processo de plantio e colheita das safras agrícolas, no rol das *commodities*, apoderando-se na maioria das vezes, também até de todo o superlucro que se verifica, principalmente no setor de produção de mercadorias agrícolas que só se adaptam em determinadas áreas do Planeta e que existem em abundância no Brasil, tais como: café, cacau, cana-de-açúcar, seringueira, ultimamente o açaí, peixes raros, etc., é o setor que já compra a safra pronta no atacado e que a destina em sua maior parte ao mercado externo.

Os produtos agrícolas que, por um acaso ficam no mercado interno, na maioria das vezes são comprados pelos bancos e financeiras que adquirem praticamente toda a safra com pagamento antecipado, via mercado futuro, e assumem todo o processo de revenda dessa produção, que geram lucros normais. Nesse caso específico não se gera lucro normal, mas sim, superlucro. Isso porque todos esses produtos ficam monopolizados pelas instituições e empresas nacionais, que especulam com os seus preços no mercado interno, revendendo-os de forma majorada para o consumidor final, além de os revenderem ao mesmo preço do mercado externo pela cotação do dólar.

Na realidade, os setores que realizam as negociações das atividades que compõem os estratos logo acima do de plantio e da colheita, independente de serem produtos que geram superlucros ou não, da mesma forma que o segmento que vende máquinas e implementos agrícolas de alta tecnologia, costumeiramente esses, com uma única venda, se tornam donos da outra parte das safras agrícolas, em torno de três, quatro ou até cinco períodos da produção, mesmo sem terem plantado uma única semente, com os resultados negativos sendo transferidos para os plantadores e o setor público que por seu turno, transfere o ônus assumido para a população pagar.

Essa situação é a que se pode chamar de armadilha da produção agrícola causada pelas políticas malfadadas e pela má gestão dos governos militares que destruíram todo o parque industrial brasileiro construído pelo período de Vargas e seus seguidores, transferindo-o para o exterior. Diante desse quadro calamitoso, e, por ficarem sem ter como suprir as necessidades emergenciais de consumo e de geração de riquezas para o mercado interno, recorreram por intermédio de políticas e artifícios econômicos malfadados, à destruição das florestas nacionais que existiam em abundância na Nação, substituindo-as pela produção de capim para alimentar as carcaças de animais e a produção de sementes ou *commodities* a serem vendidas no mercado externo, como forma de geração de divisas (entrada de dólares) para o mercado interno.

As empresas que atuam na área, para poderem ter seus lucros maximizados e formados em menor tempo, por participar de um setor altamente beneficiado pelo protecionismo proporcionado pelo governo, pelos *lobbys* que são formados, e pelos arranjos criados pelo próprio comércio, se organizaram e fatiaram o mercado brasileiro atuando como compradores das safras já colhidas e das carcaças já prontas para o abate, por meio de estruturas de mercado definidas como Monopsônio, ou seja, uma só empresa compradora das matérias primas gerada nas atividades agropecuárias e vários vendedores; ou ainda, Oligopsônio, definido esse último como, poucas empresas compradoras da produção agrícola e uma grande quantidade de vendedores; estruturas essas definidas por *Stackelberg*, e apresentadas na obra do Professor José Paschoall Rosseti (2003) e que funcionam ao contrário dos monopólios e oligopólios.

Atuando de acordo com essa estratégia, tais estruturas praticam um grande poder de persuasão e pressão sobre o mercado da atividade agropecuária, o que a fazem dominarem todo o cenário da produção agrária permitindo-lhes auferir grandes lucros, até mesmo superlucros. Esses ganhos são obtidos à custa do despreparo, do baixo conhecimento e na maioria das vezes, da falta de organização da classe dos produtores; ou mesmo de conluios dos envolvidos nas atividades de produção de carcaças e sementes, que se aventuram na área apenas para se apropriarem de ganhos fáceis e sem quaisquer contrapartidas, como são os casos dos incentivos fiscais e dos subsídios governamentais, a eles oferecidos pelo Governo e bancados pela população do País.

Na realidade, a atividade agropecuária só pode conseguir algum ganho - lembrando que, nas atividades tradicionais é muito difícil, ou quase impossível se ter superlucro, esse só conseguido pelas atividades de monopólio e oligopólio na área de vendas, ou de, monopsônio e oligopsônio, no setor de compras de matérias primas para transformação em alimentos prontos para consumo - quando a matéria prima é beneficiada e transformada em produto para consumo dentro do próprio país pelos nacionais da área, e depois, comercializada no mercado interno ou vendida para o mercado externo.

Atualmente verifica-se que, como toda a produção de matéria prima é exportada para ser beneficiada no exterior, essa atividade se transforma numa grande estrutura responsável pela evasão de riquezas, ou seja, de venda da capacidade produtiva interna e sua transferência para a produção no exterior, o que impossibilita a produção, geração de riquezas e de desenvolvimento do mercado interno, com consequente aumento de desemprego e pobreza para os países que não beneficiam sua própria matéria prima internamente.

Jamais se ouviu dizer na história da Economia que algum país se tornou potência, vendendo apenas capim, sementes e carcaças de animais. O próprio Adam Smith aconselha que é fundamental para os países que queiram se desenvolver, que esses beneficiem sua matéria prima dentro de seu próprio território, ou até mesmo, de parte da matéria prima que será reexportada, ou seja, que é comprada de forma bruta no exterior e que é diretamente utilizada apenas para reexportação.

Mas, se as coisas se procedem dessa maneira, advêm algumas perguntas:

- Então, se apenas a produção e comercialização da matéria prima não dá lucro, porque então há a insistência de grupos na área agrícola que se preocupam apenas em plantar e comercializar sementes e capim? Além da carne bruta e *in natura*?

Isso ocorre em virtude da existência dos subsídios que são repassados a custo zero para os produtores rurais, e também, por causa dos incentivos fiscais, e, mais ainda, pela pressão exercida pelas indústrias que produzem herbicidas, adubos, tratores, caminhões, máquinas e implementos sobre esses produtores e sobre o Estado, para que eles pratiquem com maior intensidade essa atividade e comprem seus produtos que estão estocados em grande quantidade em seus armazéns e garagens. Além do mais, essas exigências são seguidas com toda submissão possível, visto que, o setor de produção de sementes, capim e pecuária, praticamente não paga impostos, sem contar o fato de que, seus prejuízos são internalizados e repassados para a população por intermédio da transferência de dívidas desse setor para a sociedade, via aumento de preços desses produtos no mercado interno e da carga tributária, para cobrir os prejuízos e danos gerados por esse tipo de prática predatória que se camufla por detrás do comércio que é praticado no País.

Em virtude de todas essas mazelas geradas para a sociedade, sem nenhum custo para o proprietário, a maioria das terras existentes no Brasil é utilizada para especulação imobiliária, o que faz aumentar a invasão e a grilagem das áreas devolutas por parte dos grandes produtores e empresas agrícolas, sem contar a própria classe dos "políticos", que são os maiores proprietários das terras, e que, em adição a isso, são eles que criam e votam em plenário esse tipo de procedimento, penalizando o país e a população de maneira direta e implacável. Isso faz com que, toda a área rural do Brasil seja um dos mais violentos do mundo, gerando extermínio de populações indígenas, de negros herdeiros dos quilombos e da grande maioria dos pequenos e médios produtores que são expulsos, se não forem mortos, para as cidades, transformando-os em favelados ou moribundos nas ruas.

Essas práticas em seu conjunto elevam o preço de mercado dessas mercadorias e inviabiliza ao mesmo tempo, a produção de alimentos diversos de consumo familiar por parte dos pequenos e médios produtores e que são necessários ao atendimento das necessidades da população e do Estado, os maiores prejudicados. Se se quiser acabar com até 80% dos problemas ambientais no Brasil, basta eliminar a prática de concessão de subsídios, de transferências, de isenções fiscais, acabar com os repasses de prejuízos gerados pela produção de sementes e capim em grande escala e de carcaças de animais para a sociedade via compra da carga a preços subsidiados pelo Governo, além de se passarem a exigir por parte dos bancos públicos, nas concessões de empréstimos ao setor agrícola, a apresentação de projetos avançados de viabilidade econômica para a atividade a ser desenvolvida no campo, sejam elas quais forem. Vale lembrar, nada de Plano de Negócios.

Quando trata das questões de subsídios, Smith afirma que, em seu tempo, na Inglaterra, durante a concessão desse tipo de benefício para o setor de pesca, havia barcos que só para terem acesso a esse incentivo, saiam dos portos e apenas algumas horas depois voltavam completamente vazios, mas já com direito a essa benesse. Esse Economista até sugeria que, para ter direito a essa contribuição, o governo inglês deveria exigir que os barcos tivessem que voltar aos portos com pelo menos, alguma carga de peixes.

Na realidade ao se financiar uma estrutura dessa natureza, apenas esse fato promove um aumento do saque e da pilhagem da riqueza da Nação e da sua capacidade de gerar emprego e renda no mercado interno, que é o maior prejudicado pela prática desses absurdos. Para as multinacionais do setor é muito cômodo pegar a matéria prima nos armazéns, sem nenhuma despesa adicional, colocá-las nas carretas e depois navios, levar para outros mercados auferindo lucros inimagináveis com isso, à custa do sacrifício de nações pobres e despreparadas, ou de lacaios infiltrados na população nativa na forma de "elite" com apoio de "economistas de ocasião", para usufruir de tamanha desgraça social.

Depois dessas observações, cabe retornar às análises de Smith sobre a renda da terra.

> A terra, em quase todas as situações, produz uma quantidade maior de alimentos do que o suficiente para manter toda a mão-de-obra necessária para colocá-los no mercado, por mais liberal que seja a remuneração paga à mão-de-obra. Também o excedente é sempre mais do que suficiente para repor o capital que deu emprego a essa mão-de-obra, juntamente com o lucro desse capital. Por isso, sempre permanece algo para uma renda destinada ao proprietário da terra.
>
> [...]
>
> A renda da terra varia não somente conforme a fertilidade — qualquer que seja seu produto — mas também de acordo com a sua localização, qualquer que seja

a fertilidade. A propriedade localizada perto de uma cidade produz uma perda superior à que é proporcionada por uma terra da mesma fertilidade localizada no interior do país. Embora o cultivo de uma não requeira maior mão-de-obra ou trabalho do que o cultivo da outra, necessariamente o custo será maior no caso de ter que colocar no mercado gêneros alimentícios trazidos de uma região longínqua. Uma quantidade maior de trabalho, portanto, pode ser mantida fora dela; e o excedente do qual se tira o lucro do agricultor e a renda do proprietário deve ser diminuído. Mas, nos locais distantes do país, a taxa de lucro, como já se demonstrou, geralmente é maior do que nas proximidades de uma cidade grande. Por conseguinte, será menor também a porcentagem desse excedente diminuído que pertencerá ao dono da terra.

As boas estradas, os canais e os rios navegáveis, por diminuírem as despesas de transporte, fazem com que as regiões mais longínquas do país possam aproximar-se mais do nível vigente nas proximidades de uma cidade. Sob esse aspecto, essas facilidades de transporte representam as maiores melhorias. Estimulam e encorajam o cultivo das regiões interioranas, que necessariamente representarão sempre a maior parte do país. Trazem vantagem à cidade, por quebrarem o monopólio do campo em suas proximidades. Acarretam vantagem até mesmo para aquela parte do campo. Embora introduzam algumas mercadorias concorrentes no mercado tradicional, abrem muitos mercados novos para sua produção. Além disso, o monopólio representa um grande inimigo para a boa administração, a qual só pode ser implantada em toda parte em conseqüência daquela concorrência livre e geral que obriga todos a recorrerem a ela em sua própria defesa. [...]

Um campo de cereais de razoável fertilidade produz uma quantidade muito maior de alimento humano do que a melhor pastagem de igual extensão. Embora seu cultivo exija muito mais trabalho, é também muito maior o excedente que resta, após repostas as sementes e mantida toda a mão-de-obra. Por isso, se nunca se julgasse que uma libra-peso de carne de açougue valesse mais do que uma libra de pão, esse excedente maior seria em toda parte de valor maior, e constituiria um fundo maior tanto para o lucro do arrendatário quanto para a renda do proprietário. Parece ter ocorrido isso em toda parte, nos rudes primórdios da agricultura. Smith (1996: 187 – 188).

A análise acima relatada pelo autor se refere apenas àquelas atividades agrícolas que permitem pagar ao produtor arrendatário ou o próprio proprietário da terra que a usa, o custo da produção, o lucro e a renda do proprietário, mesmo com essa última se misturando ao lucro do produtor, no caso dele ser o próprio dono da propriedade agrícola.

Como se pode ver claramente nesse tipo de análise, os produtos agrícolas que permitem essa façanha ao seu produtor são apenas aquelas mercadorias que comandam a atividade agrícola em cada região, por ser ela a principal fonte de consumo da população local. No caso da França e da Itália, de forma especial, na época, era a uva e a oliva, respectivamente. Essas mercadorias para esses países geravam lucros extraordinários visto que, a uva, que era produzida pelos vinhedos franceses, já nesse período, era a mais cobiçada da Europa devido a sua alta qualidade, sabor, que mantinham sua característica endêmica, ou seja, que na época, só se encontrava nessa região do Planeta. Os olivais na Itália, em termos de rentabilidade, proporcionavam grandes lucros aos seus produtores, devido a sua utilização na produção do azeite extravirgem, de grande valor, em virtude da sua qualidade e ao seu consumo elevado na Europa. Assim, tanto a atividade de produção de oliveiras na Itália quanto a de plantio de uvas na França, geravam lucros extraordinários para quem detivesse a produção respectiva desses dois tipos de mercadorias. Daí porque, talvez, um dos motivos da introdução até certo ponto tardia da produção manufatureira, tanto na França quanto na Itália.

Por seu turno, outros tipos de produtos que geravam excedentes que cobriam os custos e as rendas de todas as classes sociais envolvidas no seu plantio, na época, eram: o trigo e a carne bovina, principais mercadorias de consumo agropecuário na Inglaterra; a aveia, líder do consumo entre os produtos originários da terra na Escócia, o arroz, objeto de maior demanda para destruição na alimentação da população nos países asiáticos, o tabaco, muito cultivado em algumas regiões dos Estados Unidos e também em Cuba. Vale ressaltar que, em Cuba, o tabaco gerava lucros extraordinários, pois o mesmo se tornou famoso pelo fornecimento da principal matéria prima dos famosos charutos de Havana. A batata, que segundo Smith proporcionava grande quantidade de alimento sólido, também tinha uma característica do seu consumo muito peculiar, sendo muito apreciada no Velho Continente, embora ainda ela fosse constituída de uma grande quantidade de água, o que fazia com que esse produto se tornasse altamente perecível. Segundo Smith, essa era a grande desvantagem da batata, principalmente diante do trigo, que permitia a sua estocagem por um grande período de tempo, superior a um ano ou até dois.

A cana-de-açúcar cultivada nas colônias, no caso, principalmente do Brasil, também era outro produto que gerava lucro extraordinário, por somente ser produzida em áreas tropicais e ser de grande valor econômico, em virtude de seu alto consumo em toda a Europa. Atualmente, vale citar em acréscimo, produtos que geravam e ainda, considerando alguns casos, proporcionam lucros extraordinários aos seus produtores, principalmente no Brasil, tais como: café, cacau e plantação de seringueira que fornece o látex, matéria prima para o fabrico da borracha. Acrescenta-se ainda nesse rol, atualmente, até o açaí, produto muito apreciado no mercado estadunidense e europeu.

Como se pode observar, não são todos os produtos que se plantam na agricultura que proporcionam ganhos satisfatórios aos detentores de sua produção. Existem outros tipos de mercadorias que, embora cultivadas em larga escala apenas cobrem os custos do plantio e o lucro, sem possibilitarem a geração da renda da terra necessária para viabilizar a ampla comercialização dessas propriedades para plantio e seu arrendamentos no mercado, viáveis apenas para culturas alternativas. É devido a essas peculiaridades que o sábio Smith, dividiu a sua análise sobre a atividade agrícola, em três partes, como o próprio frisou.

2.1.1.2 Parte Segunda

2.1.1.2.1 O produto da terra que às vezes proporciona renda e às vezes não

> O alimento humano parece ser o único produto da terra que sempre e necessariamente proporciona alguma renda ao proprietário da terra. Os outros tipos de produto às vezes podem gerar tal renda para o proprietário da terra, e às vezes não, de acordo com a diversidade das circunstâncias.
> Depois da alimentação, as duas grandes necessidades do homem são o vestuário e a moradia.
> A terra, em seu estado original e não tratada, é capaz de proporcionar os materiais para o vestuário e para a moradia a um número muito maior de pessoas do que ela pode alimentar. Quando devidamente tratada, a terra pode às vezes alimentar um número maior de pessoas do que o número de pessoas ao qual pode garantir vestuário e moradia, ao menos da forma em que as pessoas exigem e estão dispostas a pagar. No primeiro estado, portanto, existe sempre uma superabundância daqueles materiais que são freqüentemente, nesse sentido, de pouco ou nenhum valor. No outro estado existe freqüentemente escassez, que necessariamente aumenta seu valor. No primeiro estado, joga-se fora como inúteis uma grande parte desses materiais, e o preço dos materiais efetivamente empregados é apenas o trabalho e a despesa necessários para prepará-los e adequá-los para o uso real e, portanto, não são capazes de proporcionar renda alguma ao proprietário da terra. No segundo estado — da terra já trabalhada —, os materiais para vestuário e para moradia são sempre utilizados, e muitas vezes a demanda supera a oferta. [...] Smith (1996: 200 – 201).

Como se pode ver nos relatos acima do Senhor Smith, ele dá continuidade às suas assertivas obedecendo aos mesmos critérios adotados por Platão, seguindo os princípios da hierarquia das necessidades humanas, que são: primeiro, a necessidade de alimentação, depois, a de abrigo ou proteção e, por último, a indispensabilidade de segurança. Nessa sequência, embora o autor não acrescente essa particularidade, ou seja, que está seguindo os pináculos filosóficos e científicos de Platão, o que, essa é uma característica dos pensadores ingleses, no sentido de não se citar as fontes as quais consulta, por assim dizer, vale acrescentar, da sua parte, Smith adiciona em seu estudo para fundamentar suas ideias, os demais tipos de produtos ou mercadorias, que servem para atender as necessidades hierárquicas do indivíduo, no caso, a necessidade de proteção, como o couro e o de segurança, como a moradia representada pelos produtos extraídos das florestas, tendo como exemplo principal, a madeira.

Assim, na concepção desse autor, no que tange ao atendimento das necessidades humanas de maneira hierárquica, mesmo todos os tipos de bens sendo úteis, existem aqueles que geram renda e outros que não. Nesse caso, os que geram renda são os bens escassos e os que não geram renda são os que existem em quantidade excessiva. No fundamento de bens que, mesmo sendo úteis não geram renda por existir em abundância, ele cita como exemplo, na sua época, as peles de animais, que atendem o quesito proteção. Já, em se tratando do atendimento das necessidades de abrigo e segurança, como se verá mais adiante, ele aponta a madeira, que é extraída das florestas, também como forma de riqueza.

Na concepção desse autor, no estágio primitivo da civilização, como diria Marx, as peles de animais e as madeiras extraídas das florestas existiam em quantidade excessiva e por isso não tinham quase valor de comercialização. As madeiras e as peles de animais, depois da caçada, eram abandonadas pelos campos porque não se tinha o que fazer com esses utensílios, uma vez que esses não possuíam valor de troca praticamente nenhum. Para Smith, apenas para os nativos das regiões americanas que os utilizavam é que eles tinham algum valor, além de os trocarem por alguns produtos de que necessitavam com os colonizadores europeus. Depois, com o aumento da colonização e a intensidade da construção de moradias e de residentes nas colônias é que esses produtos passaram a ter valor, valor esse que aumentava a cada dia decorrente da sua importância no quesito proteção e segurança. Daí a sua designação do título, em sua obra como sendo: "O produto da terra que às vezes proporciona renda e às vezes não" (Smith, 1996:200).

Na versão de Smith, bens escassos são aqueles que exigem uma preparação adequada da terra, que se realiza por intermédio do trabalho do homem, para que esses possam ser cultivados, assim como o trigo, por exemplo, gerando renda. Nesse contexto, Smith faz a sua análise apenas separando os bens que geram renda, considerando-os pela ótica da escassez e não da sua utilidade.

Ao fazer esse tipo de particularidade, atribuindo a capacidade de gerar renda apenas aos bens escassos no atendimento das necessidades hierárquicas do indivíduo, Smith comete um erro de análise crasso em sua época, mas que é muito perceptível na atualidade, visto que, todos os bens que são úteis ao atendimento das necessidades humanas geram renda. Para Smith, de acordo com a versão extraída do texto acima, os bens que existem em excesso não geram renda da terra para o seu proprietário e muito menos lucro, para os indivíduos que trabalham e usufruem dos benefícios proporcionados pela utilização dessas mercadorias. Isso porque os mesmos não são resultado do trabalho humano, mas sim, obra da natureza. No entanto, vale acrescentar que, só o ato do indivíduo se deslocar, localizar o item, extraí-lo e transportá-lo para o local de sua venda já corresponde a trabalho humano. Diante dessa constatação, verifica-se que tal critério de análise adotado pelo autor, representa um grande equívoco. Para justificar seu argumento, ele cita o exemplo dos recursos que existem em abundância e que são retirados *in natura*, de forma bruta, das florestas e dos campos.

Por seu turno, conforme se observa no extrato do texto acima, Smith afirma que, só gera renda e lucro, a terra que é tratada e trabalhada para uso diário do seu proprietário. Quando faz essa afirmação, de imediato, Smith entra em contradição ao afirmar que, o que garantia uma renda para o indivíduo que estava de propriedade dos bens extraídos naturalmente da terra e que existia em grande quantidade, como madeira, a pele e a carne de animais selváticos, por exemplo, era apenas a possibilidade de vendê-los para o mercado externo, sendo praticamente impossível os mesmos gerarem renda para o dono da terra devido a sua existência em excesso. Assim, ele transfere o eixo da análise de bens úteis para bens escassos, fato esse que gera confusão até nossos dias.

Na verdade, mesmo os bens úteis existindo em abundância geram renda para o indivíduo. Se o produto não é útil para quem está de posse do mesmo, ao levá-lo para vendê-lo no mercado, o comerciante encontra consumidor para esse, independente dele ser escasso ou não. O que pode diminuir um pouco é seu preço e não sua utilidade. Ao citar o caso do mercado externo, o próprio Smith encontra a explicação para que se possa afirmar que, produtos em excesso em um determinado mercado e que são úteis, podem ser comercializados em outras regiões, e até no mercado internacional, pois aí, sempre haverá um interessado em adquirir tal riqueza.

Quando se recorre a "A República" de Platão, o mesmo afirma que o mercado externo é uma continuidade do mercado interno, o que é uma grande verdade, uma vez que, mais à frente, o próprio Smith confirma essa assertiva. Sendo assim, produto útil e não escasso, que não se vende no mercado interno, se vende em outras regiões ou no mercado externo. É uma grande falácia do *mainstream* afirmar que só os produtos escassos geram renda e tem seu valor majorado quando estão em falta no mercado. Na realidade são os produtos úteis que tem esse atributo. A questão da escassez só faz gerar os efeitos de variação de preço e não de sua utilidade.

Por outro lado, não há nenhuma garantia de mercado para um produto que seja escasso, mas não disponha de utilidade para o ser humano. Citando como exemplo, mesmo a pedra de Marte sendo rara, isso não quer dizer que ela tenha um mercado para seu consumo, visto que, qual seria a utilidade da pedra de Marte para o usuário no Planeta Terra? Talvez para um colecionador esse objeto tivesse algum valor, mas mesmo assim, ele o aceitaria como doação ou na permuta por alguma coisa que o mesmo tenha interesse em se desfazer. Mas isso é um caso raro, que não deve se levar em conta numa análise de mercado aquecido.

Voltando ao exemplo dos produtos existentes em excesso em uma região, esses sendo úteis, os mesmos poderão ser adquiridos por aqueles que perceberem e verem alguma utilidade nele. Se o indivíduo for um observador experiente e perspicaz e, nessa condição encontrar uma utilidade nesse tipo de produto, o mesmo poderá até compra-lo a um baixo valor, guarda-lo e esperar a oportunidade para negociá-lo a um preço muito mais elevado. Na realidade, o indivíduo que tiver essa capacidade perceptiva e um pouco do fator sorte, tem uma grande possibilidade de se tornar muito rico, uma vez que, sendo dotado desse dom, e com tendência de agir com essa visão de mercado, ele tem grande possibilidade de garantir o fator crucial para o acúmulo de riquezas dentro de uma sociedade, que é o superlucro, o grande diferencial de renda de mercado.

Ora, é esse diferencial que fazia com que os antigos mercadores acumulassem fortunas nas suas viagens pelo mundo. Outro ponto que se deve considerar na questão da utilidade e excesso do produto é o caso do estágio da evolução da humanidade. Em determinados estágios da evolução social, certos produtos independentes de sua utilidade, escassez ou não, não tem valor algum. Em outros, esses mesmo produto é motivo de guerras e convulsões sociais. O caso do petróleo e o superlucro para aqueles que detêm o poder de sua comercialização, é um exemplo explicito dessa afirmação.

Como se verá mais à frente, a busca pelo superlucro embutido nos produtos úteis é que é o grande motor estimulador dos investimentos no mercado. Quanto mais superlucro o produto oferecer maior será o desejo, a busca, em suma, a cobiça por sua propriedade. Por outro lado, quanto menor for a possibilidade de geração de lucro, mesmo acrescido de uma grande quantidade de trabalho para sua obtenção, menor será o desejo do indivíduo em tomar posse dessa determinada mercadoria. Pelo contrário, a disposição de se desfazer dele será maior por parte de seu proprietário, o que provocará uma queda significativa de seu preço.

A busca pelo superlucro vale também para produtos agrícolas, como aqueles que são muito procurados, e que só podem ser encontrados em algumas regiões do Planeta, mesmo eles sendo *in natura*, como é o caso do cacau, do café, açúcar, agora, o açaí, citando como exemplo e que já foi comentado aqui reiteradas vezes.

É relevante que se faça esse tipo de observação sobre as investigações de Smith porque, essas particularidades são fundamentais para que se possa entender e interpretar a Economia como verdadeira ciência.

Continua Smith:

> As peles dos animais de maior porte constituíram os primeiros materiais de vestuário. Por isso, entre as nações de caçadores e pastores cujo alimento consiste principalmente na carne desses animais, cada homem, providenciando ele mesmo sua alimentação, adquire os materiais em quantidade maior do que poderá vestir. Se não houvesse nenhum comércio exterior, a maior parte desses materiais seria jogada fora como objetos sem valor. Esse era provavelmente o caso nas nações de caçadores da América do Norte, antes de seu país ser descoberto pelos europeus, com os quais agora permutam seu excedente de peles por cobertores, armas de fogo e aguardente, o que lhes dá algum valor. No atual estágio comercial do mundo conhecido, as nações mais primitivas, acredito, entre as quais está estabelecida a propriedade da terra, têm algum comércio exterior desse tipo e encontram entre seus vizinhos mais ricos uma demanda de todos os materiais de vestuário, produzidos pela sua terra, e que não podem ser processados nem consumidos internamente, já que aumenta seu preço acima do que custa para exportá-los a esses vizinhos mais ricos. Portanto, proporcionam alguma renda ao proprietário da terra.
>
> [...]
>
> Os materiais para construção de moradia nem sempre podem ser transportados a distâncias tão grandes quanto os destinados ao vestuário, não sendo também possível prepará-los com tanta rapidez para exportação. Quando superabundam no país que os produz, acontece com freqüência, mesmo no atual

> estágio do comércio mundial, que não tenham valor algum para o dono da terra. [...] As árvores não frutíferas, de madeira destinada à construção, têm grande valor em um país bem povoado e cultivado, sendo que a terra que as produz proporciona uma renda considerável. Entretanto, em muitas regiões da América do Norte, o dono da terra agradeceria muito a quem levasse embora a maior parte das suas grandes árvores. (Págs. 201 – 202).

Dos exemplos citados acima por Smith, para desenvolver suas ideias, depreende-se que, o fator crucial não é a escassez ou a abundância do produto necessário para gerar renda da terra e lucros no setor agrário, mas sim, o estágio de desenvolvimento porque passa a Economia e também, o fator transporte. Ao fazer esse tipo de análise apontado acima, Smith entra em contradição com o afirmado anteriormente quando enaltece que só os bens escassos geram riqueza. Na realidade, todos os bens úteis de alguma forma para a sociedade geram riqueza. Só depende do fator trabalho e do capital neles invertidos.

Na economia, como se vê em "O Capital" de Marx, o transporte, como cita o próprio Smith, é o fator crucial. A existência de vias de acesso avançados e de boa qualidade, mais os canais de navegação, são fundamentais para que se possa fazer deslanchar e enriquecer a Economia de um País, visto que, a facilidade de transporte elimina a distância viabilizando em muito a comercialização e a velocidade de circulação da mercadoria, que são os grandes diferenciais de mercado e que permitem que um Estado possa se desenvolver e enriquecer a passos gigantescos.

Sem contar o fato de que, os modais de boa qualidade e que são dotados de tecnologias avançados como os trens bala, por exemplo, viabilizam ainda, outros tipos de atividades econômicas altamente rentáveis, como o turismo, que se utiliza muito de meios de transporte viáveis e seguros.

Vale ressaltar que, essas vias de acesso têm que ser de alta qualidade e de livre movimentação, sem quaisquer tipos de empecilhos como a questão de pedágios, por exemplo. Na realidade, as concessões de serviços públicos, sejam elas de quais tipos forem e o estabelecimento de pedágios, são tipos de procedimentos altamente proibitivos na seara econômica e que são criados apenas para gerar renda fácil para grupos privilegiados e sinecuras na forma de concessões do Estado, se constituindo como verdadeiras fraudes ao erário público, sem quaisquer resultados positivos para a sociedade. Considera-se que, esses são tipos de ações não econômicas e altamente depredatórias para a sociedade, vale ressaltar[5].

> Os países são populosos não em proporção ao número de pessoas que podem se vestir e morar com seus produtos, mas em proporção ao número de pessoas que podem alimentar. Quando há alimentação, é fácil encontrar o necessário para vestir e morar. Mas, embora esses materiais estejam à mão, freqüentemente pode ser difícil encontrar alimentos. [...]
>
> Entretanto, quando, em razão do aprimoramento e do cultivo da terra, o trabalho de uma família é capaz de produzir alimentos para duas, basta o trabalho da metade da sociedade para prover de alimentos o país inteiro. A outra metade da população, portanto, ou ao menos a maior parte dela, pode ser empregada em produzir outras coisas ou para atender a outras necessidades ou caprichos da humanidade.
>
> Os objetos principais para satisfazer a maior parte dessas necessidades e caprichos são representados pelo vestuário e pela moradia, pelos móveis domésticos e pelo que é chamado de equipamentos. O rico não consome mais alimento do que seu vizinho pobre. Pode haver muita diferença na qualidade, sendo que para escolher e preparar essa melhor qualidade pode ser necessário mais trabalho e arte; mas, no que tange à quantidade, é quase a mesma coisa.
> [...]
> Dessa forma, o alimento não é somente a fonte original da renda, mas qualquer outra parte do produto da terra que depois proporciona renda, deriva essa parcela de seu valor do aperfeiçoamento das forças de trabalho na produção de alimento através do aprimoramento e do cultivo da terra. (Págs. 202 – 203).

Centralizando sua análise na questão da hierarquia das necessidades humanas, Smith considera que, a prioridade do uso da terra deve ser para a produção de nutrientes com a finalidade de suprir a primeira das

---

[5] Sobre esse tema, ver com maior propriedade em: Paixão (2021), "A Essência da Economia Desvelada pelo Método Dialético de Platão" Volume I, publicada pela Amazon.

necessidades humanas, que é a de alimentação. De acordo com esse raciocínio, ao se contar com uma população bem alimentada e, portanto, saudável e forte, a Economia poderá suprir com grande ênfase as demais necessidades hierárquicas utilizando-se da prática do trabalho, o que é uma grande verdade, visto que, não se tem como produzir, se educar, se evoluir e nem criar riqueza em uma nação, se a mesma é constituída de uma população faminta e desnutrida.

Assim, mantendo-se essa ótica, como é a produção de alimentos que liderava, na época de Smith, ou, ainda lidera a preferência de consumo de uma população – veja-se o caso do trigo e da carne na Inglaterra, da aveia na Escócia, do arroz, nas colônias asiáticas -, que são capazes de proporcionar o lucro e a renda da terra para os proprietários e produtores das mesmas, são esses mesmos lucros e renda da terra, que viabilizarão aos indivíduos, garantir os superlucros nas demais atividades econômicas, ao suprir os profissionais dessas áreas de nutrientes essenciais que os mesmos precisam, para poder manter seu nível de produção e atividades intelectuais em níveis elevados.

Quando Smith cita o fator alimentação como item crucial para garantir o desenvolvimento de um país e de seu povo, com ênfase nos produtos que são mais comercializados em cada nação e que se enquadram nos parâmetros das necessidades fisiológicas, fornecendo os nutrientes que abastecem as necessidades humanas por meio de suas utilidades, deve-se considerar em primeiro lugar, os que proporcionam renda da terra e o lucro do arrendatário, como os que foram citados acima, no caso do: trigo, da aveia, do arroz, da carne (que de sua parte depende do tipo de trato dos animais), além de outras mercadorias agrícolas, que são excepcionais, por gerarem lucros acima do normal, em virtude de só poderem ser cultivados em determinadas regiões do Planeta, que têm preferência e são demandados em escala global, como se observa com o café, o cacau, etc.

Além desses, vale ressaltar que, como enfatiza o próprio Smith, existem ainda produtos agrícolas que, embora essenciais à vida, esses não possibilitam a geração da renda da terra e somente conseguem pagar o lucro de quem os produz. Essas são as mercadorias que participam do cardápio das famílias, apenas por se enquadrarem nos hábitos e preferências da população de cada região, como por exemplo: a batata, o milho, a mandioca, o feijão, as frutas, os legumes e as verduras, estes três últimos, que são altamente perecíveis.

Então, nesse contexto, para que o custo da alimentação não se eleve acima dos padrões normais da capacidade de consumo da população, faz-se necessário que haja a permissão para cultivo e a distribuição de terras por parte das autoridades públicas, apenas para aqueles produtos que se adaptem melhor a esse tipo de terra, visando com isso, a maximização da utilidade das atividades agrícolas para essas regiões. Nesse caso, a questão da divisão dos lotes, das orientações sobre a viabilidade da produção agrícola e distribuição de terras agricultáveis por parte das autoridades públicas é fundamental. Para atender esses quesitos, o governo tem que agir de acordo com o princípio da racionalidade técnica e o preparo de seus profissionais habilitados na referida área.

Outro ponto crucial que muito contribui para facilitar a divisão e distribuição dessas áreas, de acordo com suas características técnicas, é o tamanho do país e a disponibilidade de terras que o mesmo possui que são férteis e que viabilizam a atividade agrícola. Além da disponibilidade de terras, o país de dimensões continentais ou quase continentais, também usufrui de vários tipos de diferenças climáticas e que viabilizam o cultivo de determinados produtos que são adaptáveis, apenas, a certas temperaturas do ambiente, o que, em conjunto, esses fatores possibilitam a essa nação, um diferencial muito importante dentro dos padrões econômicos, que é a sua capacidade de produção e diversificação das atividades agrícolas, minimizando os custos de consumo da população, o que facilita por seu turno, o acesso dessas, a diversidades dos nutrientes necessários ao seu organismo e que minimizará gastos adicionais com o trato de sua saúde física e mental.

Dessa forma, havendo esse cuidado e atenção, as atividades agrícolas em escala global, podem se basear facilmente no princípio da racionalidade econômica e social, que é a principal premissa do sistema ganha-ganha: ganha o país, ganha a sociedade, ganha o meio ambiente, ganha os produtores, ganha os consumidores, ganha a saúde e a energia, e por último, fundamentalmente, o Planeta. Agindo dessa maneira, cada um terá condições de produzir e comercializar suas mercadorias com lucro, desde que, contando com meios de transportes eficientes e baratos, que viabilizem a facilidade e a velocidade de circulação de tais mercadorias.

No que se refere ao couro e às peles de animais, os critérios de produção e comercialização obedecem aos mesmos princípios. Isso porque, mantendo os animais em seu próprio habitat natural, onde o mesmo pode se deslocar e se alimentar com facilidade, sem sentir as diversidades de temperatura, o seu custo de produção cai, permitindo ao seu produtor, com pequenos ajustes na alimentação e no trato das doenças, alcançar boa margem de lucro na sua comercialização, humanizando assim, as atividades agropecuárias. Na extração vegetal o critério deve ser o mesmo, visando minimizar os custos e manter o padrão natural com alguns avanços na qualidade e quantidade da produção das plantas e das árvores, para que os lucros sejam mantidos no nível de aceitabilidade, para a produção dessas riquezas.

No que tange à questão do trato florestal, na época do senhor Smith, as árvores, como o mesmo frisa nos trechos extraídos do texto e apresentados acima, existiam em abundância, e sendo assim, os cuidados e atenção devida às riquezas geradas pela presença das florestas mantidas em pé, não eram consideradas como fatores cruciais na questão da produção da mais importante riqueza para a sociedade, que é a alimentação, visto que, indivíduos sendo preservados saudáveis pelo consumo da grande diversidade de nutrientes extraídos diretamente do campo, representam uma sociedade capaz de responder satisfatoriamente aos desafios proporcionados pela diversidade de trabalhos físicos e mentais do dia a dia.

Quando se trata da questão da evolução da melhoria e da quantidade de alimentos necessários ao atendimento satisfatório do grande acréscimo da massa populacional verificada nos últimos séculos, mesmo com a ocorrência das duas grandes guerras mundiais, a princípio, tem-se constatado uma relação inversa entre o aumento da área destinada à plantação do que chamam de "alimentos" em relação à redução do espaço ocupado por florestas nativas. Essa particularidade constata-se apenas em termos da quantidade de um único tipo de vegetal que tem sido plantado e considerado como alimento, como a soja, tomando como exemplo. Infelizmente, isso ocorre não em termos efetivos do aumento da variedade de nutrientes que deveriam ser plantados e que visariam suprir as necessidades diversas do homem, no que se refere à alimentação e que verdadeiramente deveria ser essa, a proposta de evolução do plantio de maneira correta, considerada em termos de diversidade e de qualidade, não apenas e tão somente, em termos quantitativos.

Ao longo dos anos, o que se viu na estrutura produtiva do campo, foi apenas o aumento da quantidade de monoculturas destinadas à produção de sementes, capim e carcaças de animais, mas não em termos de aumento da quantidade, da qualidade e da diversidade de alimentos, o que, pelo contrário, observa-se que, essa qualidade e diversidade têm diminuído tanto no aspecto quantitativo quanto qualitativo e relativo, em termos percentuais. Fato esse que tem proporcionado para a sociedade, gastos acima daquilo que seria o normal, com nutrientes diversos, oriundos da área agrária, que seriam necessários para manter a sociedade saudável e bem nutrida. Mesmo com os aumentos dos gastos, se observa, por outro lado, redução do consumo da diversidade de nutrientes naturais e que tem provocado aumento da fome e a diminuição da absorção diária de vitaminas, carboidratos, proteínas e sais minerais, que são necessários, para manter o indivíduo saudável e forte. Essa situação tem causado elevação das despesas do Estado com medidas preventivas e efetivas, para o trato da saúde da população, mediante a construção de mais hospitais, postos de saúde, ambulatórios e tratamentos médicos diversos, provocados pela carência de alimentos oriundos do campo.

Assim, de fato, ao invés de uma evolução em termos quantitativos e qualitativos de áreas ocupadas para produção de variedade de nutrientes, verifica-se sim, um avanço depredatório das florestas em grandes proporções, inviabilizando a criação do cenário agrícola ideal, para atender aos anseios da população em relação à produção de alimentos necessários à satisfação de suas necessidades. Isso tudo, sem resultado positivo social algum para o Estado, mas sim, contribui para a sua degeneração e depauperização que se verifica a cada dia, de forma mais intensa, tanto para as castas populacionais menos abastadas como também para a própria nação. Isso porque, o que ocorre na realidade, é a destruição intensiva das florestas sem uma substituição justificada para sua eliminação. Além do mais, a relação correta, em termos econômicos puros, que deveria ser considerada é: estabelecimento de um *tradeoff* ou mais especificamente, transmutação, relação de troca harmônica de maneira sincronizada entre as riquezas geradas pelas florestas nativas que podem ser substituídas em proporção idêntica às áreas utilizadas para a produção de diversidades de nutrientes necessários ao atendimento das necessidades humanas, fato esse que não vem ocorrendo.

O que se observa na prática, é apenas a verificação da primeira hipótese apresentada acima, ou seja, o do sistema *plantation*, que gera uma relação inversa entre o aumento quantitativo da área destinada à plantação de sementes e capim em relação à redução do espaço ocupado por florestas nativas. Dessa maneira, pode-se dizer que, com a eliminação das florestas, isso não significa dizer que, em seu lugar esteja havendo elevação do nível da produção de variedade de nutrientes, mas sim, tem-se verificado acréscimo de áreas ocupadas por monoculturas, que são trabalhadas, de maneira intensiva, com a intenção de justificar a utilização de: máquinas, equipamentos, implementos agrícolas, fertilizantes e herbicidas, em grande escala. Isso tudo para dar sentido à existência de empresas que produzem produtos caros, como máquinas e implementos, gerando grandes impactos positivos para o setor específico que produz esses bens, mas, de pouca utilidade para a sociedade, em termos de produção de alimentos em grande variedade, qualidade e quantidade, que são necessários à alimentação da população, facilitando assim, a geração de riquezas e desenvolvimento social, para a Economia, e, como consequência, para o Estado.

Esse quadro verificou-se principalmente em virtude da introdução de grande quantidade de maquinários e implementos agrícolas, a partir da Década de 60 do século passado nos Estados Unidos e na Europa, que provocaram o que ficou conhecido como "revolução verde". Essa revolução se deu em virtude do desenvolvimento de novos maquinários e novas técnicas mais sofisticadas que foram implantadas nas áreas cultivadas do campo, provocando, praticamente o mesmo resultado ou a mesma revolução que ocorreu nas indústrias decorrentes da introdução de novas tecnologias sustentadas pela fabricação de maquinários mais avançadas e mais eficientes, ou seja, aquilo que Marx chamou de mais valia relativa. Então, também no campo o cenário da produção capitalista saiu da situação de geração de mais valia primitiva que se dava por meio da produção extensiva e sua substituição pela produção intensiva, decorrente da introdução de maquinário mais sofisticado e técnica de plantio e produção mais avançadas gerando o que Marx denominou de processo de geração de mais valia relativa, decorrentes da utilização de máquinas ferramentas, e não apenas ferramentas, volta-se a frisar.

Infelizmente, esse maquinário desenvolvido para a produção em grande escala serviu apenas para atender determinados produtos, em sua grande maioria, dotados de especificidades, além de serem extremamente caros, no caso, aqueles que geram lucro para o produtor e renda da terra para o proprietário, e ainda, daqueles que geram lucros extraordinários, ficando os demais setores produtores de outros tipos de produtos agrários, relegados em segundo plano.

Esse cenário gerou o aumento significativo da produção dos bens agrícolas que geram lucros extraordinários e os que pagam tanto o produtor como o proprietário pelo seu cultivo, fazendo aumentar de maneira significativa a quantidade desse tipo de alimento no mercado, provocando a intensificação da concorrência em alta escala desse tipo de mercadoria enquanto se viu, por outro lado, uma redução proporcional das demais variedades de alimentos oriundos do campo, o que gerou um empobrecimento da produção da safra em termos qualitativos e de diversificação da quantidade de alimentos no que se refere ao fornecimento de vitaminais, sais minerais e proteínas, com reflexos negativos para o fornecimento da base alimentar saudável da população.

Além do mais, em termos de produção interna, a elevação dos gastos com as atividades agrárias se deu em sua maioria, visando angariar os repasses de subsídios, incentivos fiscais e empréstimos financeiros realizados a taxas de juros negativas para determinados setores, em especial, os que destinam praticamente toda sua produção para o setor externo, o que inviabiliza a formação de poupanças para investimentos em setores produtivos, como a própria alimentação, e em áreas estratégicas para a evolução da economia, e consequentemente do país, tais como os segmentos de pesquisas e de desenvolvimento de tecnologias avançadas, que são as grandes forças motrizes que sustentam a formação de riquezas para a sociedade e consequentemente para o Estado.

2.1.1.2.2 Os verdadeiros motivos que levaram a intensificação da produção de matérias primas (*commodities*) no Brasil pelo regime militar.

Um exemplo prático e muito atual das afirmações acima, se dá pela maneira como é conduzida a produção de matérias primas (*commodities*) para a exportação no Brasil, que foram intensificadas a partir dos meados da década de setenta do século passado, pelo regime do golpe militar de 1964.

Assim, para elucidar melhor o caso, cabe fazer um aparte sobre a História da Economia Política Brasileira, no período que contempla a Revolução de 1964 e os motivos que a causaram, até a primeira metade da década de 2000, já no século XXI, o que será feito, na forma como segue.

2.1.1.2.2.1 Adendo

Da sua parte, no Brasil, a produção de sementes (*commodities*) e capim, foi utilizada como alternativa pelos formuladores da política econômica para gerar divisas, no que diz respeito à entrada de dólares no País, com vistas ao pagamento das dívidas contraídas nesse período, que foram utilizadas para financiar o citado movimento revolucionário, contra a soberania econômica e política da Nação brasileira, arquitetada e orquestrada pelos Estados Unidos para se fazer cumprir a Doutrina Monroe, que detém o Slogan "A América é para os Americanos" do norte, é claro, em conluio com os adeptos brasileiros, no caso, os grandes beneficiados (a "elite"), por esse *status quo*.

Grosso modo, pode-se dizer que a Doutrina Monroe (02/12/1823), nada mais é do que um processo de recolonização da América Latina e do Caribe, desta vez que saiu das mãos dos países europeus e que passou para o controle dos Estados Unidos, mediante um acordo tácito entre o Governo Norte Americano que sempre manteve interesses econômicos e políticos sobre as riquezas existentes no território Latino-Americano e do Caribe com as castas mais ricas dos países dessas regiões, notadamente, os 10% mais abastadas dessas nações. Esse acordo consistiu na proposta de os Estados Unidos apoiarem a independência desses países e de lhes dar a garantia de perpetuação dessas castas no poder, via controle político, econômico, militar e jurídico, em troca do acesso direto dos bancos e empresas americanas nas matérias primas e nas riquezas naturais desses novos países.

Assim, estabeleceu-se nessas nações "recém-independentes" da Europa uma política de pseudodemocracia, pseudoliberdade, pseudojustiça, pseudolivre mercado e a pseudoelitização dessas classes, uma vez que elas se tornaram lacaias dos interesses dos bancos e das empresas americanas na América Latina e Caribe. O entreguismo da parte desses estratos às elites americanas inclui ainda a garantia de acesso direto desses ao mercado americano, onde elas podem: comprar, vender, morar, investir de maneira livre, enfim, gastar todo o fruto de seus saques, das tiranias, rapinas, mazelas aplicadas sobre os pseudomercados de suas respectivas falsas nações, eliminando suas bases de desenvolvimento sócioeconômico, em troca, repete-se, da facilitação e favorecimento das empresas americanas que passaram a deter o controle das matérias primas desses países, de suas tecnologias, enfim, de tudo o que pode gerar superlucro para as multinacionais estadunidenses, fazendo ampliar sua capacidade de concorrência e domínio sobre as demais potências da Europa e da Ásia.

Pode-se dizer que, não foi à toa que os Estados Unidos foram o primeiro País no mundo a reconhecer a independência do Brasil em 1822, ao mesmo tempo em que apoiou a Proclamação da República deste Estado em 1889, fechando o processo de transição de transferência do controle da América Latina e Caribe das mãos dos países europeus para a Elite dos Estados Unidos, garantindo o acesso direto dessa nação, às riquezas existentes no solo e porque não dizer, do subsolo desses jovens pseudopaíses.

De maneira geral, sobre a Doutrina Monroe cabe afirmar que, seu objetivo econômico se refere ao acesso direto, ao domínio e a posse das matérias primas, as mais valiosas, que proporcionam a obtenção de lucros extraordinários existentes nas três Américas e que servem para abastecer as indústrias estadunidenses e "viabilizar os financiamentos" dessas nações a risco zero, pelos bancos dos Estados Unidos, concentrados nas mãos de apenas em 1% dos habitantes desse país, em troca de proteção e concessões de facilidades às classes mais ricas da América Latina e do Caribe, no caso, os 10% dessa população, que dominam as respectivas economias internas dos países dessas regiões.

No Brasil, as diretrizes estabelecidas por essa doutrina foram acatadas e implementadas pelas oligarquias burguesas e ruralistas, seguidoras do Positivismo de Augusto Comte, dos estratagemas orquestrados pelo senhor John Locke ainda no século XVI, como adequação e seguimento dos ditames da Reforma Protestante de Martinho Lutero por meio do que se chamou de Contrato Social, da substituição da filosofia grega - utilizadas como referencial básico para as pesquisas e análises científicas - pelos sofismas, implementados pelos "novos pensadores" europeus, acrescidos dos artifícios políticos de Maquiavel, que assumiram o poder por meio do golpe aplicado contra o regime monárquico brasileiro, no caso, a "Proclamação da República" em 15 de novembro de 1889 e consolidado pelo Golpe Militar de 1964 tornando-os perpétuos no poder, com muito pouca diferença daquela época, até os dias de hoje[6].

---

[6] Esse tema é tratado com maior propriedade por PAIXÃO (2021), em sua obra "A Essência da Economia Desvelada pelo Método Dialético de Platão" Volume I, publicada pela Amazon.

Mantendo a linha de raciocínio dos escritos do Professor Caio Navarro de Toledo (1988), na sua brilhante obra "O Governo Goulart e o Golpe de 64", esse movimento pode ser considerado como uma luta pela resistência e volta ao poder, conforme frisado acima, da parte dos adeptos dos interesses da elite americana na América Latina e Caribe, em troca de proteção armada, favores e concessões de benefícios especiais no mercado estadunidense e ao *glamour* proporcionado pelos mais ricos dessa Nação.

Tais seguidores, que se encontravam encravados no poder, desde a citada Proclamação da República, resguardados pela chamada "República do Café com Leite", foram depostos pelas forças nacionalistas e revolucionárias contrárias à Doutrina Monroe, comandadas por Getúlio Vargas, na Revolução de 1930 e que teve continuidade, por intermédio dos governos dos presidentes que o sucederam, tais como os de Juscelino Kubitschek, Jânio Quadros, que renunciou, e imediatamente depois, João Goulart, à exceção do governo desastroso do General Eurico Gaspar Dutra, que defendiam a ideia de um Brasil "livre, soberano e justo".

Getúlio Vargas, assim como Salvador Allende no Chile, Juan Domingo Perón na Argentina, e porque não dizer, Fidel Castro em Cuba, se opunha ferozmente a esse estado de submissão e entreguismo das classes mais ricas dessas nações, aos ditames e ao ferocismo econômico imposto pelas empresas americanas sobre a América Latina e o Caribe. Vale lembrar que, enquanto Cuba optou pela implantação de um socialismo baseado no modelo de gestão socialista aplicado por Stalin na União Soviética, Vargas, Allende e Perón, optaram por implantar um ideal de gestão capitalista socializado em seus respectivos países.

A título de esclarecimento, vale dizer que, nenhuma dessas ideologias aplicadas no mundo corresponde à implantação de um comunismo real, apenas são modelos de gestão política econômica diferenciada e implantada por seus articuladores, demonizados é logico, por parte dos Estados Unidos, da mesma maneira como foi feito pela Inglaterra durante seu império pelo Planeta inteiro porque, tais ideais afetavam e ainda afetam hoje em dia os interesses de supremacia desses dois países, em especial dos Estados Unidos nessas regiões em conluio com os 10% da população mais abastada e títere das nações latinas americanas e caribenhas.

No modelo idealizado por Vargas, a proposta do Brasil potência não se atinha apenas a aspectos políticos, mas principalmente econômicos, que é o objeto deste estudo. Concentrando-se apenas no aspecto político-econômico, de acordo com os escritos de Gremaud, Vasconcellos e Toneto Jr. (2002), em nenhum outro período da história do Brasil, esse país se industrializou tanto. Para que se tenha uma ideia, em termos de indústria de produção de máquinas pesadas, no caso, de bens de produção, a única que existia até 1930, no Brasil, era a da produção de enxadas. A intenção de Vargas e seus asseclas era seguir os fundamentos econômicos do desenvolvimento capitalista, que se atém à produção de mercadorias e não apenas de prestador de serviços e fornecedor de matérias primas, para abastecer as indústrias e os interesses financeiros dos bancos das potências capitalistas da Europa e dos Estados Unidos.

A lógica de progresso e desenvolvimento capitalista segue a espinha de peixe: geração da mais valia primitiva centrada na produção incipiente concentrada na busca do lucro máximo via pressão pelo aumento da quantidade de mercadoria produzida pelo trabalho realizado pelo proletário, com ênfase na produtividade do trabalho a baixos salários para geração de riquezas. Seguindo o raciocínio de Marx, depois, com a introdução do maquinário, o processo passou para uma etapa mais avançada, que é a da mais valia relativa baseada na produção em massa, concentrada na busca do lucro máximo por meio da quantidade, da tecnologia e qualidade da mercadoria produzida pelas máquinas e efetivamente vendida. Isso se dá com ênfase na competitividade empresarial e desenvolvimento da qualidade do trabalho especializado idealizado pelo trabalhador e realizado pelo maquinário.

Assim, para Marx, como se pode ver na sua obra "O Capital", no primeiro perfil do processo capitalista apontado acima, a mais valia primitiva se baseia na produção agrícola extensiva, na produção artesanal, na prestação de serviços realizados de forma manual, sem o auxílio do maquinário, aonde 100% dos lucros são obtidos sobre o excedente produzido pelo trabalhador. Neste último caso, citam-se atualmente, alguns trabalhos artesanais e domésticos, por exemplo.

Já no segundo contorno do sistema capitalista de produção, a mais valia relativa se fundamenta na produção intensiva de mercadorias com ênfase na aplicação da alta tecnologia, na capacidade competitiva da empresa, no desenvolvimento técnico do trabalho especializado e na qualidade e quantidade de mercadorias produzidas e efetivamente vendidas. Neste caso, segundo Marx, o lucro máximo se adquire com a maior capacidade competitiva da empresa e que envolvem: maior quantidade possível de mercadorias efetivamente produzidas e comercializadas no mercado a baixos preços, devido à utilização intensiva do maquinário e com a aplicação do trabalho altamente especializado gerando alta produtividade do setor produtivo pelo sistema capitalista. Vale destacar que, esse tipo de eficiência se observa mais nos países do primeiro mundo, que possuem as melhores indústrias de maquinários, a mão-de-obra mais especializada, portanto qualificada e as tecnologias mais avançadas que, com seus idealizadores, formam em conjunto, o arcabouço produtivo, competitivo e empresarial, dos países mais ricos da Terra.

Visando atingir o mesmo estágio dos países ricos, Getúlio Vargas, em 1930, resolveu mudar toda a infraestrutura produtiva e logística do Brasil, substituindo o sistema de produção baseado na mais valia primitiva e introduzindo a da mais valia relativa, com ênfase na produção de mercadorias no mercado interno e na remodelação de todo o sistema modal do Brasil.

Esse procedimento se deu pela reestruturação e reformulação de todo o arcabouço institucional e produtivo do país, por intermédio da criação e implantação do projeto macroeconômico definido como Processo de Substituição de Importações – PSI, para dar condições para que o Brasil pudesse alcançar o objetivo proposto pelo seu regime no menor espaço de tempo possível.

De acordo com os trabalhos de Gremaud, Vasconcellos e Toneto Jr. (2002:369):

> O processo de industrialização por substituição de importações caracterizava-se pela ideia de "construção nacional", ou seja, alcançar o desenvolvimento e a autonomia com base na industrialização, de forma a superar as restrições externas e a tendência à especialização na exportação de produtos primários. Nesse processo, a indústria vai-se diversificando e diminuem as necessidades de importação em relação ao abastecimento doméstico.

De acordo ainda com esses autores (2002:365):

> O período populista da história do Brasil vai de 1930 até 1964. Ele pode ser dividido em pelo menos dois momentos. Inicialmente, tem-se a fase autoritária, marcada pelo primeiro governo de Getúlio Vargas, cujo autoritarismo se exacerba no Estado novo. Depois da Segunda Guerra Mundial, inaugura-se a fase democrática do período populista, com a instituição de eleições diretas para presidente da República. Esse período termina, nos anos 60, com a instabilidade política dos governos Jânio Quadros e João Goulart e o golpe militar de 1964.

Evidente que, como não há nascimento sem dor ou vitória sem sacrifícios, a primeira fase do regime de Vargas foi o do autoritarismo. Autoritarismo porque, numa indústria que está desarrumada e sem objetivo definido, se o gestor quiser obter o sucesso desejado, o primeiro procedimento perpassa pela redefinição das diretrizes e a implantação das mudanças que se fizerem necessárias para que a empresa possa tomar ou retomar o caminho do crescimento com desenvolvimento, eliminando as peças ociosas, e outras, que não apresentam nenhuma perspectiva positiva para as propostas que se pretendem implementar e que sejam fundamentais para que a mesma possa cumprir suas metas e objetivos traçados.

A mesma conduta deve ser feita na política econômica e é isso que Getúlio Vargas teve que fazer nesse período, ao buscar acabar com os vícios de lucro fácil e eliminar as manias e as sinecuras estabelecidas no Brasil, pela supremacia política nacional da República Velha que era centrada no comodismo e no obsoletismo de uma pseudoelite acostumada a lucros fáceis, obtidos por meio da opressão e da tirania sobre as camadas populacionais inferiores.

Na seara econômica, as diretrizes vigentes na "política do café com leite", estavam diretamente vinculadas aos interesses político-econômicos de dominação adotados pelos Estados Unidos, sobre a América Latina e Caribe, respaldados pela Doutrina Monroe, fazendo seus adeptos se beneficiarem de todas as benesses e regalias que um conchavo ardiloso e entreguista pode oferecer no campo político de submissão.

Da sua parte, insatisfeitos com as mudanças estabelecidas por Vargas, mais ainda, sem a visão estadista que esse líder propunha implantar e que comtemplava a busca pelo pleno desenvolvimento do Brasil por meio da criação de políticas industriais maduras e necessárias para o bom desempenho do país, os grupos afetados, no caso, principalmente as classes mais abastadas de São Paulo e outros estados conservadores que o apoiavam, se insurgiram contra a nova política econômica nacional, fazendo eclodir, a Revolução de Trinta e Dois.

Derrotados nessa rebelião, São Paulo e seus asseclas, no caso, principalmente, Rio Grande do Sul, constituído pelos adversários de Vargas, mais a parte sul de Mato Grosso, que queria se separar desse Estado e que se autodenominavam "Estado de Maracaju", mesmo com o fracasso na revolta armada de 1932, deram continuidade aos seus movimentos contrários ao Estado Novo, com a intenção de reimplantar no País o *status quo,* existente na época da República Velha.

Tais movimentos se tornaram infrutíferos devido ao apoio das medidas adotadas por Vargas pelo povo brasileiro que era representado pelas classes trabalhadoras, intelectuais e estudantis, uma vez que, nesse período, o Brasil enfrentou um grande surto de crescimento com desenvolvimento econômico, fazendo eclodir a liberdade intelectual, estudantil e nacionalista da parte da população.

Nos idos da década de 60 do Século Passado, durante o Governo de Juscelino Kubitschek, o Brasil alcançou um nível de desenvolvimento econômico tão elevado que fez com que a Nação atingisse o patamar de 5% país mais rico da Terra. Destaca-se que, o progresso brasileiro nesse período só não foi maior, devido à instabilidade política que esse País passou a enfrentar, praticamente desde 1930, geradas por meio de articulações diversas, politiqueiras ou não, orquestradas pela Central de Inteligência Americana – CIA em conluio com as classes mais abastadas desta Nação, promovendo a baderna, estabelecendo conflitos e demonizações das autoridades nacionalistas, visando restituir o sistema de regalias, sinecuras e mazelas da República Velha, sob o comando do imperialismo americano.

Essas estratégias criadas pela CIA e implementadas pelo estrato mais rico do Brasil, autodenominado de "conservadores" adeptos da Doutrina Monroe, tinha por objetivo, conforme frisado, buscar garantir o seu retorno ao poder, fazendo frear os avanços econômicos e sociais alcançados pela Nação, na seara política, econômica e social. Deve-se acrescentar que, a partir do Golpe de 1930, idealizado por Vargas, a voz do povo brasileiro passou a ter peso político, como nunca dantes teve, nas diretrizes nacionais e supranacionais de desenvolvimento, autonomia e soberania na América Latina.

Derrotados de todas as formas no campo político, econômico, social, e insatisfeitos com o caminho que a economia política brasileira passou a definir em busca do seu desenvolvimento e da supremacia nacional, os grupos revolucionários defensores das regalias alcançadas na República Velha, resolveram ao lado da CIA, intensificar sua pressão sobre os nacionalistas brasileiros para fazer valer a Doutrina Monroe, de maneira definitiva.

A partir de então, por meio do estabelecimento de esquemas e estratégias de demonização do movimento Getulista orquestradas pela CIA, utilizando-se os escritos do professor: Caio Navarro de Toledo (1988) como referencial, os grupos revoltosos autodenominados "conservadores" e defensores da Doutrina Monroe no País, passaram a articular manobras de desestabilização política, institucional, econômica e social, contra os movimentos libertários do Brasil e da América Latina e que iam contra os interesses de supremacia total dos Estados Unidos nesse continente. Lógico que, a estratégia operacional da CIA, no campo econômico, político e "filosófico", utilizado como justificativa para a efetivação do Golpe Militar no Brasil, foi baseado nas ideias e intuições positivistas de inspiração Comtiana e de Nicolau Maquiavel na seara política, que passaram a ser acrescentadas pela "elite" global, no caso, os 1% da população que compõem o G-7, tendo os Estados Unidos como líder e principal articulador dos estratagemas em escala mundial.

Essas maquinações e ardis também tinham como sustentação o ideário "religioso" propagado pelos jogos de interesses articulados pela Reforma Protestante e pela introdução desse ponto de vista no campo pseudofilosófico denominado de Iluminismo, por Locke e seus adeptos defensores do "Contrato Social" sustentado no tripé: sofisma-opinião-intuição em substituição aos dogmas científicos apresentados pelos filósofos gregos coadunados com os escritos dos antigos profetas e do Apóstolo Paulo, no Novo Testamento, vale destacar, conforme frisado anteriormente.

Em complemento a tais concepções "científicas", utilizaram-se e ainda se utilizam frequentemente, do estabelecimento do medo, da intolerância religiosa, dos preconceitos racial e social e da demonização das ideias contrárias aos interesses dos 1% mais ricos da população global sob liderança da Elite Americana por intermédio, pasmem os senhores, de divulgação de notícias falsas e *lawfare* (estratagemas jurídicos utilizados para justificar ações ofensivas contra um homem de bem em países e regiões aonde não cabe o uso de armas). Todas essas artimanhas foram e ainda são, nos dias atuais, alardeadas pela imprensa sensacionalista que tinha e ainda tem, a função de fazer a promoção da bagunça pelo uso de notícias falsas e articulações ludibriosas visando gerar discórdia nas demais castas não politizadas, que são muitas, por sinal.

O objetivo de tudo isso era e ainda é garantir os interesses e a supremacia da Elite americana e do G7, não só na América Latina e Caribe, mas também em escala global, mediante pagamento de pesadas somas em dinheiro e estabelecimento de esquemas de favorecimentos em escala econômica e social para os grupos mais abastados adeptos desse regime nas regiões do Terceiro Mundo. Na América Latina e Caribe, tais estratagemas criados de forma tão complexa foram articulados como alternativa para garantir o sucesso da Doutrina Monroe e de assegurar o sucesso da aplicação do Golpe Militar no Brasil em 1964.

Outro referencial utilizado para dar sustentação à estratégia operacional visando à implantação do Golpe Militar de 1964 no Brasil pela CIA e garantir a supremacia da Doutrina Monroe no Continente Latino Americano, foi o Tratado de Methuen. Por seu turno, o Tratado de Methuen, foi celebrado entre a Inglaterra e Portugal, quando o País Saxão se apropriou do mercado português com suas indústrias, em troca da centralização na importação do vinho dos lusitanos, o que colocou Portugal como semicolônia da Inglaterra, em tempos imediatamente posteriores, como bem comenta Smith (1996) em sua obra "A Riqueza das Nações".

Diante desse quadro caótico criado pelos pseudofilosofos iluministas defensores dos interesses ingleses pelo mundo, as vítimas dessas barbáries, como não poderiam deixar de ser, ao longo da história, foram: a religião muçulmana, que não admite infiltrações estranhas no seu meio; a igreja Católica, que defendia e ainda defende a veneração da santidade e sentimentos da caridade e da irmandade entre os povos; a definição do negro e do trabalhador, respectivamente, como raça e indivíduo inferiores, taxados de ignorantes, e por isso, considerados como meros serviçais; o comunismo, atacado como pensamento demoníaco, diretamente confundido com medidas de gestão econômica e social, implantadas por Stalin, por esse não aceitar a presença das religiões ocidentais, no caso, a católica e a protestante, como forma de eliminar a espionagem, em sua convivência.

Deve-se salientar que, a exclusão da presença da Igreja Católica e Protestante da Rússia, deve-se à facilidade de infiltrações no interior dessas, de espiões ocidentais, promotores de agitações e todo tipo de badernas, que poderiam ser insufladas, visando desmoralizar o regime implantado nesse País, muito bem diagnosticada e combatida com eficiência, pelo seu então líder maior, senhor Joseph Stalin. Vale dizer que, tão logo essa estratégia foi abandonada a partir do governo de Mikhail Gorbatchov na década de 80 do século passado, em virtude da intensificação da espionagem e da compra de dirigentes corrompidos, o regime socialista soviético entrou em ruína e foi eliminado pelas mãos de um alcoólatra e desequilibrado socialmente falando, no caso, Boris Yeltsin.

Na verdade, não existe maneira mais econômica, eficiente e imediata, para a implantação da discórdia e alcançar os interesses almejados em tão pouco tempo, do que a da demonização e do estabelecimento da divisão entre classes sociais. Para isso, basta que essas, tenham um alto nível de analfabetismo político, desejo esse cultivado e venerado pelos detentores de grandes fortunas, motivo pelo qual se exclui do ensinamento e da "culturalização" dessas classes, as disciplinas que os incitam a pensar, tais como: a filosofia, a economia política, e a sociologia, motivos pelos quais as mesmas são banidas dos ensinamentos técnicos dessas castas. Assim, elas aprendem apenas a serem reprodutoras de peças e de ideias, tais quais papagaios, sem nenhum critério de lógica racional e intelectual.

Essa técnica é adotada pelos grandes tiranos porque, enquanto as castas e credos brigam por "deus", cor de pele, e *status* ou hierarquia social, as grandes fortunas se apropriam das riquezas e se consolidam no poder, utilizando-se da prática de estratagemas e atos nocivos aos verdadeiros interesses do Estado e da sociedade.

Diante do novo cenário propagado pela reforma protestante e disseminado pelos pseudofilosofos iluministas da Inglaterra, atendendo aos interesses do imperialismo inglês e depois estadunidense, configurou-se uma nova imagem para Deus. No lugar de um Deus Onipotente, Onipresente, Onisciente e caritativo, que tudo julga, protege, perdoa propagado pela Igreja Católica, surgiu um deus frágil, injustiçado, carente e que precisa de auxílio de seus seguidores. Então, esse deus para ser amado, respeitado e justiçado tinha que ser protegido, ter seu nome elevado e para isso, seus fiéis tinham que vinga-lo de qualquer forma e punir exemplarmente os hereges, sob todos os pretextos e de todas as formas. Dessa maneira, "estando sob a proteção das asas do altíssimo", matar, extorquir, invadir, massacrar camadas de populações inteiras de "hereges" passou a ser natural, uma medida punitiva e que tinha e tem ainda por objetivo, resguardar os interesses dos seguidores de "deus" e da "palavra" gravada "à sua maneira", na "bíblia" uma vez que cada religião "cristã" produzida na cabeça dos "fieis" passou a ter o seu próprio texto "bíblico".

O negro, em sua infinita maioria por ser pobre, ignorante e disseminar seitas nocivas aos preceitos da palavra, tinha que ser doutrinado, convertido e por isso, era classificado como raça inferior. Os muçulmanos eram contra a ordem de Cristo e por isso deveriam ser considerados hereges. Os judeus, também por matar Cristo deveriam ser punidos pelas suas ofensas à ordem do Messias.

Nesse contexto, eles esqueceram que Cristo se ofereceu para ser imolado na Cruz, uma única vez, como enaltece o Apóstolo Paulo em sua Epístola aos Hebreus, para que nenhuma dessas aberrações encravadas no fanatismo religioso, jamais voltasse a ser praticado na Terra. Eles ainda ignoram o fato de que, se o Senhor é verdadeiramente Deus, o mesmo está apto para julgar, condenar ou perdoar, sem o precisar ser condenado, julgado, protegido ou ter seu nome justiçado por ninguém, como afirma o Apóstolo Paulo, uma vez que o Altíssimo é Onipotente, Onipresente e Onisciente. Assim, o Senhor está acima de tudo e de todos, não se justificando nada dessas barbaridades ou pretensões fantasiosas, chamadas de "religiosas".

Nesse tipo de embate, estabelece-se uma verdadeira guerra de cegos, aonde, os únicos que enxergam a baderna, administram e direcionam os acontecimentos, são os verdadeiros articuladores do jogo, no caso, os multimilionários que se autodenominam "elites" dos países hegemônicos. Esse tipo de estratégia assemelha-se muito, aos artifícios criados pelos ladrões que decidem invadir uma casa cheia de cães raivosos e altamente treinados. Nesse caso, os ladrões sabem que, todos os cães, em que pese sejam altamente treinados e ferozes, têm um ponto fraco em comum. Esse ponto fraco é o descomedido desejo pela cadela no cio. Sabendo disso, os meliantes pegam um lenço de algodão, passam o mesmo no sexo da cadela no cio, e o joga no canto para os cães se aproximarem e o cheirarem. Ao se aproximarem e totalmente dominados pelo cheiro do sexo da cachorra contido no lenço, tais cães se põem a disputa-lo incontinadamente. Enquanto os cães raivosos fazem isso, os ladrões invadem e roubam a casa, tirando-lhe todos os pertences que encontram pela frente. Tal estratégia é infalível e, portanto, extremamente eficiente.

Tal espécie de procedimento adotado pelos ladrões é muito semelhante, porque não dizer igual, ao que as altas classes sociais que se autodenominam "elite" tomam ao subjugar as classes sociais que estão mergulhadas na ignorância política, imediatamente e logo abaixo de seu nível de riqueza econômica e social. Foi com esse objetivo e pretensão que a CIA arquitetou todo o golpe e o levou a cabo pelas mãos das forças armadas do Brasil, tendo camufladas suas ações, pelas articulações da mídia, também nesse caso, analfabeta política, entreguista e interessada no dinheiro apenas, que corre de maneira livre e fácil, nesses momentos de convulsão social. Nesses casos atípicos, ou já típicos em nossos dias, a calamidade social é meticulosamente planejada, articulada e orquestrada pela "elite" dominante como forma de garantir o sucesso do "plano".

Foi assim que se encetou a chamada *"Operação Brother Sam"* no Brasil, ou simplesmente, "Operação Irmãos do Tio Sam" que culminou com o Golpe Militar de 1964. Esse projeto de dominação teve início, primeiro com a propagação da ideia estratégica da ameaça comunista. Esse foi o primeiro passo. Os propagadores dessa articulação ardilosa, afirmavam que, o objetivo dos seguidores de Vargas era implantar o "comunismo no Brasil". A intenção desse estratagema era chamar a atenção e propagar o medo e a ira entre as castas inferiores, que faziam parte da grande massa da população ignorante e analfabeta política, espalhando a falsa ideia de que todos os seus direitos de liberdade seriam suprimidos. Além da supressão da liberdade, outro artifício disseminado vinha de maneira concomitante que era a eliminação do credo, que se daria pelo fechamento de todas as igrejas e a destruição completa da veneração religiosa marcada pela proibição de celebrações de adoração à presença de "deus" do meio do povo. Seguido desses, surgia outra manobra muito bem articulada, é bom que se diga, e que sustentava que todas as propriedades privadas seriam destruídas e substituídas pelas áreas comunais com posse e dominação total do Estado. Diante desse cenário, imagina-se o pandemônio que se estabelece na mente de um monte de gente bastarda psicologicamente e ignorante intelectualmente. O desespero é geral e com ele, o golpe se torna um sucesso total, fato esse que aconteceu no Brasil em 1964.

Estratagemas desse tipo, sempre deu resultado positivo e sempre dará certo em qualquer lugar do mundo, onde exista grande massa de estúpidos. Basta ter uma boa quantidade de gente espalhafatosa, sensacionalista, portanto: ignorante política e socialmente.

No caso dos Estados Unidos, a cobaia inicial é o próprio povo estadunidense. Dividida em classes sociais distintas e muito bem segmentadas, abaixo da "elite" constituída de banqueiros e de grandes industriais desse país, só existem conflitos internos distribuídos entre movimentos radicais, extremistas e divergentes em todas as castas dessa Nação. A união em torno de um país soberano e imperialista se manifesta apenas por motivos de interesses velados entre os líderes e articuladores das castas e da ideia de um só credo, que é o da existência de um "deus único", o denominador comum entre os estratos, mas diverso entre as formas de agir e pensar sobre esse deus concupiscênico, que cada classe imagina e impõe entre seus adeptos à sua maneira. Outro tipo de ardil muito bem articulado é a propagação da ideia da "democracia", que só é válida quando se pratica guerra contra outras nações do Planeta, para recrutar os jovens mais mal informados enquanto que, em momentos de paz, cabe a sentença do juiz sempre favorável às castas dominantes e da bênção do pastor, que sempre perdoa os artifícios da elite. Um exemplo bem claro disso ocorreu quando da crise de especulações nas bolsas de valores estadunidenses no período que ocorreu entre 2008 e 2009.

Enquanto de um lado se via a classe média entregando suas casas, seus bens de grande valor de mercado como forma de pagamento ou abatimento de dívidas, perdendo tudo o que tinha, passando a residir em seus próprios automóveis ou em céu aberto, por outro lado, ou no outro extremo, se via o Presidente dessa Nação, na época dos governos dos senhores George W Bush e Barak Obama, perdoando e cobrindo as dívidas dos banqueiros e da elite estadunidense por suas incompetências praticadas no mercado de ações. Vale destacar que essas "celebridades" foram perdoadas e ganharam com a prática de sua incompetência duas vezes: a primeira pela sua incompetência no gerir o seu próprio patrimônio recebendo pesadas doações do Governo dos Estados Unidos à custa do sacrifício do povo americano; outro por ter suas dívidas perdoadas e cobertas por pesadas somas em dinheiro surrupiadas do Estado Americano para manter o *status quo* dessa gente soberba e ignorante.

Na versão "religiosa" da coisa, o "deus" em comum defendido pelas seitas, na concepção dos mesmos é um "deus único" de interesses diversos, que cada estrato social subjugado aos ditames do pastor imagina e impõe sua existência, de acordo com seu modo de agir e pensar. Assim, enquanto a baderna prospera no meio das castas sociais inferiores, a classe alta, que corresponde a 1% dessa população, abocanha até 76% da riqueza total desse país, baseando-se esses dados, em informações de estudos e trabalhos diversos, publicados pela grande mídia global especializada e sustentada pelos estudos científicos mais sérios e avançados que tratam do tema, conforme enfatiza Paixão (2021) em sua obra "A Essência da Economia Desvelada pelo Método Dialético de Platão - Volume I" a qual este trabalho se baseia. Não é de se estranhar que, por motivo dessas divergências entre as castas populacionais inferiores nos Estados Unidos, não existem movimentos sociais reivindicatórios trabalhistas ou por melhor distribuição de renda, a não ser, a briga que se faz feia, quando morre um negro pelas mãos de um branco ou um branco é declarado inocente pela justiça, quando mata um negro.

Outro ponto interessante desse estratagema criado pelo grupo de John Locke e seus asseclas associados à burguesia, se deu quando os mesmos selecionaram e classificaram as mercadorias em número de 69 que geravam superlucros e que deveriam ter sua produção e comércio controlados exclusivamente pela Inglaterra. Segundo Smith (1996), tal estratégia foi criada para que o País Saxão pudesse consolidar seu império e tivesse condições suficientes para sustentar sua supremacia econômica e política pelo mundo.

No campo bélico uma das principais estratégias desse País se centrava no fato de que, em virtude de se situar em uma ilha, ele precisava de uma grande frota de navios, um exército bem montado, treinado e pronto para o combate, armamentos ultrassofisticados, um planejamento político e econômico bem coordenado e agressivo, além de muito dinheiro para financiar suas investidas pelo domínio absoluto do Planeta.

Assim nasceu a *Pax* Inglesa que nada mais era - e ainda é nos dias atuais, só que desta vez sob controle dos Estados Unidos com denominação de *Pax* americana - do que um conglomerado armamentista forte, composto de exército, marinha e aeronáutica ativos, bem treinados, atuando em conjunto e de forma coordenada, com navios, aviões e armamentos de última geração, além de soldados bem formados, treinados e prontos para o combate, que tinha por objetivo garantir as invasões, as investidas e o controle total das forças armadas inglesas por todo o mundo. Assim nasceu o Império Inglês e, por conseguinte o dos Estados Unidos.

Diante dessa necessidade, a estratégia montada pelos ingleses seria a de que, no âmbito político-econômico, esses 69 tipos de mercadorias que proporcionavam lucros extraordinários deveriam ser produzidos, comercializados e transportados exclusivamente pelos ingleses e também por seus navios. Os demais tipos de produtos considerados comuns que geravam apenas lucros normais deveriam ficar liberados para a produção e comercialização pelas colônias inglesas e também pelos demais países existentes na época, como uma forma de desafogar a pressão da dominação do Império britânico pelo mundo. Apenas o transporte desses produtos é que deveria ficar a cargo da frota inglesa, que tinham por função ainda, manter os soldados trabalhando em tempos de paz e facilmente reunidos em períodos de guerra, contra as nações consideradas hostis aos seus interesses.

Foi dessa forma, impedindo que as outras nações comerciassem tais produtos e se desenvolvessem economicamente, que os ingleses, segundo escritos de Marx, em "O Capital", impediram o desenvolvimento da Turquia na Eurásia, e; no caso da América Latina, do Paraguai, controlado agora pelos Estados Unidos, que assumiu o bastião dos estratagemas, criados pela Inglaterra, na América do Sul, por meio da Doutrina Monroe. Essa estratégia do capitalismo inglês apontada por Smith e depois por Marx, é que joga por terra a questão do liberalismo econômico e o automatismo das forças de mercado, tão propalada pelos defensores das ideias clássicas, neoclássicas e monetaristas de nossos dias. Na verdade, liberalismo econômico e automatismo das forças de mercado nunca ocorreram se caracterizando mais por serem jogos de palavras ou frases feitas do que propriamente, uma estrutura econômica capitalista efetiva, nas relações de produção e comércio pelo Globo.

Outro ardil criado e muito bem estruturado pela burguesia inglesa e depois estadunidense é a relativa à mistura dos conceitos de capitalismo, com o de individualismo. Vale esclarecer que o capitalismo é um sistema econômico complexo, altamente desenvolvido e que passa por vários estágios de evolução, composição do seu processo produtivo, revezamento na sua liderança por mercadorias altamente avançadas decorrentes da evolução tecnológica e geradora de superlucros, que ocorrem durante as etapas de produção de riquezas sociais. Ele é um sistema estritamente econômico, autorregulado, complexo e dinâmico, podendo ser implantado e levado adiante por quaisquer modelos políticos, sejam eles: socialista, comunista, anarquista ou individualista. Essa assertiva é tão verdade que, os países da atualidade que melhor aplicam os fundamentos do modelo econômico capitalista são a Rússia e a China, com maior destaque no meio de produção de riquezas e não de equipamentos bélicos, para a China, enquanto que à Rússia, se reserva à produção e desenvolvimento de armamentos ultrassofisticados mais avançados do mundo, por possuir atualmente, uma tecnologia incomparável nesse segmento.

Conforme expõem Platão e Marx, de maneira respectiva e à sua maneira, não existem vários tipos de capitalismo. O capitalismo é um só e se estabelece em escala global, onde cada país contribui com o melhor de si, com as mercadorias que melhor ele pode produzir e oferecer, em virtude - como deixam claro, os mesmos autores, -, do problema da autossuficiência. Isso porque é praticamente impossível aos países, produzirem todos os tipos de mercadorias de que precisam. Assim, para sobreviverem, eles têm que negociarem entre si, independente do seu credo, política ou interesses.

Na realidade, o sistema político que as "elites" globais implantam e defendem, em volta do mundo, é o do individualismo e seus vícios, que se traduzem esses, na soberba, arrogância, prepotência, ganância, na cobiça, crendices, recalques, distúrbios morais, que, por incrível que possa parecer, eles consideram como virtudes – comportamentos esses tão nefastos e combatidos por Platão por intermédio de seus atributos de educação e cultura -, e que os mesmos gostam de infiltrar e camuflar dentro do capitalismo, como se esses fossem partes inerentes do próprio sistema.

Nesse contexto, as "elites" tentam fazer implicar que, se o modelo individualista e suas impudicícias fossem eliminados e substituídos por qualquer outro regime político, seja ele: comunismo, socialismo, anarquismo ou outro que aparecer, o capitalismo capitularia junto. Assim, a estratégia da "elite" global é de vender a ideia de um pacote fechado do capitalismo, embutindo no seu interior, todos os vícios, manias, pretensões e estratagemas inerentes às suas próprias ações de dominação e que são puramente individualistas e nefastas ao bom convívio entre as nações.

Na verdade, não é o que as elites globais querem transmitir e fazer crer, que realmente ocorre na essência do capitalismo que, volta-se a frisar, é um sistema iminentemente econômico e não político. No sistema capitalista puro prevalece tão somente o processo de planejamento, organização da produção em si e finalmente a produção, que é a transmutação das matérias primas em produtos acabados como enfatiza Marx, que se traduzem na organização pelos trabalhadores-empresários das máquinas, visando realizar a produção de mercadorias, com a participação de parceiros produtivos, no caso, os trabalhadores, evidenciando as características intrínsecas da Economia Empresarial onde predomina a mais valia relativa tão propalada por Marx.

Ora, esse processo está presente em qualquer sistema político que possa existir. Capitalismo, no sistema econômico, pode ser definido como a produção de riquezas sociais por intermédio da formação de conglomerados complexos, altamente organizados, enquanto que, o regime político trata, apenas e tão somente, da maneira como essa riqueza será distribuída entre os membros da sociedade ou classes sociais, e que faz compor a Economia Política, em última instância.

Em essência, quando as "elites" centrais fazem emanar essa sua maneira de pensar, o do individualismo embutido no capitalismo, o fundamento dela é a de se autoproteger dos movimentos contrários aos seus interesses. Ou seja, tentar extravasar a máxima de que, se o individualismo cair, cai o capitalismo ou, se o capitalismo cair, cai o individualismo. Mas essa artimanha é falsa. Na verdade, se o individualismo cair, isso não quer dizer que cairá o capitalismo, e se o capitalismo for à ruína, o que é praticamente impossível na Economia Pura, isso em nada afetará o individualismo.

Foram essas articulações totalmente ardilosas camufladas como "políticas" que a facção dos "conservadores" do Brasil, ou simplesmente, intermediários revoltosos, depostos por Vargas também chamadas de pseudoelite ou os 10% mais ricos do país, herdaram das elites centrais e que procuraram empurrar "goela abaixo" na cabeça dos cidadãos mal formados e ignorantes, totalmente analfabetos politicamente falando, transformando essas mazelas no seu cotidiano, que prevalece neste País e que infelizmente, se disseminam também entre as classes inferiores do mundo.

Na concepção dos articuladores e planejadores dos interesses das elites centrais mal intencionados, prevalece o princípio de que, aonde predomina a ignorância, a vida e os valores morais se tornam uma banalidade, e assim, os interesses escusos superabundam e a tirania impera permitindo a esses, fazerem pesados saques nas economias dos países periféricos viabilizando o aumento de suas fortunas e o controle político, econômico e militar sobre o mundo. Daí a importância para esses, de se negar o conhecimento para o povo, tornando-o prisioneiro eterno da caverna de Platão, para viabilizar o império da tirania no seu meio, tornando-os escravos do casuísmo e dos interesses escusos. Em contraposição a esse estado de coisas é que se deve efetuar a educação e a formação cultural da população brasileira e global tão bem enaltecidas por Platão em sua obra "A República".

No Brasil, esse movimento é considerado como um processo de psicotização da população ignorante e analfabeta politicamente, porque, no caso de Getúlio Vargas, é de se admirar que o chamem de comunista, visto que, as suas ações políticas e integralistas, nada tinham de alinhamento com ideias, articulações ou defesas de teorias em comum com os grupos representantes do grande Bloco Soviético. Ao contrário, eram adversários.

É fato histórico que, um dos chefes da polícia política desse Presidente, contrário ao comunismo, no caso, Filinto Muller, entregou a mulher do senhor Luís Carlos Prestes, que era militante do partido comunista brasileiro, de nacionalidade alemã, e de etnia judaica, no caso, a senhora Olga Benário Prestes, aos nazistas, durante a Intentona Comunista. Fato esse que a condenou, a morrer num campo de concentração destinado aos judeus por Hitler, durante a Segunda Grande Guerra Mundial.

Sabe-se que, a proposta de Vargas e seus seguidores, era claramente a de buscar eliminar a pobreza e a injustiça social por meio da formação educacional e cultural do povo, que se alastrava de maneira incontida no campo econômico, social e político do País, dando direitos e garantia de liberdade aos trabalhadores, via desenvolvimento do setor produtivo, com fortalecimento das indústrias nacionais, da infraestrutura e da formação de um mercado consumidor dinâmico e perene. O próprio senhor João Goulart era um grande produtor rural, no período em que foi Presidente do Brasil e que sofreu o Golpe dos "descabeçados" brasileiros.

Outra característica das estratégias adotadas pelas "elites" globais sob a tutela dos Estados Unidos para se perpetuarem no poder, é o de estabelecer um sistema de combate aos seus adversários, de maneira forte, implacável, extremamente violenta e sanguinária, fazendo espalhar o terror, a miséria e a morte entre os inimigos de seus interesses. Tais medidas são levadas a cabo, como - além de exemplo de intimidação, destruição e morte de seus opositores -, uma forma de aviso aos seus adversários, contrários à sua forma de agir, na agenda global.

Mais uma maneira de justificar esse tipo de ação se dá por meio do estabelecimento do condão de: "quem é o bandido e quem é o mocinho" na estória. Para isso, elas arrastam até o nome de "deus", coitado de Deus, no estratagema. No caso, eles é que são os fieis representantes de "deus" e quem é oposição, é a manifestação de Satanás, em essência. Assim, cria-se um estereótipo que é disseminado pelas comunidades globais, que se dá por meio das ações da grande mídia perniciosa, que se encarrega de fazer o alarde sujo e falso de toda a maracutaia criada e levada adiante pelos seus adeptos, mediante pagamento de gordas recompensas em dinheiro. A ideia é disseminar a demonização a todas as castas globais envolvidas, criando-se um verdadeiro pandemônio, que funciona como cortina de fumaça, aonde nessas oportunidades, os opositores são totalmente eliminados, ou também, comprados.

Essa foi mais uma estratégia adotada pelos protagonistas do Golpe Militar de 64, acrescida à promoção da discórdia, considerada como necessária para garantir o sucesso entre eles, desse atentado contra os interesses de liberdade e da dignidade de um povo, que deveria ser implantado pelas ações dos psicóticos, tão logo a balbúrdia eclodisse. Isso se fez por meio da utilização das forças armadas, que tinha a missão de acabar com a "balbúrdia", e eliminar, camuflado na forma de combate, até, se necessário, castas sociais inteiras dos possíveis defensores do quadro institucional vigente, na época.

Mais ainda, para dar suporte militar à orquestração mirabolante, os Estados Unidos destinaram *marines*, que ficaram nos navios ancorados próximos aos portos de Recife, no Estado de Pernambuco. Isso para, caso houvesse resistência, as forças armadas dos Estados Unidos invadiriam o país para apoiar os paranoicos, visando garantir o sucesso do plano. Ao perceber esse levante armado, João Goulart, para não ver sangue do povo brasileiro derramado em tamanha beligeração, resolveu renunciar ao cargo de Presidente e se exilar no exterior. Não satisfeitos com a renúncia, para evitar, na cabeça deles, possíveis embates futuros de resistência, os jagunços fardados deram início à matança, eliminando de maneira misteriosa, cruel e sanguinária, todos os que eles imaginassem, mesmo sem confirmação nenhuma, em suas intuições ou delírios, que fossem inimigos da "liberdade", no caso os líderes de tendência getulista tais como: Juscelino Kubitschek, João Goulart e mais membros da imprensa verdadeiramente brasileira e de líderes nacionalistas espalhados por todo o País.

A balbúrdia não ficou só aí. No aspecto demográfico os desequilibrados revoltosos eram ainda sectários da intuição analítica, generalista e fantasiosa do tal "economista" e pastor protestante, senhor Thomas Robert Malthus que defendia a tese de que, a população mundial tenderia ao excesso em termos quantitativos, o que geraria como consequência, um colapso social gigantesco decorrente do aumento da fome e da miséria em escala global, visto que, segundo ele, enquanto a população cresceria em progressão geométrica a alimentação aumentaria em progressão aritmética.

Diante dessa ilação "profética" e catastrófica malthusiana, os visionários da calamidade pública, fizeram uma projeção para o crescimento da população brasileira que começava nesse período, da segunda metade da Década de 60 do século passado e se estendia até o ano 2000, no final do Século XX e início, do seguinte. De acordo com essa projeção, a população brasileira, nesse hiato de tempo, atingiria um montante de 200 milhões de pessoas. Mais ainda, segundo a intuição desses desatinados, como o Brasil era um país pobre, na cabeça deles, a tendência da Nação seria a de afundar numa calamidade pública total. Diante dessa conclusão delirante, os mesmos deram início a um processo de mutilação de mulheres: negras, mulatas, cafuzas, pardas, jovens e pobres, que se engravidassem. Essas, quando procuravam, principalmente os hospitais públicos, com algum sintoma de gravidez, mesmo que não se confirmasse o prognóstico, eram sedadas, anestesiadas e de imediato esterilizadas por meio da mutilação de seu aparelho reprodutor, para que não tivessem filhos.

Quanto aos movimentos estudantis por maior quantidade de escolas, melhores condições de ensino e maior politização dos movimentos sociais, esses foram colocados na clandestinidade. Sob esse novo espectro delirante dos desatinados, ficou proibido suas reuniões em público e seus membros passaram a ser taxados de arruaceiros, sendo, a partir daí, perseguidos, agredidos e, em alguns casos, mortos em todos os movimentos de protestos que participassem ou que pretendessem organizar.

A ideia que prevalecia entre os idealizadores e executores do golpe era a de que, as universidades e escolas públicas, ao invés de educar a população dos proletários e seus filhos, para serem meros trabalhadores de chão da fábrica, a exemplo do modelo de ensino da grande Nação Americana, estavam preparando-os para serem líderes sectários do comunismo, do anarquismo e da baderna generalizada. Visando impedir tais tipos de movimentos libertinos, na opinião deles, foi proibido o ensino nas escolas públicas e nas universidades de disciplinas como: Ciência Política, Sociologia, Filosofia e a Economia Política, que ficou esta última, totalmente ignorada e banida dos ensinos acadêmicos, principalmente, dos cursos de Economia. A população foi proibida de ter o direito de pensar. A proposta era a de que essa fosse preparada apenas para movimentarem as máquinas e trocarem as peças, caso necessário, no chão das fábricas.

No que diz respeito aos intelectuais educados e cultos na liberdade de opinião, de identidade moral e filosófica, esses passaram a ser taxados de comunistas e incitadores da baderna. Os menos conhecidos da população foram severamente castigados e alguns mortos, enquanto que, os já consagrados pela opinião pública nacional, e até reconhecidos internacionalmente, tiveram que se exilar do País. Assim, o Brasil foi recoberto por ondas do medo, da humilhação de camadas sociais inteiras, da violência e dos desmandos administrativos, jurídicos e "políticos" de toda natureza, assassinatos ao calar da noite, estupros e mutilações de mulheres consideradas "inimigas da nação", proibições da liberdade, da honra e da dignidade de um povo que ansiava pela liberdade e paz universal, o que marcou o fim do sonho da construção de um país independente, soberano, solidário, justo e nobre, colocando-o a mercê da escuridão da ignorância da caverna de Platão, tão bem conceituada em "A República".

Assim o Brasil exaurido em seus princípios de liberdade e integridade moral, caiu exposto ao entreguismo, à mesquinhez e a hipocrisia, aos rombos, roubos, ao saque e ao extermínio da sua identidade universal e que apenas ansiava aspirar pela liberdade, trabalho, dignidade e soberania, sendo ainda defensor dos princípios da liberdade, da paz e do bom convívio entre as nações.

Toda essa ilação fantasiosa, digna de suas cabeças vazias, criadas pelos vira-latas entreguistas, alcunha a qual eles passaram a ser conhecidos, serviu para que os defensores do antigo regime da República Velha, no caso, as classes mais abastadas do Brasil, os positivistas, sectários de Augusto Comte, Martinho Lutero, de Maquiavel, e de algumas correntes partidárias desse *status quo* infiltradas no cerne da Igreja Católica, todas reunidas e de posse da cartilha de "como transformar um inimigo, qualquer ele que seja, na figura viva de Satanás", com o apoio fervoroso da mídia - que nessas horas é que ganha mais dinheiro de forma ardilosa, mesquinha e sem riscos -, contando ainda com os atos inescrupulosos dos militares, retornaram ao poder, mudando regras, impondo condições e destruindo toda a infraestrutura econômica, moral e social desenvolvimentista, que tinha sido implantada no País, a partir do governo de Vargas. Assim, o Brasil em termos de desenvolvimento econômico e social, totalmente destruído filosoficamente, com suas duas pernas quebradas caiu de joelhos inapelavelmente, voltando à mesma situação de estagnação dos idos da República Velha, de cabeça baixa e entregue ao seu algoz, no caso, a Doutrina Monroe.

Na verdade, a classe alta brasileira, responsável pela eliminação dos defensores da soberania nacional, na condição de intermediária do acesso direto às riquezas nacionais pelas grandes empresas e bancos internacionais, além de ser utilizada como cobaia da experiência golpista que logo seria implantada por toda a América Latina, utilizando o Brasil como "cabeça de praia", de onde partiriam todas as atrocidades políticas-ideológicas que abalaram a América do Sul, a partir de então, visando eliminar adversários da Doutrina Monroe, sempre cumpriu com galhardia, seu papel de pária do Brasil e lacaia do Governo Estadunidense.

Depois de consolidada a sublevação, o passo seguinte era justificar o ato. De acordo com o já frisado, dar apenas o Golpe não seria suficiente para sustentá-lo por parte dos amotinados. Esse teria que ser justificado mesmo que fosse forjado, por meio de um equivalente ou até superior nível de desenvolvimento econômico e social, que se verificou durante o Regime de Vargas, mesmo esse período convivendo com as badernas patrocinadas pela CIA e pelos intermediários brasileiros das elites globais às riquezas nacionais, no caso, a classe alta, para voltar a ter o controle total do Brasil.

A melhor maneira de se fazer isso era recorrer à seara econômica. Com o montante de dinheiro arrecadado para o financiamento da guerra imaginária, uma vez que essa não teve, os revoltosos resolveram aplicar o valor arrecadado nos setores estratégicos do Brasil, de maneira indiscriminada, para convencer a opinião pública de que a articulação perniciosa era necessária. Assim, eliminadas as barreiras, apareceram quase que concomitantemente, as ações econômicas, que tinham por objetivo colocar "panos quentes" enchendo os bolsos dos adeptos e dos "indivíduos comprados", de benefícios financeiros, sinecuras e outras benesses, por meio de atos escusos, visando justificar a implantação do ato malévolo à Nação.

O que contribuiu grandemente para o acúmulo de dinheiro transmutando-o em queima de capital, visto que não foi gasto no Golpe, no meio político-econômico, novamente segundo o brilhante trabalho do Professor Toledo (1988), foi o financiamento do motim por meio das multinacionais e do governo americano, como sendo necessário para sustentar financeiramente o levante. Foi assim que, nesse meandro, as principais multinacionais interessadas no domínio do mercado brasileiro e na destruição das empresas nacionais consideradas suas concorrentes diretas, patrocinaram o Golpe.

Dessa forma, conforme relata o professor Toledo (1988), empresas multinacionais como a Shell, a Ford, a Fiat, a Chevrolet, a Volkswagen, a Nestlé e outras marcas que se consolidaram no País, imediatamente após o golpe militar de 64, financiaram de maneira concomitante, a destruição do parque industrial brasileiro, ainda na sua fase de formação e segmentação, estando incluída entre elas, a Fábrica Nacional de Motores – FNM, que produzia o caminhão, popularmente chamados de "Fenemê", dentre outros. É por isso que, depois desse disparate, até início da década de 90 do século passado, como forma de cumprimento da promessa de garantia do mercado, obtido com o financiamento do Golpe, só rodavam nas ruas brasileiras carros das marcas: Ford, Fiat, Volkswagen e Chevrolet.

Na seara econômica eles fizeram isso por intermédio da implantação do programa chamado Plano de Ação Econômica do Governo – PAEG, criado pelos economistas Roberto Campos e Otávio Gouvêa de Bulhões, chamados de liberais na época, defensores do Golpe. A ideia principal, segundo esses "economistas", era "flexibilizar" o mercado e criar meios para que as empresas multinacionais pudessem investir mais, e assim, poder gerar novos empregos no País, como se precisasse visto que, durante o regime de Vargas imperava o pleno emprego no Brasil.

No sentido de viabilizar com maior intensidade a internacionalização da Economia Brasileira e facilitar a entrada das multinacionais e bancos no País, os defensores do "livre mercado" acabaram com a estabilidade no emprego e em sua substituição, criaram o fundo de garantia por tempo de serviço - FGTS, o Programa de Integração Social – PIS e outras medidas como, por exemplo, a possibilidade de as empresas brasileiras contraírem dívidas no mercado internacional, por intermédio de empréstimos em dólares, com taxas flutuantes de juros. A proposta desse plano era reformular toda a economia, tornando-a mais aberta e definindo-a como "Economia de Mercado", tentando implantar no Brasil a opinião fantasiosa, que o *mainstream* da época definia, e como é batizado ainda hoje de, "liberalismo econômico".

Associada a criação do PAEG, os "economistas" defensores do "livre mercado", também passaram a fazer a internacionalização da Economia, principalmente por meio da liberalização do mercado financeiro brasileiro aos bancos internacionais e às multinacionais em detrimento das empresas nacionais que foram praticamente extintas nesse período. Como o mercado interno não foi absorvido em sua totalidade pelas transnacionais, estabelecendo-se essas apenas nos setores que lhes interessavam, o Governo Brasileiro comandado pelos militares, foi obrigado a criar estatais em grande escala para suprir os espaços vazios e considerados estratégicos para o Brasil.

Para contemplar seus objetivos estratégicos, Gremaud, Vasconcellos e Toneto Jr. (2002:390), citam as principais metas do PAEG como sendo:

    i. Redução do déficit público mediante a redução dos gastos e da ampliação das receitas por meio da reforma tributária e do aumento das tarifas públicas (a chamada inflação corretiva). Com isso, o déficit público reduziu-se de 4,2% do PIB em 1963 para 1,1% em 1966;

    ii. Restrição do crédito e aperto monetário. Houve aumento das taxas de juros reais e, consequentemente, do passivo das empresas. Esse fato levou a uma grande onda de falências, concordatas, fusões e incorporações, processo este que atingiu principalmente as pequenas e médias empresas dos setores de vestuário, alimentos e construção civil. Essa "limpeza de terreno" e a consequente geração de capacidade ociosa foi um importante fator para a futura retomada do crescimento econômico;

    iii. O terceiro elemento da política de contenção da demanda foi a politica salarial, em que se supunha a existência de uma taxa de desemprego relativamente baixa o que levava a elevados salários reais e inflação crescente. Para romper essa dinâmica, o governo passou a determinar os reajustes salariais, via política salarial, objetivando romper as expectativas de conter as reivindicações. A fórmula de reajustes decidida pela politica salarial (Circular 10 de 1965) teve por consequência grande redução do salário real.

Como se evidencia, as medidas tomadas pelo PAEG lá nos idos de 1965, não são meras coincidências com as políticas macroeconômicas adotadas no País nos dias atuais. Passam-se os meses, anos, séculos e tais estratégias econômicas, que são distribuídas pelo *mainstream* não mudam, mesmo que os fracassos sejam reincidentes e as ideias dos tais "economistas" propagadores e defensores do *statuo quo* se comprovam como delirantes. É interessante notar que, tão logo esses "economistas" paladinos do "livre mercado, da liberdade plena e da ordem", divulgavam tais medidas em rede nacional, a imprensa urubóloga, como dizia o saudoso Paulo Henrique Amorim, já consultava seus professores das universidades americanas como: Harvard, Chicago, *Massachusetts Institute of Technology* – MIT, Oxford, Cambridge estas duas últimas na Inglaterra, todas não hesitavam em atribuir suas notas máximas a esses grandes gurus. Vale expressar que, tais notas não caiam abaixo de 10 (dez) aonde essas mesmas avaliações mais pareciam apurações de notas dos desfiles das escolas de samba na Sapucaí, no Rio de Janeiro, realizadas durante o período de carnaval.

No início da implantação dos Planos Econômicos no Brasil, verificados a partir da segunda metade da Década de 80 do século passado, o cenário era esse, mas que, na grande maioria das vezes, seis meses depois da sua implantação, a situação ficava igual ou pior do que dantes. Nesses casos a Nação Brasileira se tornava cobaia dessas ações estratégicas mirabolantes, igual navio em alto mar no meio de uma tempestade e sem bússola: sem rumo e sem direção.

Outro ponto em comum entre essas medidas é que elas eram totalmente equivocadas no que se refere ao mecanismo de funcionamento de uma política econômica pura e madura, analisadas nos aspectos da Economia Política, objeto deste estudo, da Macroeconomia e da Economia Empresarial, como deixa evidente Paixão(2021) em sua obra: "A Essência da Economia Desvelada pelo Método Dialético de Platão" Volume I fundamentado em Platão, Smith e Marx, e no Volume II, este último, ainda no prelo, vale ressaltar[7].

No que tange ao PAEG, cabe ainda observar em relação às citações acima desses brilhantes economistas é o fato de que, tais pressões e procedimentos, no que se refere aos financiamentos e acesso aos juros baixos, excluíam de suas propostas como sempre, as pequenas e médias empresas e os trabalhadores, que costumeiramente são os mais prejudicados nessas ideias totalmente perniciosas aos interesses da Nação.

A justificativa para a tomada dessas medidas é de que, tais atitudes fazem crescer e ampliar o mercado, mas, como se verá nas páginas seguintes deste estudo, esses mecanismos não fazem crescer nem desenvolver o mercado, pelo contrário, além de reduzir as dimensões e o potencial consumo do mercado, eles eliminam o próprio mercado. Entrementes, tais assertivas não serão tratadas neste momento, restringindo-se a análise aos aspectos da economia agrícola, mais especificamente, no comportamento do mercado de matérias primas (*commodities*) brasileiro, nos fundamentos de sua origem, desenvolvimento e sustentação de seus matizes teóricos, por parte de seus defensores.

De volta à análise dos fundamentos estratégicos da política econômica tomada pelos articuladores do Golpe, para justificar esse atentado à liberdade e a soberania do Brasil, cabe ressaltar que, nesse período, as condições financeiras do mercado internacional eram amplamente favoráveis à utilização da sua liquidez e que estavam disponíveis internamente visto que, praticamente todo o montante arrecadado para apoiar a dita insurgência não foi utilizado.

No plano internacional, durante esse período, a estratégia política e econômica dos Estados Unidos era dar continuidade à ocupação da lacuna deixada pela Inglaterra no âmbito global, como a potência hegemônica do Planeta, que teve o início de sua derrocada na Primeira Guerra Mundial, fazendo concluir o processo já na metade da Segunda Grande Guerra[8].

Em outras palavras, o objetivo final dos Estados Unidos era substituir a *Pax Inglesa* pela *Pax Americana*, ou seja, consolidar sua hegemonia em escala global por intermédio da supremacia política, econômica e militar. De uma maneira geral pode-se afirmar que, o processo operacional teve início com o fornecimento pelos Estados Unidos de 84 navios de guerra para a Inglaterra - conforme declaração efetuada em um documentário sobre esse período apresentado pela *The History Chanell 2* sobre a Segunda Grande Guerra Mundial, durante o conflito direto entre Inglaterra e Alemanha -, em troca de todas as principais rotas marítimas de comércio internacional, controladas pelos ingleses. Assim, enquanto os demais países do mundo se matavam por brigas de mercado e ideologias, a elite dos Estados Unidos já se preparava e fazia as articulações necessárias para suplantar os ingleses como a maior potência hegemônica da Terra. Dessa maneira a "elite" americana, no limiar da Segunda Grande Guerra já buscava criar mecanismos e procedimentos necessários para se estabelecer como a nova Nação mais poderosa do Mundo.

Depois de tomar posse de todas as rotas marítimas do comércio internacional, de se consolidar como potência hegemônica militar na Europa capitalista, por intermédio da criação do Tratado do Atlântico Norte – OTAN, de se posicionar como o guardião do comércio e das relações econômicas internacionais, por meio da

---

[7] Mais detalhes sobre esse assunto ver: PAIXÃO(2021), "A Essência da Economia Desvelada pelo Método Dialético de Platão" Volume I, publicado pela Amazon.

[8] Idem.

criação de Plano Marshall que foi o Plano de Recuperação Econômica da Europa, de reestruturar política e economicamente o Japão, o passo seguinte da "elite" dos Estados Unidos, é bom que se diga, visto que, as demais castas populacionais desse País, vivem daquilo que lhes sobra, foi buscar assumir o controle global das transações financeiras em escala mundial, por intermédio da implantação do Dólar como a única unidade de conta das relações econômicas internacionais, de trânsito livre, que podia se converter em ouro.

Vale acrescentar que, em meio a todo esse cenário mundial conturbado, mas muito bem orquestrado pela "elite" americana, no que tange à implantação de sua hegemonia na América Latina e Caribe, esse processo se deu por meio da colocação em prática, dos fundamentos norteadores dos interesses americanos estabelecidos pela Doutrina Monroe, que se aplicaria, via implantação de mecanismos diversos agressivos, contra todos os críticos da supremacia política, econômica e militar desse País nessas duas regiões. A Nação utilizada como "cabeça de praia" de onde se originou todo esse processo, que se deu de forma extremamente violenta e sangrenta via aplicação de golpes de Estado de toda natureza, foi o Brasil, país de onde partiu todas as agressões e opressões aplicadas em todas as nações da América do Sul, com anuência e participação de todas as respectivas classes sociais mais abastadas, desses Estados.

2.2   De onde tudo realmente começou em períodos recentes

Grosso modo, vale ainda esclarecer que, para orquestrar as ações em escala global, no campo da Economia Política sob a liderança dos Estados Unidos, foi criado o Grupo dos Sete Países mais Ricos da Terra, que passou a ser apelidado de G-7, composto de: Estados Unidos, Alemanha, Japão, Itália, França, Canadá e Inglaterra. O fato é que, até o final da Segunda grande Guerra, esses países sempre brigavam entre si pela hegemonia político-econômica de mercado, em especial, a Inglaterra e a Alemanha, principalmente a partir da segunda metade do Século XIX, gerando os piores conflitos político econômicos entre esses, decorrente do avanço tecnológico e da qualidade dos produtos produzidos sem precedentes por parte das empresas alemãs, impulsionadas pela unificação, revolução educacional e cultural desse país, decorrentes da implantação do Cameralismo principalmente a partir do Governo de Otto Von Bismark.

Esse conflito em escala global entre alemães e ingleses, promoveram de maneira camuflada os movimentos mais sangrentos e as guerras mais cruéis pela briga hegemônica do sistema capitalista gerando exclusão em massa de camadas ou estratos sociais inteiros em praticamente todos os continentes do Planeta que digladiavam entre si. Esses conflitos eram estimulados por jogos de interesses das classes mais abastadas das nações mais ricas, sob a égide pseudofilosófica do Iluminismo na ótica protestante de John Locke e Martinho Lutero, do Positivismo de Augusto Comte mais os esquemas estratégicos apresentados em "O Príncipe" por Maquiavel na visão politiqueira e que acabou culminando com a eclosão das duas grandes guerras mundiais.

No final da Segunda Grande Guerra, as classes mais ricas de todos esses países, em comum acordo, liderados pela elite americana, concluíram que tinham um inimigo em comum a partir de então, que, no caso, era a União das Repúblicas Socialistas Soviéticas - URSS, liderada pelo seu grande estadista, o Senhor Stalin, de tendência, "comunista", portanto, inimigo de todos. Então, uma vez chegados a essa conclusão, esses países aplicando o velho ditado de que "inimigo de meu inimigo é meu amigo", se uniram criando um único bloco, no caso, o bloco dos países mais ricos da Terra ou Grupo dos Sete – G7, autodefinidos pelos mesmos de Sete Elites sob o comando dos Estados Unidos. A ideia era combater e tentar destruir de qualquer maneira e a qualquer custo essa ameaça em comum, e por todos os meios possíveis.

A paranoia geral gerada pelas elites mais abastadas dos países membros que criaram o G7 era de que, a União Soviética tinha por interesse e objetivo final, formar um império econômico e político único em escala global, da mesma proporção do criado pela Inglaterra e posteriormente pelos Estados Unidos, por meio da destruição de todas as classes sociais mais ricas do Planeta e implantando a máxima Marxista definida como sendo a "união e revolta do proletariado" que seria orquestrado em escala mundial pela URSS. Então, para os criadores do G7, antes que os proletariados se unissem em torno do mundo e gerasse como diria Marx, um piripaque em escala global entre os mais ricos, uniriam eles, como forma de defesa de seus interesses e contra-ataque das ideologias contrárias aos seus ditames.

Dessa maneira, segundo as "elites" desses países, a União Soviética seria a maior ameaça aos seus interesses políticos, econômicos e militares, por todo o Globo Terrestre. A partir de então, o objetivo comum dessas nações seria eliminar Stalin e seus comandados, a qualquer custo, buscando intensificar a política de destruição desse bloco que, vale a pena dizer, já tinha começado antes mesmo da eclosão da Segunda Grande Guerra pela Inglaterra, Alemanha e todas as "elites" dos países europeus, além dos próprios Estados Unidos, que se deu por intermédio de tentativas de invasões, golpes, infiltrações, formação de guerrilhas, mas sem nenhum sucesso. Os bolcheviques, liderados por Stalin, bloqueavam e eliminavam todas as ofensivas lideradas por esses grupos gerando mais revolta ainda entre esses.

Na verdade, desde quando foi implantada e consolidada a revolução bolchevique na Rússia, Stalin e seu séquito nunca teve tempo de pensar em disseminar a revolução do proletariado em escala global. Como Lênin faleceu, vítima de câncer no cérebro, o objetivo número um de Stalin, na condição de fiel e grande admirador desse eminente estrategista econômico e político do século XX, era o de colocar em prática e fazer cumprir todos os objetivos de liberdade da classe proletária, criada e planejada por Lênin, o grande líder, mentor de toda a revolução bolchevique. Durante todo o período de sua estada no poder, a preocupação de Stalin foi apenas de se proteger e resguardar os interesses do proletariado da sua amada Rússia, lutando contra todas as vicissitudes políticas e ideológicas citadas acima, organizadas pelos países que se autodenominavam "capitalistas", individualistas e de visão imperialista.

Esse grande estadista passou praticamente todo o tempo de seu governo se defendendo dos inimigos do seu regime, que não eram poucos e muito menos frágeis, pelo contrário, muito ricos e organizados, construindo barreiras e estratégias de todas as naturezas e por toda a Rússia, que é um país extremamente extenso, que fala mais de noventa idiomas, sem contar os dialetos, para se resguardar dos possíveis invasores, além de transformar Moscou num verdadeiro fortim, capaz de abrigar todos os moscovitas, ao mesmo tempo em que, transformava essa cidade num dos locais mais agradáveis, bonitos e seguros do mundo para se viver. É difícil responder se durante todo esse período, esse homem teve tempo para dormir ou descansar de seus afazeres. A vida desse grande líder sempre foi trabalho, trabalho e estabelecimento de estratégias de defesa de seu povo e da sua amada Rússia, durante os primeiros 24 anos, entre o fim da revolução bolchevique e a invasão de Hitler nesse País euroasiático, marcando o período mais difícil e sangrento da história do povo russo, já em pleno Século XX. Século esse em que tais barbáries já deveriam ter sido extirpadas do mundo.

Pode-se dizer que, praticamente, Stalin nem teve tempo de montar um regime político e econômico inédito. Na luta para se libertar da opressão das elites centrais que se impunham sobre a população russa, esse líder soviético nem tempo teve para articular a formação de uma estrutura político-econômica que pudesse dar sustentação definitiva ao regime. Como Lênin faleceu e a Rússia se viu atacada por todas as frentes e por todos os lados pelos inimigos do regime que queriam que o sistema capitulasse definitivamente, a opção de Stalin, como ele na sua infância tinha sido seminarista, foi adotar e implantar um regime criado pelos próprios Apóstolos, seguidores de Jesus Cristo e exposto no capítulo 4, do Ato dos Apóstolos, como se vê abaixo:

> [...] Da multidão dos que creram, uma era a mente e um o coração. Ninguém considerava unicamente sua coisa alguma que possuísse, mas compartilhavam tudo o que tinham. Com grande poder os apóstolos continuavam a testemunhar da ressurreição do Senhor Jesus, e grandiosa graça estava sobre todos eles. Não havia pessoas necessitadas entre eles, pois os que possuíam terras ou casas as vendiam, traziam o dinheiro da venda e o colocavam aos pés dos apóstolos, que o distribuíam segundo a necessidade de cada um. Atos dos Apóstolos (Cap. 04; Vers. 32 – 35).

Como se pôde ver na evolução dos sistemas de gestão adotados pela Igreja Católica, fundada por Jesus Cristo e delegada aos seus apóstolos para a administrarem até sua volta gloriosa, o método de gestão transcrito acima, criado pelos representantes de Cristo na Terra não prosperou nem mesmo entre os fiéis e eternos seguidores do legado do Messias, manifestado em carne e osso, na condição de "Filho do Homem", como ele mesmo gostava de afirmar e que tinha como missão, conforme dizia aos seus discípulos, resgatar almas.

Como esse tipo de comando totalmente igualitário não funcionou a própria Igreja Católica o substituiu adotando outro que foi estruturado de maneira hierarquizada. Esse esqueleto tinha e ainda tem o Papa como o Líder Supremo com a função de ocupar a Cadeira de Cristo até a sua volta gloriosa, sendo seguido, nessa hierarquia, de imediato pelos cardeais. Abaixo dos cardeais apareciam e ainda aparecem até nossos dias, os arcebispos, depois os bispos, os padres e finalmente os beatos.

Vale a pena enfatizar sobre o primeiro e o segundo sistema de gestão adotado pela Igreja Católica porque, o primeiro foi incorporado pelo regime soviético de Stalin, o que não deu certo, vindo a implodir no final do Século XX, marcando o fim desse modelo de gestão. O segundo foi assimilado pelas Políticas ocidentais, estruturadas segundo um modelo "democrático" de gestão político-econômica e que foi utilizado como referencial para que se pudesse hierarquizar o sistema capitalista, na visão de Comte, o Pai do Positivismo e que impera nesse sistema até os nossos dias.

Segundo Ribeiro Jr. (1982:30 – 42), Comte para sistematizar seu pensamento positivista se fundamentou nos princípios da Igreja Católica no que se refere ao enaltecimento dos preceitos da divindade. De acordo ainda com Ribeiro Jr.(1982) embora ateu, pois Comte afirmava que Deus não comprovou sua existência, e, portanto, ele era contrário à teologia e à metafísica por considerá-las "meras construções ilusórias" (p. 32), por outro lado, esse pretenso filósofo era simpatizante da estrutura hierarquizada criada pelo catolicismo, passando a adotar seu arcabouço organizacional como "[...] modelo, mas lhe negou o direito de pretender conduzir a humanidade" (p. 32), visto que, segundo o mesmo, tal estrutura cedo ou tarde seria eliminada pelo positivismo.

Nesse contexto, adotando o esqueleto hierarquizado da Igreja Católica como modelo, Comte criou a sua própria "[...] religião, puramente natural, racional, científica e exclusivamente humana, que não admite, não aceita nenhuma crença, cuja exatidão a sua razão não lhe tenha podido demonstrar". Ribeiro Jr. (1982:31).

Para Ribeiro Jr. (1982:30 – 31):

> No desenvolvimento de sua doutrina, Comte se volta para o estudo da humanidade como o *Grande Ser (le Grand Être)* que abrange a totalidade histórica, para apreender seu valor concreto.
>
> O Grande Ser é "o motor imediato de cada existência individual ou coletiva", que inspira a fórmula máxima do positivismo: *"O Amor por princípio e a Ordem por base: o Progresso por fim"*.
>
> Esclarece Miguel Lemos que essa fórmula era redigida de maneira diversa (e ainda hoje citada erroneamente). "O Amor por princípio e a Ordem por base: o Progresso por fim". Comte modificou a redação, ligando o segundo membro ao primeiro pela conjunção, e separando o terceiro por ponto e vírgula.
>
> A fim de melhor guiar a vida real, esta fórmula universal do positivismo se decompõe em duas divisas usuais – uma moral: *"Viver para Outrem"*, ou seja, subordinar o indivíduo à família, esta à pátria e a pátria à humanidade; e outra estética: "Ordem e Progresso", isto é arranjo, organização, cada coisa em seu devido lugar para perfeita orientação ética da vida social.
>
> Na dialética positivista, o amor procura a ordem e a impele para o progresso: a ordem consolida o amor e dirige o progresso; o progresso desenvolve a ordem e reconduz o amor.

Assim, dividindo a sociedade em classes, esse estabeleceu uma composição hierarquizada dessas, fundamentando-se na estrutura, como já frisado, criada pelo catolicismo, aonde, de acordo com a concepção de Comte, essa base social política se distribuía de maneira sequenciada da classe social mais altruísta ou mais competente para a menos capaz seguindo o princípio de que todos os membros dessas castas teriam que ter por objetivo máximo *"viver para outrem"*. Daí o conceito de "ordem". De acordo com essa concepção, a classe social mais apta é que deveria comandar todo o sistema segundo os fundamentos da "Ordem e do Progresso", se estabelecendo no topo da pirâmide social, de forma semelhante à função do Papa na Igreja Católica e que deveria ser composta pelos banqueiros e os megaempresários. Os grandes empresários passariam a ter uma função na hierarquia social igual a dos cardeais. Os médios empresários, a dos arcebispos. Os pequenos empresários, a dos bispos, os trabalhadores, a dos padres e por último, a da população em geral, comporia a base da pirâmide no mesmo nível dos beatos.

Nessa distribuição, a classe dos trabalhadores deveria ficar na base da pirâmide, próxima a da população em geral porque, esse estrato era considerado por Comte como incompetente para "discutir as questões sociais". (p. 36). Dentro desse esqueleto hierarquizado, todos deveriam viver felizes respeitando-se mutuamente, onde a função máxima de cada um seria *viver para outrem*, sempre dentro do contexto da ordem e do progresso.

Nessa estrutura social, criada por Comte, substituindo o papel de Deus pela sua religião puramente natural, tendo como líder supremo, no caso, o *Grande Ser*, se o indivíduo nascesse muito rico, ele deveria se sentir feliz por isso, visto que, a ordem natural das coisas o escolheu para comandar toda a estrutura hierarquizada, fazendo-a sempre respeitar a imposição ou ordem, no contexto de eternamente *viver para outrem*. Se, por outro lado, o indivíduo nascesse apenas rico, o mesmo deveria também, se sentir feliz por isso, porque a humanidade que era no caso o *Grande Ser*, em substituição a Deus, o colocou nessa posição para ser comandado pelos muito ricos e dentro dessa hierarquia, poder da mesma forma comandar aqueles que estivessem logo abaixo de seu padrão de autoridade, se comportando todos os envolvidos de maneira muito felizes e satisfeitos por ter recebido essa missão lhes dirigida pela natureza. Dessa forma todos viveriam em prol do amor e da irmandade. Assim, os competentes deveriam se sentir felizes e agradecidos à mãe natureza por nascerem nessa posição social enquanto que os inúteis, incapazes, como a classe dos trabalhadores, por exemplo, também deveriam se sentir felizes por ocupar essa posição dentro da estrutura social porque, eles nasceram com o dom de sustentar todas aquelas estruturas que estivessem acima de seu estrato dentro da sociedade, se contentando em viver assim nessa situação, apenas por existirem.

Na realidade, dessa forma, Comte criou uma verdadeira seita, fundamentada num amontoado de frases feitas e sem nexo científico algum, visto que, o próprio Comte negava a base de estudos científicos que. Na concepção filosófica de Comte, seus estudos baseavam-se na busca pela essência do objeto em análise até comprová-lo como real. A partir dessa constatação, o mesmo se tornava em sua essência um ser inegável, contínuo e dotado de existência perpétua. Depois disso, essa situação se tornando irrefutável, se poderia analisar a importância do seu papel para a formação do contexto social, moral e empírico no meio em que ele se estrutura ou se forma.

Na concepção de Ribeiro Jr. (1982:18-19):

> Augusto Comte usa o termo *filosofia* na acepção geral que lhe davam os antigos filósofos, particularmente Aristóteles, como definição do sistema geral do conhecimento humano; E o termo *positiva* designa, segundo ele, o real frente ao quimérico, o útil frente ao inútil, a segurança frente à insegurança, o preciso frente ao vago, o relativo frente ao absoluto.
>
> Seu método de trabalho é o histórico genético indutivo, ou seja, observação dos fatos, adivinhando-lhes por indução as leis da coexistência e da sucessão, e deduzindo dessas leis, por via da consequência e correlação, fatos novos que escaparam da observação direta, mas que a experiência verificou.
>
> Esse método é o método geral de raciocínio proveniente do concurso de todos os métodos particulares (dedução, indução, observação, experiência, nomenclatura, comparação, analogia, filiação histórica) que constitui, segundo Comte, o método objetivo. Mas, Comte usa também o que ele chama de método *subjetivo*, que resulta da combinação lógica dos sentimentos, das imagens e dos sinais.
>
> Para fundamentar sua corrente filosófica antimetafísica, Augusto Comte, embasado nesse método, parte da premissa de que é no estado positivo, que o espírito humano reconhece a impossibilidade de obter noções absolutas. Assim, renuncia a indagar a origem e o destino do universo e a conhecer as causas íntimas dos fenômenos, para se consagrar unicamente a descobrir pelo uso combinado do raciocínio e da observação, as suas leis efetivas, isto é, as duas relações invariáveis de sucessão e de semelhança.

Esse conjunto de frases feitas que compõem a seita criada por Comte denominada de Positivismo se espalhou pelo mundo todo, tendo sempre à frente, no seu comando, a burguesia com seus ideais de supremacia social, organizada e distribuída de maneira hierarquizada e individualista. Como esse modo de pensar era supremo, aqueles que se opusessem a esse sistema, poderiam ser considerados como inimigos da ordem natural, ou seja, contrários à hierarquia criada pelo *Grande Ser*.

Assim, baseando-se no positivismo como utilizando-se do método indutivo, retratado por sua evolução histórica, o pesquisador ficava exposto à sua própria dedução dos fatos sem indagar interiormente ou inquirir mais implicações sobre o objeto pesquisado, tornando o observador como sendo um verdadeiro impositor de suas conclusões sobre o ser estudado sem considerar sua essência ou de onde ela pode ter surgida. Dessa forma mesmo o objeto pesquisado passando pelo crivo do "cientista", esse se torna aquilo que o próprio investigador lhe impôs como sendo verdadeiro e não sobre o que seja o próprio objeto em si, na condição de um fato inequívoco ou não.

Esse tipo de análise é totalmente contrário ao princípio dialético de Platão que analisa o objeto pesquisado por meio da sua existência extrema comparando-o com o seu contrário, fazendo extrair desse tipo de estudo a sua essência, ou seja, o que seja real ou imaginário. A partir daí, um ser refuta o outro e aquele que prevaleceu se tornou o fato verdadeiro, permitindo que o pesquisador possa extraí-lo do crivo e da experiência tornando-o como sendo sua própria essência e o utilizando como fazendo parte do processo evolutivo de investigação de fatos verdadeiros, inequívocos que se dá por meio de sua comparação com outro objeto a ser pesquisado e assim, por conseguinte. Paixão(2021) faz uma análise interpretativa muito bem acurada do Método Dialético de Platão e o apresenta em sua obra "A Essência da Economia Desvelada pelo Método Dialético de Platão", publicada no presente ano.

De todo o exposto, ao negar a existência de Deus afirmando que essa divindade não conseguiu comprovar sua existência, Comte deixa evidente que não leu ou leu e não entendeu o que Platão conseguiu fazer em sua brilhante obra "A República" ao justificar a própria existência da alma.

Foi assim que baseados nesses sofismas e convicções fantasiosas é que a sociedade passou a ser regida por um Contrato Social, a partir do Século XVIII, tendo como seus principais intelectuais representantes da nova ordem mundial, indivíduos que se autoproclamaram "filósofos", semideuses e grandes "pensadores", como: Lutero, na condição de representante da teologia protestante que condenou os fundamentos religiosos da Igreja Católica, mas que não criou nada em seu lugar para enfatizar sua própria versão do que é que seja realmente Deus; Comte, que imaginou um mundo perfeito extraído de suas próprias convicções e imposições do que seja para ele a essência do verdadeiro ou do falso; David Ricardo, que impôs na investigação econômica uma relação de interesses contrários entre capitalistas e trabalhadores, extraídos sobre uma relação inversa entre salários e lucros, sem conseguir expor de maneira clara e individualizada o que seja para ele, lucro ou o que seja salário; Maquiavel, que em seu "Príncipe" defendia a tese principal de sua obra baseando-se na máxima de que "os fins justificam os meios" sem conceitua-los claramente; e Locke, que criou uma nova forma de pensar "filosofia" embasada em sofismas e imposições arbitrárias de leis aplicadas sobre as relações sociais por meio de um "Contrato Social", mesmo os sofismas e as leis tendo sido refutadas como representação imparcial dos sentimentos e dos interesses do indivíduo, numa relação social pelos filósofos gregos e os doutores das leis teológicas tais como: Platão e o apóstolo Paulo, respectivamente. Não é de se estranhar que esses "pensadores" tinham como fato em comum os sintomas da esquizofrenia como seus grandes inspiradores. Paixão (2021) trabalha com maior profundidade esse tema em sua obra já citada inúmeras vezes.

Tais mudanças na maneira de se pensar e se estabelecer o que seja mundo, emanado de sua essência, colocadas de forma totalmente parcializadas e confusas é que substituíram os fundamentos da verdadeira filosofia, da política, da economia e da teologia, apresentadas pelos gregos e os estudiosos da Bíblia, como o Apóstolo Paulo, por exemplo, abrindo espaço para o surgimento do que Marx definiu como sendo os verdadeiros quiproquós e os "*ad-ocs*" das investigações modernas, ditas como sendo puramente de caráter "científico".

Vale também citar nesses estágios progressivos de transformação, o terceiro sistema de gestão econômica que promoveu realmente uma verdadeira revolução nos processos de gestão da Economia Empresarial e que foi criada por Marx em "O Capital". Essa estrutura empresarial teórica, alicerçada na práxis, criada por Marx, serviu como essência para fundamentar o brilhante sistema, mesmo que imperceptivelmente, desenvolvido pelos senhores *William Edwards Deming, Joseph M. Juran* e *Armand V. Feigenbaum* conhecido como Qualidade Total. Esse modelo de gestão empresarial embora tenha sido ignorado pelos magnatas estadunidenses foi adotado com grande sucesso pela Toyota no Japão, revolucionando com louvor toda a estrutura produtiva automobilística dessa empresa, o que viabilizou a mesma se transformar numa multinacional de grande sucesso e quebrar o paradigma da produção em massa que prevalecia na Economia Empresarial de até então.

Entrementes esse último processo de gestão será analisado e comentado apenas quando necessário, visto que este trabalho tem por objetivo nesta fase, analisar apenas os aspectos da Economia Política vigente, desenvolvida nos moldes criados pela Inglaterra e mantida em escala global. Lembrando que, diferente dos demais, o modelo de gestão econômica denominado de Qualidade Total é o que mais se aproxima da estrutura desenvolvida por Platão e adotada por Adam Smith aonde prevalece o sistema de comando horizontal e não verticalizado, que foi desenvolvido este último, pela Igreja Católica e copiada por Augusto Comte, sendo seguido pelos modelos tradicionais de gestão, utilizados pela Administração e aplicados no "capitalismo".

No que se refere aos fundamentos de gestão da Economia Política, as ideologias socialistas, embora contrárias em todos os sentidos aos fundamentos pseudofilosoficos do Positivismo, não conseguiam criar um sistema de comando econômico-político próprio, problema esse que foi finalmente solucionado pelo senhor *Deng Xiaoping* durante seu Governo na China, entre o período de 1978 a 1992, ao dividir a Economia desse País em duas partes distintas e dando tratamento diferenciado a ambas, sob o controle do Estado, no caso, a Economia Interna e a Economia Externa, o que transformou essa Nação asiática na Grande Potência que é hoje, na condição de maior país capitalista da Terra, agora de cunho socialista. Fatos esses que são trabalhados com maior propriedade por Paixão(2021) no Volume II, que esta ainda no prelo, de sua obra já citada.

De volta ao período conturbado que ocorreu entre as duas grandes guerras, vale frisar que é bem verdade que, houve conflitos por ideologias político-econômicas em praticamente todos os continentes, fazendo surgir novas nações "comunistas", tais como a República Popular da China, a Coreia do Norte, o Vietnã, Cuba, no Caribe, mas tudo isso, foram revoltas regionais apartadas, aonde era o povo que se insurgia de forma praticamente isolada, independente e apaixonada, com pouca ou nenhuma participação externa, ao contrário do que ocorria com as potências capitalistas, que sempre agiram de forma orquestrada, coordenada e em conjunto, com infiltrações entre os inimigos e destruindo os opressores de forma maciça, cruel e sangrenta.

Depois de enfrentada e vencida todas as incursões contra seu regime, sendo essas com o apoio velado de outras potências e países capitalistas da Terra, entre elas, a própria Alemanha, a França, a Itália, a Espanha, a Bélgica, a Holanda, os Estados Unidos, estando incluída aí a maior de todas até então, que era a velha Inglaterra, do Primeiro Ministro *Neville Chamberlain,* Stalin se deparou ainda, agora oficialmente, contra a invasão de Hitler e seus comandados, o que deu início à intensificação dos combates em terra durante a Segunda Guerra Mundial. Até mesmo durante a invasão da Rússia na Segunda Grande Guerra, essas nações mandaram batalhões de voluntários muito bem armados e organizados para "acabar com os comunistas russos" que eram reconhecidos por ser a grande ameaça à liberdade, a "deus" e aos seus interesses pelo mundo.

Chamberlain sabia que Hitler era um dos principais admiradores do Império Inglês na Terra, além do fato de que, havia uma estreita ligação entre a Inglaterra e a Alemanha devido aos laços de parentesco que existia entre esses dois governos, uma vez que, os anais da História contam que, Guilherme II, o último Imperador alemão e Rei da Prússia, era marido da Princesa Vitória, então conhecida como a Princesa Real do Reino Unido. Nesse contexto, o Primeiro Ministro inglês imaginava que era mais provável um confronto entre os alemães e os russos do que entre a Alemanha e a Inglaterra no início dos combates da Segunda Grande Guerra.

Isso tudo, considerando ainda o fato de que, na cabeça de *Chamberlain,* como os interesses econômicos da Alemanha se contrapunha aos dos ingleses, um confronto entre a Alemanha e a Rússia estrategicamente falando, favoreceria em muito as ambições do Reino Unido no mercado global. Imaginando-se que tal fato ocorresse, haveria uma grande economia de tempo, dinheiro e vida para os ingleses, visto que, as duas nações litigantes sairiam enfraquecidas pelo confronto armado, tornando essa situação muito fácil para a Inglaterra eliminá-los. Nesse contexto valeria o velho ditado de que "a Inglaterra conseguiria matar dois coelhos com uma cajadada só". Então, dessa forma, acima de tudo, como a Rússia por questão ideológica era considerada como inimiga desses dois países *Chamberlain* imaginava que antes de atacar a Inglaterra, Hitler trataria de acabar primeiro com Stalin.

Além de tudo, o líder nazista tinha por *Alfred Marshall* um fascínio especial, tanto é que adotou como uma de suas máximas, a ideia de se criar uma raça humana superior, que *Marshall,* conforme versa Paixão(2021), admitia que era possível de se obter, seguindo a mesma teoria de *Charles Darwin*, no caso a da evolução das espécies, desde que se cruzassem os genes das pessoas mais inteligentes e criativas do Planeta, gerando uma cadeia de Ácido Desoxirribonucleico - ADN especial, o que viabilizaria a transformação dos homens e mulheres detentores desse gene em gênios de nível superno. Para Hitler, esse processo poderia ser aplicado no grupo caucasiano branco alemão com grande sucesso, o que lhe permitiria criar assim a sua raça superior, no caso, a raça ariana a ser comandada em termos espirituais por um novo deus, no caso Odin, o deus nórdico, diretamente de Asgard.

Assim, conforme já frisado, *Chambarlain* tinha na sua cabeça a ideia de que, caso Hitler transformasse a Alemanha numa potência, esse primeiro, por motivo de ideologia e ódio, atacaria a Rússia de Stalin. Para o Primeiro Ministro inglês, mesmo a vitória de Hitler sendo fácil - sendo que, as "elites" centrais consideravam que a Rússia de Stalin era constituída de um bando de pobres esfarrapados e ignorantes, portanto, bárbaros -, tanto a Rússia quanto a Alemanha sairiam do conflito enfraquecidos, o que, facilitaria o trabalho dos ingleses no processo de eliminação de Hitler e de Stalin, fortalecendo a Inglaterra indiretamente, permitindo a esse país recuperar a sua supremacia no mundo.

Isso sem contar ainda o fato de que, a Coroa Britânica nutria um ódio especial contra Stalin motivado pela existência de um laço estreito que ligava a Família Real Britânica ao último Czar Russo, *Nikolái Alieksándrovich Románov* - Nicolau II, o patriarca da família Romanov, deposto pelos bolcheviques, uma vez que essas famílias tinham um grau de parentesco embora distante, mas muito bem preservado entre si, mesmo sendo soberanos em países bem distintos, no caso, a Inglaterra e a Rússia. Diante disso, para os ingleses, se a Alemanha atacasse a Rússia em primeiro momento, a Inglaterra sairia ganhando duas vezes, de todo jeito. Daí porque o interesse velado da Inglaterra em torcer para que os alemães eliminassem os russos a qualquer custo.

Pelo mesmo motivo que *Chamberlain* imaginava em relação aos russos, Hitler considerava que seria extremamente fácil acabar com Stalin e seu regime, visto que, seu exército era infinitamente superior ao grupo de milicianos russos constituído de proletários, pobres, ignorantes e esfarrapados, que não conhecia seu papel de mediocridade no mundo, na visão das potências capitalistas da época. Então, mesmo admirando a Inglaterra, Hitler, de maneira estratégica, considerava que o seu principal inimigo eram os ingleses, uma vez que, as forças armadas inglesas, embora inferior ao exército alemão, era a única que poderia oferecer obstáculo à sua intenção de subjugar o mundo.

Dessa forma, Hitler ponderava que, depois de dominada a Inglaterra e a França, acabar com os russos seria uma missão extremamente fácil e de grande repercussão positiva para a Alemanha diante das elites do Planeta, que também apoiavam essa ideia de forma velada. Então, para Hitler, a prioridade era invadir a França e destruir a Inglaterra e depois, acabar com os comunistas russos, para poder atrair a atenção das elites capitalistas distribuídas por todo o Planeta. Foi isso que Hitler tentou fazer desde o começo da Segunda Guerra Mundial.

Na verdade, antes de Hitler invadir a França e atacar a Inglaterra, era o mundo contra Stalin. Depois que o tirano alemão mandou invadir a França e atacar a Inglaterra, era Stalin em defesa do mundo, contra Hitler. Analisando a situação friamente por essa ótica, pode-se dizer que, Deus foi muito misericordioso com o povo russo, deixando na mesma linha do tempo, de maneira concomitante e de forma contemporânea, os três maiores expoentes ideológicos da história do mundo, tendo de um lado o maior mentor de um projeto de sublevação e manutenção do poder, no caso, Lênin, com a revolução bolchevique; do outro, como seu admirador, o maior executor de um projeto em cumprimento de uma missão muito bem orquestrada, que foi Stalin; auxiliados, pelo maior defensor de todos os tempos, caracterizado por ser uma pessoa humilde, simpática, séria e muito eficaz naquilo que fazia, no caso, o General *Georgy Konstantinovich Zhukov*. Essa foi a mais famosa e mais espetacular Trinca de Ouro, verificada na história da Rússia e talvez do mundo, se destacando por ser o verdadeiro trio, o qual, o mundo deve sua liberdade.

Da sua parte, Stalin foi o único líder estadista da época - visto que, dessa feita e de forma rara, no cenário político-econômico global, a Segunda Grande Guerra deixou praticamente no mesmo patamar, tanto os interesses ideológicos como econômicos – que conseguiu antever os passos de Hitler, ao perceber que esse atacaria primeiro seus inimigos mais perigosos, que, no caso, era a Inglaterra e a França. Depois de eliminadas essas barreiras, acabar com os russos de Stalin se transformaria numa ação corriqueira. A certeza de Stalin em relação aos movimentos futuros de Hitler era tamanha que, esse líder tentou de várias maneiras formar uma frente de coalisão contra o ditador alemão, fato esse que foi ignorado pelos demais lideres dos países ricos imperialistas, seus inimigos mortais tanto diretos quanto indiretos.

Uma vez ignorado e isolado, Stalin não tinha alternativa a não ser, acabar com os intentos do tirano nazista, praticamente sozinho. Foi justamente isso que ocorreu quando eclodiu a Segunda Grande Guerra na Europa. Depois de subjugar a Polônia, com o intento de chegar à Rússia de Stalin, visto que, a Polônia é considerada como um corredor de acesso rápido e fácil ao território russo, Hitler colocou em prática suas ideias imperialistas ao mandar invadir a França, ao mesmo tempo em que dava início às suas hostilidades contra a Inglaterra.

A grande falha estratégica de Hitler no seu afã de subjugar toda a Europa num período breve foi imaginar que poderia implantar uma guerra em duas frentes, tentando eliminar a Inglaterra e a Rússia de Stálin ao mesmo tempo, mudando sua estratégia de operação em campo de batalha uma vez que foi muito fácil e rápido dominar a França de assalto. Outro grande erro desse ditador foi antecipar o início da guerra sem ter antes incorporado nas suas forças armadas as novas tecnologias armamentistas desenvolvidas pelo seu corpo de cientistas altamente especializados tais como: o motor a jato para os aviões, os mísseis de longa distância e o aumento de sua frota de porta aviões e submarinos. Na verdade Hitler pensava que só as inovações aplicadas em seu exército como a *blitzkrieg*, por exemplo, seria suficiente para garantir a supremacia alemã sobre o mundo. E realmente ele teria conseguido se não fosse impedido pela bravura de Stalin e seu corpo de generais, dentre eles e em especial, *Zhukov*.

Por obter uma vitória rápida e fácil contra a França, praticamente, sem resistência alguma e já dotado de otimismo, orgulho e soberba, Hitler mandou atacar a Rússia de Stalin, achando que esse objetivo, como já frisado, o faria obter uma vitória fácil, adotando sua estratégia de combate *Blitzkrieg*, a "guerra-relâmpago", que consistia em subjugar o inimigo em questões de dias ou semanas, como ocorreu com o país franco e o polonês. Essa mudança brusca de estratégia de Hitler deu vazão para que o General *Montgomery*, já a mando do Sir *Winston Churchil*, que assumiu o lugar de *Chamberlain*, por este ter feito sua aposta infeliz, pudesse segurar o avanço do Reich em *El Alamein*, no norte da África, sob o comando do Grande General alemão, *Erwin Rommel*, uma vez que a invasão de Hitler na Rússia, não saiu como tinha sido planejado, pois a resistência de Stalin era feroz.

Ao ser atacado, sem apoio algum e rodeado de inimigos por todos os lados, em todas as frentes e em todos os continentes, não coube a Stalin alternativas, a não ser contar com o apoio, a criatividade, competência, visão de combate do exímio estrategista general *Zukhov*. Ao assumir o comando do Exército Vermelho, *Zukhov* mudou totalmente o cenário da guerra na Rússia, invertendo o jogo e se pondo de maneira feroz e implacável contra o exército alemão, atacando-o de uma maneira diferente a cada dia e fazendo-o recuar até suas fronteiras, praticamente todo ele, desmoralizado pelo Exército Vermelho.

As "elites" dos países imperialistas, auxiliados pelos seus cupinchas, as classes mais abastadas, líderes dos governos entreguistas do terceiro mundo, e alardeados pela mídia lacaia, aberta e sensacionalista, alegavam e ainda alegam que, conforme já frisado, o objetivo de Stalin era montar um império totalitário "comunista" no mundo, por meio de seu projeto de dominação proletária, fazendo valer a célebre frase de Marx, que afirmava: - Proletários Uni-vos! Assim, para conter o avanço de Stalin e dos bravos russos, esses seres fantasiosos, passaram a fazer todo tipo de alarde na opinião pública mundial de que, o "comunismo de Stalin" era um verdadeiro terror para a humanidade, o que os levou a criar assim, uma política de demonização do povo russo e dos planos socialistas, em todos os sentidos, por todos os meios, em todos os continentes. Até os dias atuais, nunca se viu uma política de injustiça tamanha pelo Planeta.

Verdade tem que ser dita. Na realidade, essa argumentação não passa de delírio funesto uma vez que, se Stalin quisesse proceder dessa maneira, teria agido assim quando fez o bravo Exército Alemão retroceder até suas fronteiras. Ao ter literalmente desmontado o Exército Alemão de Hitler a tiros, morteiros, canhões e mísseis dos lança foguetes Katiuscia, essa nova tecnologia armamentista lançada com grande sucesso pelos russos, com seus uniformes camuflados, e perceber que a guerra estava praticamente ganha, imaginando que, chegar até Berlim, depois depor Hitler, era uma questão de meses, talvez dias, Stalin constatou que, praticamente nesse cenário só os soldados russos é que morriam no conflito e que esse mesmo povo, era o que mais sofria nessa catástrofe global enquanto que, os líderes dos países imperialistas, da sua parte, apenas batiam cabeças entre si, sem saber realmente quais as diretrizes deveriam tomar durante os embates, para vencer o líder nazista, sabe-se lá como, na visão dos mesmos.

Brilhantemente Stalin observou que, mesmo conquistando totalmente a Europa, a guerra para o povo russo não estaria terminada. Fatalmente os ingleses apoiados pelos Estados Unidos, tentariam cedo ou tarde, investir contra o exército russo. Já cansado de guerras e com muitas baixas no seu exército, visto que, até o final da Grande Guerra, a Rússia perdeu mais de 20 milhões de vidas, participar de outro conflito, desta vez motivada por fantasias ocidentais seria uma estultice, ao mesmo tempo em que, continuar lutando sem nenhum fundamento se transformaria numa tremenda judiação para o bravo Exército Vermelho.

Vale ainda observar que, a estratégia de Stalin, como sempre foi o do povo russo, era apenas de se libertar da tirania e opressão sofrida pelos seus proletários, fazendo-os manter uma estratégia de defesa e não de agressividade. Mesmo porque, para quê estabelecer uma estratégia ofensiva de dominação global sabendo-se que o território russo é extremamente grande possuindo praticamente o dobro do tamanho do segundo maior país da Terra que é o Canadá, é a maior potência do mundo em termos de recursos naturais, além de contar com uma população diminuta para defender todo esse território? Na realidade, a Rússia é um império natural, sem motivo algum para fazer incursões de domínio pelo mundo. Todas essas características desse País fazem concluir que, as alegações dos líderes ocidentais não passam de meros delírios. Na verdade, as elites dominantes tinham e ainda têm em mente que, todo sinônimo de sucesso nas empreitadas dos movimentos proletários, significavam incompetência em todos os sentidos, para os países imperialistas da Terra, daí porque, a necessidade de varrer de qualquer jeito do mapa, todo e qualquer movimento libertário da classe trabalhadora. Pensamento esse que é uma estultice decorrente de ignorância completa.

Ao constatar a possibilidade do risco de se ver envolvido em um novo conflito de proporções gigantescas tão logo a Segunda Grande Guerra chegasse ao fim, Stalin sabiamente convocou os outros líderes mundiais envolvidos, no caso, Roosevelt e Churchill, para que esses tomassem alguma medida mais ostensiva, objetiva e prática contra o Exército Alemão, sem delírios cômicos, visando fazer diminuir a sobrecarga que imperava sobre o Exército Vermelho. Essa foi a mais brilhante e sábia medida estratégica de autodefesa adotada por parte de Stalin uma vez que, esses líderes, tão logo pudessem, tentariam criar motivos fantasiosos ou não para atacar o povo russo, fato esse que já vinha acontecendo, conforme já frisado, desde a Revolução Bolchevique, quando tinham o intento de desmontar a "ferro e fogo", se necessário, a "revolta do proletariado" na Rússia. Vale observar que, essa possibilidade antevista por Stalin se traduziu em fato, tão logo terminou a Segunda Grande Guerra, com o início da Guerra Fria.

Essa pressão exercida pelo grande Estadista socialista sobre os líderes estadunidense e inglês, que ocorreu quando eles se reuniram no Egito, era necessária porque, tanto Roosevelt quanto Churchill mostravam-se impotentes diante do avanço do Exército Nazista pela Europa. Foi devido a esse posicionamento do grande líder bolchevique que teve a Reunião entre os três grandes vultos políticos da Segunda Grande Guerra, na cidade do Cairo, Capital do Egito. Esse encontro tinha como ponto central de debate, a exigência de Stalin sobre Roosevelt e Churchill, para que esses tivessem maior participação na Guerra, uma vez que os mesmos se demonstravam incapazes de se posicionar estrategicamente, sobre quais as medidas a serem adotadas diante da progressão do exército nazista.

Ao tomar tais medidas, Stalin assumiu o controle definitivo dos ditames a serem seguidos pelos aliados durante o grande conflito, se transformando no Homem a ser ouvido e atendido durante o desenrolar dos enfrentamentos na Segunda Guerra, ao fazer suas exigências sobre os ingleses e estadunidenses para que esses tomassem algum tipo de medida mais realista nos combates, o que se deu por meio do desembarque dos aliados na Normandia, fato esse que ficou conhecido como o famoso "Dia D" ou Operação *Overlord*.

Pode-se afirmar estrategicamente, quase com toda certeza de que, até a própria criação do Bloco Soviético foi tomada por Stalin, para evitar que o país russo fosse circundado de inimigos, dotados de armamentos, provocações intensas e insanas, para desestabilizar e destruir o regime dos proletários, nessa coalizão. Assim, Stalin optou por manter sob os domínios políticos do regime russo, os demais países que foram ocupados pela Rússia durante a Segunda Grande Guerra, que funcionariam como muralhas e verdadeiras barreiras ao avanço das possíveis potências ocidentais. Em termos de gestão política econômica e estratégica de defesa de nações, não existe alternativa melhor que essa, vale observar. É por isso que se diz que, não existe nascimento sem dor ou vitória sem sacrifícios.

Mesmo com todas essas precauções adotadas para garantir a defesa e a sobrevivência do império proletário russo, as medidas agressivas, ardilosas e discriminatórias foram intensificadas contra esse governo, de imediato, logo após o término da Segunda Grande Guerra, desta vez articulada pelos Estados Unidos e seus aliados imperialistas, por meio da criação do grupo que, de imediato por eles foi denominado, Grupo dos Sete ou G7, visando eliminar, segundo os mesmos, a ameaça stalinista e garantir a supremacia dos seus interesses pelo Planeta. Essas foram já, as primeiras medidas adotadas pelos Estados Unidos na condição de nova potência hegemônica em substituição à Inglaterra, garantida pelas medidas de supremacia da *pax americana*.

Foi assim que se instauraram no período da guerra fria e que se estendem até nossos dias, subornos de toda natureza de autoridades, compra dos poderes constituídos dos países dominados, financiamento de ditaduras e grupos favoráveis aos seus interesses, agressões, imposições, golpes de Estado, todo tipo de políticas de exclusão, extermínio em massa de castas consideradas "inferiores", supressão de direitos humanos nas nações classificadas como inimigas de suas ganâncias. Tudo isso sob a alegação de ameaça de implantação de regimes ditatoriais nesses países, que serviram de cortina de fumaça, e mais, artifícios de demonização por parte da mídia títere global via implantação de medo de todas as formas, divulgação de notícias falsas, enfim, eliminação de quaisquer tipos de resistências por meio da destruição de grupos independentes estereotipados de "terroristas", "comunistas" implantadas por todo o Planeta.

Essas foram as estratégias de dominação global implantada inicialmente pela Inglaterra de Locke e continuada pela Elite imperialista (banqueiros, multinacionais, políticos ditatoriais) dos Estados Unidos e apoio incondicional dos demais países membros do G7, utilizando-se para isso, dos serviços ludibriosos propagados pela imprensa aliada em escala global.

Na realidade, o objetivo maior dessas estratégias e esquemas politiqueiros implantados mundialmente pelo G7, não estão voltados para a garantia de liberdade de mercado em escala global disseminado por meio de "ideais democráticos" e estabelecimento de "livre comércio", mas sim, o domínio e a posse das matérias-primas que geram superlucros existentes em maior quantidade nas nações domesticadas e discriminadas por esses de "povos ignorantes", além do tolhimento do desenvolvimento desses países como forma de eliminação de possíveis concorrentes.

Dessa maneira, todos os insatisfeitos, sejam: pessoas, classes sociais ou nações que não aceitavam ou não aceitam esse tipo de subjugação implantada pelos adeptos da pseudofilosofia iluminista de Locke, do protestantismo de Lutero, da estrutura de gestão burguesa criada por Comte, das estratégias de repressão de Maquiavel, tudo isso reunido e resumido num tal de "Contrato Social", deveriam ser, na visão desses, definitivamente exterminados da face da Terra. É tal período que se caracterizou como a famosa "Guerra Fria", essa se transformando num processo insano, aonde a coerência, a ciência e a economia pura, deram lugar a todo tipo de disparates orquestrados de maneira irresponsável e insana, apenas para criar "medidas de dissuasão" e destruição do avanço dos fundamentos das ciências sociais na sua forma mais lúcida e transparente possível.

Assim, em sequenciamento ao seu processo de castração e dominação total de todos os meios civilizatórios possíveis, que se deu principalmente por intermédio do bloqueio da evolução da educação e da cultura em escala global, tendo toda a Europa Ocidental aos seus pés em obediência aos seus ditames, e as "elites" intermediárias do terceiro mundo sob suas chibatas, é que a Elite Estadunidense finalmente conseguiu se impor definitivamente, como a "verdadeira guardiã da liberdade" e dos lobbys "políticos-econômico-ideológicos" de castração em massa, distribuída por todo o Planeta, colocando-se como um verdadeiro entrave aos avanços dos pensamentos socializantes e civilizatórios pela Terra, inclusive de seu próprio povo.

A parte que, por incrível que possa parecer mais fácil, e de maior abrangência em termos de subjugação global, foi a da dolarização da economia mundial, que se deu, por meio da aprovação pelos membros aliados e doutrinados, das propostas impostas pelos Estados Unidos quando da realização do Tratado de *Bretton Woods*, viabilizando a implantação do sistema de controle financeiro-econômico internacional, estabelecido em julho de 1944, na cidade de New Hampshire. Essa medida só fez consolidar a posição dos Estados Unidos como o país doutrinador do mercado político e econômico global que se deu por meio da imposição e da obrigação da adoção das regras estabelecidas nesse Tratado para as relações comerciais e financeiras entre todas as nações "capitalistas ou não, democráticos ou não democráticos" existentes na face da Terra.

Nessa conferência, os Estados Unidos se transformaram no único articulador financeiro estrategista global, onde as demais nações do Grupo dos Sete, apenas passaram a ter que seguir as suas regras, para ter direito de também usufruir dos benefícios decorrentes das investidas dessa potência sobre as riquezas disponíveis nos países do Terceiro Mundo. Lógico que, tudo o que sobrava depois do usufruto da elite estadunidense dos despojos saqueados das nações dominadas tinha, e ainda têm que ser dividido entre os demais participantes desse bloco hegemônico.

Para consolidar a fase de dolarização da economia global cabia aos Estados Unidos, na condição de país supridor dessa moeda em escala mundial, abastecer o mercado internacional da maior quantidade dessa pecúnia possível, visto que, só o dinheiro estadunidense é que passou a ter o direito de ter seu lastro em ouro, na paridade de 1 dólar por U$ 35,00 de onça *troy* de ouro. Concomitantemente, foi só o dólar que passou a lastrear outras moedas internacionais em poder de conversibilidade em si próprio, dando-lhes em virtude disso, a capacidade de curso legal. Assim, só o dólar é que poderia ser convertido em ouro em escala mundial enquanto que, as demais moedas de outros países, teriam que ser convertidas em dólar para obter camufladamente, o curso legal dentro de seus próprios territórios. Assim, o dólar passou a ser o grande lastreador de moedas em escala mundial.

Nesse período, na seara da Economia Política, a paranoia da vez era baseada na retórica alarmante de que: ou os ex-países imperialistas se recuperavam de maneira imediata e pujante dos destroços lhes causados pela Segunda Grande Guerra, ou os mesmos cairiam nas mãos do comunismo, o "comunismo Stalinista". Então, o objetivo principal do G7 era de concomitantemente, se desvencilhar do "comunismo Stalinista" e tentar conter o descontentamento global com as mazelas teóricas do capitalismo, criadas principalmente pela teoria de acumulação de capital de David Ricardo, na sua teoria intuitiva, opinativa e equivocada, sobre a formação de riqueza desse sistema e que se baseava na relação inversa entre salário e lucro.

No seguimento desse cortejo econômico, por seu turno e da sua parte, a mídia global financiada pelos grandes capitais financeiros e industriais existentes, principalmente das sete elites, resolveram criar um teto de vidro sobre os ideais socialistas, aonde tudo que era desgraça que ocorria no capitalismo era "culpa dos comunistas", mesmo os "comunistas" estando mais preocupados em se estruturarem economicamente e politicamente falando, do que prestando atenção nas desventuras das teorias econômicas sofistas, criadas pelos pseudoeconomistas de ocasião, distribuídos nas maiores universidades do Planeta, em especial, nas americanas, inglesas e alemãs.

No contexto da política econômica dos sofistas, de acordo com as opiniões fantasiosas de Ricardo, no que tange a questão da relação inversa entre salário e lucro, caso as classes mais altas da sociedade global quisesse enriquecer ou elevar o seu padrão de riqueza, deveria pagar o menor salário possível, extorquindo o direito sagrado do trabalhador que era o de receber o seu direito adquirido, fruto do seu trabalho de forma integral, fato esse que gerou convulsões sociais em praticamente todos os cantos do Planeta. Então, decorrente dessa situação, em oposição aos delírios fantasiosos sobre a forma de gerar opulência de Ricardo, o que se viu em escala global foi a cisão definitiva de argumentos e propostas mais conciliadoras entre patrões e empregados.

Nesse aspecto, caso a classe trabalhadora, considerada "raça inferior" quisesse ter algum usufruto da mínima parte daquilo que ela mesma produziu com seu trabalho, teria que se sublevar e lutar para garantir o seu direito de sobrevivência com seu salário de forma integral, fruto de seu próprio labor. O resultado de tudo isso já se pode imaginar e como realmente se viu em escala global, previstas nas análises politicas e econômicas de Marx causando muita fome, miséria, sofrimento das castas inferiores com sacrifícios de populações inteiras, massacres, terror das guerras, rebeliões, convulsões sociais em praticamente todos os países mais pobres dos cinco continentes, e que culminou na propagação do ódio entre patrões e empregados, ficando esse quadro universalmente conhecido equivocadamente como a "revolta do proletariado" ou "guerras comunistas".

Visando minimizar todas essas calamidades, como alternativa de acalmar os ânimos dos grupos revoltados e de amenizar o sofrimento e impedir que as rebeliões sangrentas se estendessem também entre as classes trabalhadoras dos países centrais, as elites dessas nações "afrouxaram o torniquete" e cederam vários tipos de direitos trabalhistas aos seus operários, e transferindo toda a causa dessas celeumas para os "países comunistas". Tal quadro ocorria ao mesmo tempo em que, articulados com os Estados Unidos e sob a batuta desse País, procuravam se recuperar de maneira frenética do colapso lhes causado pela Segunda Grande Guerra Mundial. Isso se deu por meio da implantação do Plano Marshall que se tratava de um mecanismo político econômico criado para se fazer a recuperação econômica da Europa e Japão, na condição hipotética de, caso isso não ocorresse, segundo os mesmos, tais nações correriam o risco de cair em mãos dos países comunistas, em especial, da União Soviética. Quanto aos Estados unidos, além de articular todos os estratagemas possíveis, cabia ao mesmo a missão de abastecer o mercado global de dólares visando intensificar o processo de produção e recuperação do sistema capitalista pelo Planeta e de consolidar sua supremacia fazendo toda a Terra curvar ante seus pés.

Na verdade, em relação ao "comunismo" e a União Soviética, tudo isso era de certa forma fantasioso, visto que, o avanço comunista era desarticulado e de pouco poder de implementação uma vez que, como analisado acima, a União Soviética não tinha esse interesse e estava mais preocupada em se defender das agressões e das estratégias de demonização de seu regime, como deixou evidente o próprio Stalin no decorrer da Segunda Grande Guerra. Mesmo também porque, os movimentos comunistas eram isolados, desarticulados e, em virtude disso, facilmente dominados pelas elites organizadas de cada nação, que operavam em conjunto com as potências, assim como se observou na guerra das Coreias e do próprio Vietnam, muito mal orquestrado pelo Governo dos Estados Unidos, diga-se de passagem. As guerras entre "comunistas" e "capitalistas", nem podem ser chamadas de conflitos entre nações, mas sim, de rebeliões de classes, pelo fato de que esses embates se davam nas estruturas ideológicas internas desses países provocados por jogos de interesses entre os grupos envolvidos e desejosos em dominar as relações de produção e da política regional. Além disso, na vertente socialista, as reações das classes sociais que almejavam a mudança do regime eram isoladas e dependiam muito da ideologia "comunista" disseminada e da organização dos grupos revoltosos internos de cada nação do que propriamente, do avanço comunista desenfreado pelo mundo[9].

De fato, o que ocorreu realmente nos períodos mais intensos desse conflito foi o esgotamento das "teorias capitalistas" articuladas em cima de ideias sofistas que se mostraram malfadadas, criadas pelos economistas clássicos, depois neoclássicos e monetaristas, de linhagem protestante, que culminou na crise de superprodução da economia mundial e que atingiu seu ápice no período de 1927 a 1933. Essa crise foi contida pelo programa socialista de Franklin Delano Roosevelt, nos Estados Unidos, definido como *New Deal* que serviu como referencial para a implantação de programas socialistas humanitários em praticamente todos os países da Europa Ocidental, do que propriamente, do avanço comunista pelo mundo, diga-se de passagem. O sucesso do programa americano, imposto e sustentado pelo então Presidente dos Estados Unidos, senhor Franklin Delano Roosevelt, como não poderia deixar de ser, foi muito bem camuflado e abafado pela imprensa global a serviço dos esquemas ardilosos das elites dos países centrais.

Todos os ardis e manipulações orquestradas pelas elites dos países centrais e seu séquito de lacaios formados pelos 10% mais ricos dos países periféricos distribuídos pelo mundo, foram utilizados para "evitar o avanço comunista", que na realidade, conforme frisado, era um movimento isolado e desarticulado, organizado internamente dentro de cada país, promovido pelas classes sociais localizadas logo abaixo do estrato mais rico, como forma de se debelar e lutar contra as mazelas, sofrimentos e humilhações lhes impostas por essa casta mais abastada e que, era e ainda é protegida de forma velada, pelos poderes constituídos tais como: o Executivo, Legislativo, Judiciário, militar e de grupos armados dessas nações. Em virtude dessas estruturas criadas e organizadas pelas sete potências, sob a batuta dos Estados Unidos, tais movimentos reivindicatórios eram e ainda são facilmente dominados pelo estrato superior, no caso, as "elites" desses países. Se tais articulações e movimentos armados não dessem resultado, o estrato dos 10% mais ricos ou "elites" das "nações" periféricas, mas que na verdade são colônias, eram e ainda são auxiliadas por incursões armadas sob o comando do G7. Na verdade, na maioria dos casos, nem rebeliões comunistas eram ou são, mas sim, movimentos reivindicatórios de nacionalização das riquezas naturais desses países e buscas pelo desenvolvimento nacional e justiça social, assim como aconteceu no Brasil e que foi dizimado pelo Golpe Militar de 1964 a mando dos Estados Unidos, para fazer valer os preceitos da *Doutrina Monroe* na América Latina e Caribe.

Vale lembrar que os conflitos entre classes sociais se intensificaram principalmente logo após o término da Segunda Grande Guerra Mundial em virtude da desarticulação e fragilização de algumas "elites" de países mais pobres do terceiro mundo, devido a crises internas entre membros dessas próprias elites, motivadas pelo aumento de corrupção, brigas por mercados internos, crimes contra o Estado e assassinatos entre elas, enfraquecendo-as, o que possibilitou que as castas situadas em escalas inferiores da hierarquia social pudessem se organizar e intensificar suas ações reivindicatórias, que resultaram em guerras civis intensas, como ocorreu na China de *Mao Tsé Tung*, na Coréia, no Vietnã, em Cuba, assim como em outras nações do terceiro mundo.

No que concerne ao comportamento dos países centrais membros do G7, para contornar esses problemas, como já frisado, esses resolveram criar políticas públicas socializadas, com o objetivo de mitigar o sofrimento das castas inferiores, e com isso, impedir que as convulsões sociais resultando em guerras civis que eclodiram nos países mais pobres decorrentes de movimento reivindicatórios, atingissem suas fronteiras e levassem novamente a Europa desenvolvida a uma situação de comoção social como ocorreu logo após o final da Segunda Guerra Global.

Essas políticas públicas socializadas são vistas aqui simplesmente como "afrouxamento de torniquete", e que se deram de forma estratégica e seletiva, obedecendo alguns critérios de prioridades estabelecidos pelo G7. Na verdade essa estratégia seletiva já tinha começado a ser praticada no decorrer da Segunda Grande Guerra nos próprios chãos de fábricas de armamentos, munições e aeronaves dos Estados unidos, e com grande sucesso, nos mandatos do senhor Roosevelt.

Foi com o objetivo de atender a essas exigências de flexibilização no trato com os trabalhadores, que as mulheres que trabalhavam nas fábricas e tinham filhos, foram liberadas de levar seus rebentos para os locais de

---

[9] Um livro extraordinário e que bem delineia essa questão é o chamado "A Revolução dos Bichos" de George Orwell, disponível para baixar gratuitamente pela janela do Google.

trabalho, onde as crianças ficavam alojadas em berçários localizados dentro das próprias fábricas e de fácil acesso para as mães socorrerem seus filhinhos. As músicas para animar o espírito e libertar as almas das amarras da vida eram liberadas no interior das fábricas. A qualidade da comida foi melhorada, as trocas de turnos para facilitar o descanso foram flexibilizadas; os intervalos para descanso foram aumentados e intercalados com o período de trabalho de uma maneira mais racional e humana; os funcionários passaram a ter liberdade de dar sugestões que melhorassem o desempenho das equipes, e assim por diante.

Em decorrência dessas melhorias os turnos de trabalhos puderam ser aumentados, houve uma visível redução de reclamações da intensidade das atividades laborais e o espírito de patriotismo entre os funcionários permitiam que esses estendessem por conta própria suas atividades dentro das fábricas. Com isso, a produtividade e a competitividade das empresas atingiram patamares elevadíssimos e o número de peças com defeito foi reduzido significativamente. Até mesmos as remunerações foram melhoradas aonde os empregados e empregadas recebiam auxilio por intermédio de salários indiretos que se davam por meio de concessões de benefícios adicionais, como assistência médica e dentária, auxílio periculosidade e auxílio insalubridade, etc.

Guerra à parte, fato é que nunca se verificou na História dos Estados Unidos situações em que a classe dos trabalhadores desse País tenha recebido tantos benefícios, justos por sinal, como receberam durante o desenrolar da Segunda Grande Guerra, no governo do senhor Roosevelt. Talvez essa fosse uma extensão ou continuidade da política do *New Deal* desse eminente Presidente estadunidense.

Os critérios de seletividade e de prioridades só se davam e ainda se dão, por incrível que possa parecer, nos países centrais e nas outras nações localizadas em pontos estratégicos do Planeta, de grande interesse operacional do G7, que ofereciam ou oferecem acesso direto a outros mercados de matérias primas, via transporte ou outro tipo de intercâmbio, espalhados pelo mundo, como o asiático, por exemplo, e que eram de interesse relevante para as Sete Elites (G7).

Nesses países, ou mais propriamente, nessas "cabeças de praias" com características de nações, eram e ainda são oferecidas várias alternativas na forma de benesses via melhorais das condições de trabalho, de estratégias de produção e de negociações tanto internas quanto nas relações externas de tais colônias disfarçadas. Mais ainda, há para essas, desde que cumpram as diretrizes das grandes potências, a liberação de comércio multilateral, facilidades de acesso a tecnologias inovadoras a baixos custos, concessões de empréstimos a taxas de juros negativas, retirada da cobrança de impostos aduaneiros sobre produtos importados desses países, concessões de direitos trabalhistas que arrefecessem as pressões sobre as classes trabalhadoras e viabilizassem o maior crescimento com desenvolvimento dessas possessões semi-independentes.

O objetivo de todas essas "facilidades" oferecidas era, e ainda é apenas, o de procurar contrapor de maneira direta as alternativas de melhorias que pudessem ser oferecidas pelas políticas ideológicas contrárias aos interesses das superpotências, consideradas como sendo "comunistas". Concomitantemente, no outro extremo, o G7 fazia e ainda faz acentuar a pressão sobre o processo de dominação em massa da população dos países mais pobres procurando estrangulá-los de vez, principalmente aqueles que tinham e ainda têm matérias primas de seu interesse por gerarem lucros extraordinários, como no caso do petróleo, do café, do cacau, da cana de açúcar, do látex das seringueiras, jazidas auríferas, minerais, de pedras preciosas, e ultimamente, até do açaí. Esses produtos geram lucros extraordinários, como enfatiza Smith (1996), por só serem produzidos em determinadas regiões do Planeta e possuírem uma demanda global elevada.

No caso de outros produtos, como a soja, por exemplo, embora essa oleaginosa não gere lucro extraordinário, utilizando-se de práticas de monopólios, oligopólios e controle do seu processo de distribuição em escala global, pode-se obter o mesmo resultado via ação das nações centrais por meio de suas multinacionais, principalmente as transnacionais americanas utilizando-se essas das práticas da exportação e reexportação dessas *commodities* visando garantirem lucros acima dos normais. As partes mais difíceis e custosas dessas atividades, como o do plantio e da colheita, que possuem um custo de investimento, mais as despesas diretas e indiretas extremamente elevadas, e que por isso não geram lucros, mais sim, transtornos, que possuem ainda, um elevado risco de inadimplência, essas as transnacionais, utilizando-se da força de seus governos respectivos, deixam para os produtores rurais dos países agrilhoados, localizados no terceiro mundo, tornando-os empregados dentro de suas próprias propriedades, sobrevivendo como se estivessem em cárcere privado, vale dizer.

Em decorrência das concessões oferecidas pelo G7 às nações privilegiadas, que oferecem posições estratégicas de localização e de conveniência, esses países deram saltos qualitativos de desenvolvimento o que fizeram surgir no interior dos mesmos, vários grupos interesseiros nas benesses recebidas, que passaram a ser contrários e ferrenhamente inimigos das "ideologias comunistas". Os estratos sociais favorecidos pelas benesses oferecidas pelas superpotências nem ao menos percebem que, esses só ganharam e ainda ganham tais benefícios devido ao medo gerado pela possibilidade do avanço do sentimento socialista nessas semicolônias e também porque, as próprias ideologias socialistas existiam e se faziam como ainda se fazem presentes pelo mundo.

Foi assim que surgiram países emergentes e semipaíses com características de colônias desenvolvidas, com altos índices de desenvolvimento em vários pontos estratégicos do Planeta e que foram utilizados como forma de contrapor as alternativas de melhorias oferecidas pelas teorias socializantes, tais como: a Austrália, por localizar num ponto altamente estratégico entre o Oceano Índico e Oceano Pacífico, na porta da Ásia, numa região totalmente equidistante entre a Ásia e a Europa e a Ásia e os Estados Unidos. Foi assim também que ilhas como Taiwan, e outros países como, a Coreia do Sul, por exemplo, que foram batizados como "tigres asiáticos", conseguiu se despontar; uma, no caso de Taiwan, a ilha, diante de sua irmã maior e de ideologia totalmente contrária que é a Grande China Continental e também, a Coréia do Sul, que atingiu índice de desenvolvimento extremo em oposição a sua outra metade, a Coreia do Norte, de pensamento e ideologia oposta.

Na realidade, para esses pequenos países, semicolônias desenvolvidas e ilhas, não houve "nada de novo no horizonte". O que ocorreu foi apenas a concessão de alguns benefícios e incentivos altamente proibitivos para outros países tidos como colônias e que não passava pela cabeça de nenhuma das grandes elites, oferecer para esses, dias melhores. Nessas nações que fogem à exceção e que por isso fazem parte da regra geral a que estão incluídos nos jogos de interesses diversos de dominação das Sete Elites, a chibata estala com grande força e poder destruidor sobre os corpos de suas classes inferiores, sugando-lhes todas as matérias primas que oferecem lucros extraordinários para o G7, tais como, as já citadas *commodities*: petróleo, café, cacau, ouro, lítio, ou, como afirma Smith, mais adiante, todas as 69 matérias primas selecionadas pela Inglaterra de John Locke e que era de interesse exclusivo dos ingleses dominarem e transportarem nos seus navios, fato esse que ocorre até nossos dias, mas já transferidos para o império dos Estados Unidos.

Diante de todo esse frenesi global foi e ainda é comum, surgir nos grandes centros acadêmicos das principais universidades de economia espalhadas pelo mundo, dissertações de mestrado e teses de doutorado das mais diversas facetas e delírios, criando teorias e teses imaginárias de todo tipo, derivadas de suas elucubrações mentais, para tentar explicar esse "milagre das nações bajuladas" com todo o ufanismo fantasioso que vinham à cabeça desses "pensadores". Isso eles faziam e ainda fazem, sem ao menos desconfiar ou enxergar, de que, todo esse afã se resumia e ainda se resume apenas no óbvio ou no trivial, como queiram, ou seja, de que tal situação se apresentou porque todo esse impulso desenvolvimentista só se observou nessas pseudonações, em essência, porque, elas foram as grandes sortudas de se localizarem em pontos estratégicos de comércio e de navegação pelo mundo. Pontos esses que são fundamentais para garantir o sucesso do acesso dos transportes organizados pelas Sete Elites (G7) às riquezas naturais que permitiam e permitem a essas, quintuplicarem suas fortunas através da obtenção dos lucros extraordinários no domínio de tais tipos de comércio, e que, como forma de agradecimento, lhes recompensavam e ainda, por incrível que possa parecer, os recompensam, por intermédio de oferecimento de benesses e incentivos financeiros de toda natureza, da parte das superpotências.

De todos esses devaneios que fazem apologias ao "gigantesco avanço econômico" proporcionado pelas tais teorias intuitivas, opinativas e chamativas, a mais ridícula é a que enaltece o tal "liberalismo econômico", como se esse, verdadeiramente ocorreu algum dia na vida econômica do Planeta ou virá a ocorrer, se a propalada "liberdade de mercado" depender de tais delírios de ocasião, oferecidos pelo *mainstream* perdurar na Terra. Como se pode depreender das análises apresentadas acima, na seara da Economia Política, o que prevalece em escala global, mesmo com as fantasias criadas pelas cabeças mirabolantes dos "economistas liberais" são estratagemas econômicos, definidos já pelos economistas de linhagem socialista - que tem visão mais realista por sinal, tal como Michal Kalecki, na Polônia, seguido por Jorge Miglioli, no Brasil -, de "truques econômicos". Tais truques, conforme já frisado, têm por objetivo criar estratagemas e desenvolver jogos de atração, esquemas de persuasão e de dissuasões que são criadas para aliciar novos adeptos ou afastar correntes opositoras que se irrompem contra os interesses das teorias dominantes que se dizem "capitalistas" sem o ser, pelo Planeta.

Como consequência desses procedimentos político-econômico-estratégicos adotados pelos países imperialistas com submissão total aos interesses e imposições dos Estados Unidos visando mitigar os verdadeiros avanços socialistas, os resultados positivos logo se fizeram observar. Foi no período do pós-guerra que as economias dos países centrais alcançaram os maiores índices de crescimento com desenvolvimento da história, as classes trabalhadoras nesses lugares conseguiram melhores condições de sobrevivência, viu-se um elevado índice de distribuição de renda causado pelo "afrouxamento de torniquete" por praticamente todas as classes sociais verificadas, mais por medo do avanço "comunista", do que qualquer outra coisa. Em decorrência desses fatores, houveram estabilidades nas relações econômicas e sociais dessas nações e, por outro lado, de maneira concomitante, as pressões e ataques orquestrados pelas elites e alardeadas pela mídia sensacionalista global, se intensificaram contra as ideologias libertárias mais radicais. Nesse meio tempo, em virtude do excesso de liquidez global, as taxas de juros no mercado internacional ficaram baixas e se estabilizaram nos menores patamares de juros da história recente, o que viabilizou o desenvolvimento dos países mais pobres e que dependem da liquidez internacional, dentre eles, o Brasil.

Período esse que possibilitou na forma de ponta de iceberg na América Latina, o Golpe Militar no Brasil e que se estendeu por toda a América do Sul, a partir do Brasil, orquestrados pelos Estados Unidos, através da Central de Inteligência Americana – CIA. O problema para os golpistas do Brasil é que, embora baixas, as taxas de juros eram flutuantes, fato esse que gerou um complicador grave para este País, quando tais taxas se instabilizaram em decorrência do fracasso americano em cumprir suas obrigações frente ao dólar assumidas no Tratado de Bretton Woods que era o de manter a paridade do dólar em relação ao ouro em US$ 35,00 por onça *troy* de ouro.

A própria paridade era totalmente fantasiosa e em decorrência disso, impossível de se manter, devido aos exageros estabelecidos nos dois extremos dessa medida. O primeiro problema está no valor em dólar da paridade. Trinta e cinco dólares por cada onça *troy* de ouro ou (35 X 1), para um país que vai abastecer a economia global de dólares é um valor extremamente alto, muito alucinatório, como de fato foi, o que obrigou o país americano abandonar o acordo. Para ser mantido nesse patamar, o grau de sacrifício financeiro para uma nação seja ela qual for, se torna absurdo. Em decorrência desse fato, a pressão sobre a liquidez do dólar recaiu sobre toda a população Ianque. O outro extremo está na quantidade de ouro que tem que ser juntado para lastrear a paridade. Uma onça *troy* de ouro equivale a 31,104 gramas. Haja ouro para se converter em tantos bilhões, trilhões de dólares! Parece até uma laracha uma coisa dessa natureza. E o pior, feito por "ditos profissionais" da seara econômica!

Seguindo uma lógica racional, essa paridade era ridícula. Isso porque, o ouro além de ser um metal raro, é essencial como matéria prima no desenvolvimento de muitas tecnologias inovadoras, além de variados tipos de mercadorias, sem contar o fato de que, ele mesmo pode se transformar numa mercadoria de valor elevado, oferecendo aos detentores de sua produção lucros extraordinários perenes, destacando ainda suas qualidades intrínsecas tais como: a sua resistência ao tempo, sua fácil manipulação, sua beleza e sua atratividade que gera cobiça aonde ele se encontra. Tudo isso torna o ouro a mais extraordinária matéria prima e objeto de desejo por toda a Economia Global. Diante de todos esses agravantes para os defensores da conversibilidade do dólar, manter essa paridade era e ainda é, uma alucinação.

Fato esse que se traduziu em realidade quando a França, desconfiada da capacidade dos Estados Unidos em manter essa estratégia, durante o mandato de *Charles de Gaulle*, homem sábio e de juízo, exigiu que esse país, fizesse a conversão dos dólares em mãos dos franceses no tão propalado e imaginativo ouro. Medida essa que provocou um pandemônio nas contas financeiras dos países centrais e até mesmo dos próprios Estados Unidos, que acabou com a brincadeira, de imediato.

Na verdade, quando os Estados Unidos fez essa proposta alucinante, o objetivo de seus líderes enquanto estrategistas era assumir de maneira imediata e permanente, a supremacia do poder político e econômico global, desta vez controlando o principal meio de pagamento de toda a Terra. Tanto é que, tão logo os comandados de *De Gaulle* fizeram essa exigência, o País americano de imediato, durante o mandato de Nixon, acabou com a paridade cambial do dólar em relação ao ouro. Em sua substituição, os EUA, recorreram ao petróleo como o produto lastreador do dólar.

Para dar consistência à sua nova estratégia, os Estados Unidos procuraram se associar às castas mais abastadas dos países do Oriente Médio, região a qual essa riqueza fluía com maior intensidade, fato esse que se se deu por intermédio do estabelecimento de parcerias com as mesmas. O acordo consistia na liberação por parte dos Estados Unidos de concessões econômicas, proteção política, militar, incentivos a determinadas atividades que eram realizadas por tradição entre esse estrato social, como a produção de joias, por exemplo, e ainda, livre trânsito no mercado americano, local esse em que tais beneficiários poderiam negociar e viver livremente, sem quaisquer tipos de preocupações ou incômodos imagináveis. A consequência desse ato foi o surgimento quase que repentino, para não dizer repentino, de uma nova classe social emergente, protegida ao extremo, extremamente rica, detentora de fortunas incalculáveis, muito bem armada, que recebeu carinhosamente o apelido de "*sheiks* do petróleo" e que, antes se destacavam por serem em sua grande maioria, grupos nômades que tinham o hábito de viajar utilizando-se de caravanas que circulavam pelos desertos como mercadores.

Lógico que, ao fazer tais concessões, a contrapartida exigida pelo governo americano era o controle total de todas as atividades petrolíferas. Assim, todos os poços de petróleo que fossem descobertos pelo mundo, principalmente nos países subdesenvolvidos e que garantissem a extração de verdadeiras fortunas em barris, tinham que passar para as mãos das multinacionais estadunidenses.

Com a finalidade de garantir o lastro do dólar, era imperativo que os Estados Unidos, na condição de força hegemônica, independente das formas e das condições pelas quais atingiu esse estágio, tinham por obrigação, se transformar na maior potência petrolífera controladora da produção, comercialização e distribuição do petróleo em escala global, visando obter superávits gigantescos nessa posição, garantindo assim, os superlucros. A função desse superlucro era o de poder lastrear, na outra ponta, da parte dos Estados Unidos, a emissão de dólares para todos os cantos do Planeta assumindo em consequência disso, de maneira definitiva, a supremacia financeira em todos os sentidos, além do poderio político, econômico e militar do comércio internacional, mediante suas ações.

Em decorrência dessa nova ordem político-econômica mundial, países que eram pobres e que tinham a infelicidade de descobrir grandes reservas de petróleo dentro de seu território, de imediato, eram assediados pelos Estados Unidos, tidas suas classes mais altas capitaneadas para seu domínio por meio de acordos velados, garantidos pelo apoio político, militar, econômico, em troca da concessão de todos os direitos de produção, comercialização e distribuição do ouro negro extraído dos poços, que eram abertos em seus territórios, para as mãos dos Estados Unidos, tendo ainda uma parte de seu superlucro, destinado para usufruto das elites do petróleo da nova potência global. Assim, enquanto as castas mais abastadas por ceder a tentação das propostas americanas se tornavam extremamente ricas, os demais estratos mais infelizes da população desses países, por serem mais pobres, inclusive as dos Estados Unidos por não terem o que oferecer em troca, ficavam relegados à miséria e a fome. Assim, as classes mais abastadas, inclusive as estadunidenses, por meio de suas multinacionais de petróleo, se apropriavam e continuam pirateando toda a riqueza gerada pelo ouro negro que é encontrado nesses países, gerando lucros muito acima do normal para os grupos favorecidos.

Fica evidente também que, as castas que não concordavam com tais propostas eram extirpadas da face da Terra, recebendo estereótipos de terroristas, ditadores, tiranos, e, caso ainda resistissem às pressões, eram e ainda são, dizimadas por ações de extermínio das Forças Armadas da Nação Ianque que, por incrível que possa parecer, praticam o verdadeiro terrorismo, sob a batuta do próprio "Governo Democrático dos Estados Unidos". Evidente que, enquanto há o enriquecimento apenas das classes mais altas da Nação Americana, os demais estratos sociais desse País, continuam relegados à pobreza e a submissão total da "elite dominante", atingindo já o total de 46,8 milhões de habitantes, com tendência ao aumento, vivendo na condição de miséria absoluta.

É nesse perfil que se insere atualmente o resultado político-econômico-ideológico da maior "democracia 'capitalista' e individualista" do mundo, para todos os efeitos. Isso é o que se chama de "centralização do capital" em oposição à "acumulação de capital", defendida pelos pseudoeconomistas que dominam o *mainstream* global, muito bem enfatizada e predita por Marx, em sua obra "O Capital", conforme se vê escancarado na economia global, patenteado na forma de "luta de classes".

3 Enfim, a intensificação do processo de produção de matérias primas (*commodities*) no Brasil pelo regime militar: fatos e consequências.

No que concerne à situação do Brasil, de acordo com o explanado acima, esse País, tanto quanto a América Latina e Caribe, fazem parte do contexto global das colônias estadunidenses e que não estão relacionados como parte dos países felizardos, que recebem benefícios e incentivos de toda natureza, por se situarem em lugares estratégicos do Planeta. Na realidade, o Brasil, a América Latina e o Caribe estão inseridos sim, na regra geral, na condição de países que devem ser domesticados de acordo com a estratégia de dominação única e exclusiva dos Estados Unidos da América sob os grilhões da Doutrina Monroe. Assim, todo e qualquer pressentimento de descontentamento ou rebelião na parte sul das fronteiras estadunidenses, devem ser rechaçadas exemplarmente a base de ferro e fogo, para que os demais descontentes ou que pensem em tomar tal atitude, já fiquem avisados de que "eles serão os próximos".

É o que a sua Santidade o Papa Francisco, chama de "Novo Colonialismo", mas que, na verdade, nunca deixou de ser colonialismo. Esse é apenas o mesmo colonialismo, mas com nova faceta, já mais modernizada, aonde, o que interessa não é dominar o país, mas sim controlar as ações das classes mais altas impondo-lhes regras e domesticando-as para depois se consolidar, no caso os EUA e o G7 como os seus algozes. Assim, domesticando e assentando-lhes cabrestos, fica mais fácil e extremamente barato para as grandes potências, dominarem essas pseudonações.

Foi por esse motivo que houve o Golpe de 1964 no Brasil e que voltou a ocorrer recentemente, em 2016, desta vez, sob os grilhões, de ações veladas e orquestradas pela CIA, não apenas com os militares, mas também com o poder judiciário, o executivo, o legislativo, os 10% da população mais rica, que compõem o grupo dos títeres bajuladores dos estadunidenses e das superpotências, no caso, os "empresários de ocasião" que se autodenominam "O Grupo dos 200", mas que, na verdade são analfabetos políticos, constituídos de pseudoempresários traduzidos no que se pode chamar de "gerentes de produção", ou seja, que não criam e não desenvolvem nada, apenas seguem a cartilha dos manuais de administração muito mal redigidos, elaborados e sem base científica nenhuma, com opiniões extraídas dos pensadores clássicos e neoclássicos estadunidenses de tendência protestante na seara econômica.

Todos formando os grandes aliados ocultos e lacaios que, assim se reuniram com o poder espalhafatoso da grande mídia no âmbito de disseminar notícias falsas aliados aos próprios jagunços fardados, que se aproveitando coletivamente da ignorância da população, deram o golpe de Estado na Presidente Dilma Roussef, para impor e garantir os interesses das superpotências, nas riquezas naturais do Brasil, em especial, o petróleo e mais as tecnologias inovadoras na área da aviação via falsa aquisição da Embraer e da Barreira de Alcântara, a apropriação definitiva da tecnologia do álcool etílico, o controle da produção e distribuição das sementes de soja e sua cultura, perante o "sistema democrático global", todos submetidos ao cabresto, domínio e imposição das elites centrais. Só nesse período, do ano de 2016 para cá, quando os golpistas tomaram o poder, desta vez por intermédio de notícias falsas e atos de *lawfare* praticados pelo poder judiciário a mando da CIA, houve um saque, uma pilhagem do patrimônio nacional, em torno de aproximadamente um trilhão de dólares. Dinheiro esse que o Brasil vai levar para recuperar em no mínimo duas décadas. Isso se recuperar, é bom que se diga. Paixão (2021) seguindo os ensinamentos do *Tratado de Methuen* exposto pelo senhor Adam Smith(1996), trata de explanar melhor esse quadro dantesco e extremamente humilhante para a parte da sociedade educada, culta e civilizada desse país, onde expõe com toda simplicidade lhe peculiar, como se deu essa patifaria articulada contra a Soberania Brasileira.

Na seara da Economia Política Pura, de acordo com Paixão(2021), esse cenário de dominação dos fundamentos das relações econômico-sociais por meio de "leis", emanadas no que se passou a se chamar "Contrato Social" pelos pseudofilosofos, como Locke, Comte, Maquiavel e Lutero, este último, na seara protestante, já foi predito por grandes pensadores que fizeram análises sobre a evolução dos movimentos da economia política global, hoje, mal definida mundialmente como geopolítica, tais como Karl Marx em sua obra "O Capital", por intermédio do que ele definiu como sendo processo de centralização de capital e que se dá principalmente, por intermédio da manipulação das leis; por Adam Smith que era contrário a intervenção das leis nas relações econômicas de produção, e que em oposição a isso, ele definiu que tais relações se autorregulavam por aquilo que ele chamou de "mão invisível de mercado"; as previsões analíticas de Platão no que tange à formação das ideologias políticas, na sua grande obra "A República", geradas como resultado da desagregação da cultura e da educação entre os povos evoluídos e; as revelações do Apóstolo Paulo, em suas cartas aos Hebreus, só para citar as contribuições mais relevantes no meio político-econômico e social.

Em todas as classes sociais do resto do continente americano, no caso, o Latino e o Caribenho, enquanto nas castas inferiores, a humilhação, a exploração e a opressão prevaleçam, os estratos mais abastados desfrutam de todas as regalias dispensadas pelos seus colegas afortunados dos países localizados em regiões privilegiadas do Planeta, fazendo valer a estratégia de domínio global orquestrado pelos Estados Unidos e executados com brilhantismo pelos seus demais colegas do G7, não dando condições de reação aos grupos de ideologia contrária.

Por seu turno, no que se refere estritamente ao Brasil, quanto aos dólares ociosos não gastos no Golpe dos Militares em 1964 devido à renúncia de João Goulart, esse mesmo dinheiro foi utilizado como uma maneira de justificar o próprio levante armado. Como o Brasil em sua história jamais tinha visto um surto de desenvolvimento com crescimento econômico, da forma como ocorreu durante o regime de Vargas e os Presidentes seguidores dessa mesma corrente política, os militares teriam que fazer no mínimo, algo semelhante para objetivar receber respaldo popular por suas ações.

Assim, enquanto do lado dos trabalhadores os golpistas "apertaram os torniquetes", extinguindo de imediato, direitos trabalhistas, como o fim da estabilidade do emprego, por exemplo, esses exerceram ainda, pressões indiretas aos pequenos e médios empresários para provocar demissão em massa, via elevação da taxa de juro, restrições de vários tipos de créditos, além do aumento da carga tributária, que se intensificou. A justificativa que esses ditos "defensores do livre mercado" apresentaram para justificar a agressão ao mercado interno brasileiro era de que a economia estava operando no pleno emprego e em decorrência disso os salários estavam elevados, o que impedia o aumento da oferta de trabalho inibindo os investimentos internos e externos no setor produtivo do País.

Por outro lado, no caso das grandes empresas, principalmente as multinacionais, os tais "economistas do governo militar", de maneira proposital, irresponsável e inconsequente, liberaram os empréstimos internacionais para elas, enquanto o juro estivesse baixo, devido ao excesso de liquidez no mercado global. Isso se verificando mesmo com taxas de juros flutuantes, onde o principal avalista de tais entidades era o próprio governo. Concomitantemente para essas felizardas, os golpistas governistas ampliaram o crédito interno a taxas de juros negativas, abaixo da inflação, promoveram a criação de vários bancos particulares, fazendo uma série de concessões para esses, mesmo com passivo elevado e incapacidade de solvência. Se não bastasse isso, abriram o mercado internacional tanto para o setor financeiro externo como também para as multinacionais, com programas de incentivo a investimentos externos, para promover o "crescimento do país", além de outras benesses para os investidores internacionais. Diante de todas essas medidas, o Brasil perdeu sua identidade nacional e se transformou numa nação internacionalizada de propriedade do mundo e não dos próprios brasileiros.

Como a própria parte do texto da obra "Economia Brasileira Contemporânea" de autoria de Gremaud, Vasconcellos, Toneto Jr, transcrita acima afirma, os articuladores do Golpe e sua equipe econômica consideraram que havia estabilidade no emprego e que o Brasil estava atuando a pleno emprego. Em virtude disso, na opinião desses "estrategistas", o salário estava muito alto e que, para que a remuneração dos trabalhadores diminuísse era necessário que houvesse uma redução da oferta de trabalho. Isso deveria acontecer, via provocação de falência das pequenas e médias empresas e de algumas grandes empresas nacionais que foram vendidas para as multinacionais, como forma de atrair os investimentos externos no Brasil. Na concepção desses "economistas estrategistas benevolentes do mercado externo", tais medidas deveriam ser tomadas visando aumentar a taxa de desemprego forçando o salário para baixo, a fim de que, na outra ponta, os investimentos fossem maiores e gerassem novos índices de crescimento nas atividades econômicas da Nação. Essa indiscutivelmente foi a maior laracha já inventada na Economia Política brasileira.

Se não bastasse isso, para que os golpistas recebessem respaldo dos Estados, os revoltosos liberaram recursos financeiros que foram destinados aos governos estaduais, para que esses pudessem realizar "obras públicas" por todos os rincões da Nação. Tais medidas foram concedidas na área pública de maneira indiscriminada, de acordo com critérios prévios estabelecidos pelos militares em setores considerados, na concepção dos mesmos, "estratégicos" para o País, com a finalidade de gerar a impressão de que o Estado Nacional estivesse crescendo, como consequência dos atos de sublevação dos militares. A consequência disso foi o aumento de corrupção de maneira generalizada, subornos, distribuição de propinas, desmandos administrativos, falcatruas e de gastos inimagináveis pelos governos dos estados brasileiros. Jamais em toda história do período recente houve tanta queima de dinheiro como ocorreu nesse quartel.

Nessa época, por incrível que possa parecer, construíram pontes aonde não havia rio, universidades em Estados longínquos que não tinham professores qualificados para ministrarem aulas nos cursos superiores, faziam construção e asfaltamento de estradas com projetos de estruturação onde se previam duas pistas, via de acostamento e sinalização em todos os sentidos, mas que, quando da entrega, não havia nem sinalização adequada, pistas duplas ou acostamentos asfaltados, muito menos a largura do asfalto atendia ao que estava estabelecido em tais projetos técnicos. Para os críticos dessas desventuras, essa fase da história da Economia Política brasileira ficou conhecida como a temporada da construção dos chamados "elefantes brancos".

Tudo era feito a "meia boca". Um exemplo clássico disso foi a construção da BR – 364, que liga o Sudeste ao Centro Oeste e Norte do Brasil, até o Estado do Acre. No papel, o projeto era fantástico. Mas como papel aceita tudo, não foi isso que se viu na entrega da obra, que era e ainda é de uma importância estratégica extraordinária para a integração da Nação. As pistas foram estreitadas, as sinalizações foram deixadas pela metade, as vias de acostamento não obedeciam nenhuma das determinações previstas nos projetos. Essa obra foi aceita pelo Regime Militar dando-se a impressão de que tudo o que estava no projeto tinha sido cumprido. Nesse período de queima de dinheiro público, pode-se observar que, de imediato, governadores, prefeitos, senadores, deputados federais e estaduais, quintuplicavam suas fortunas, sem nenhum tipo de investigação ou pressão da parte das autoridades, em respeito ao que estava estabelecido pelas Leis na Constituição Federal.

Para as autoridades era como se tudo estivesse normal e sendo assim, todas as denúncias relativas a tais absurdos eram engavetadas. Nesse caso, a "farra do boi" com o dinheiro público foi total. Como a pecúnia foi liberada de vez e em todas as instâncias, era natural que alguma coisa de boa acontecesse no crescimento do País, porém, a baixos índices de desenvolvimento, uma vez que, o Produto Nacional Bruto – PNB, que é o índice que realmente mede o nível de riqueza nacional, diminuiu nesse período ao invés de aumentar, por conta da venda das riquezas naturais e empresas nacionais para o exterior.

Como onde há dinheiro há gastos, com boas intenções ou não, progresso, mesmo que sem um planejamento adequado e uma estratégia eficiente, como foram feitos pelos setores públicos dos países e ilhas, localizados em pontos estratégicos do Planeta, no Brasil, realmente existiu, mas, porém, de uma maneira muito tímida em comparação aos investimentos públicos e privados de qualidade nesses países, como a Austrália, a Coréia do Sul, Taiwan e a Nova Zelândia, por exemplo. Nesse período, de 1968 a 1973, a taxa de crescimento anual do Brasil, chegou até a casa dos 11,1% a.a. do Produto Interno Bruto – PIB.

Mas, infelizmente, o PIB é apenas um mero quantificador monetário e que não serve para indicar o nível de enriquecimento e desenvolvimento de uma Nação como é o caso do Produto Nacional Bruto - PNB. Por seu turno, no outro extremo, o PNB é que tem a função de analisar a diversidade de crescimento dos produtos, das construções de residentes no País, das empresas genuinamente nacionais, da infraestrutura interna, o que não é o caso do PIB, que apenas aponta o nível de crescimento da produção e não a variedade e quantidade da riqueza que pertence ao cidadão brasileiro e ao Estado. Na verdade, o PIB não representa praticamente nada em termos de riqueza e de desenvolvimento de uma nação, apenas é um quantificador monetário da produção, nada mais que isso. Na verdade, nesse período houve uma grande queda do PNB ao contrário do PIB, mas que foi esse fato camuflado pelos golpistas. Na história recente, nunca houve tamanha venda de patrimônio nacional como nesse período, só ultrapassado pelo novo Golpe Institucional de 2016, articulado em conluio pelos poderes constituídos do País em mãos dos lacaios, títeres, entreguistas da riqueza nacional.

Mesmo com tais distorções, essa leve "modernização" do Brasil, via endividamento externo e entrega do patrimônio nacional, fez com que os defensores do golpe, passassem a defini-lo como "Milagre Econômico Brasileiro", mas que, na realidade, se tratava apenas de queima de dinheiro público, captado no exterior a taxas de juros flutuantes, de forma desordenada, atraída pelo excesso de liquidez internacional, que fez a taxa de juro nesse mercado, durante esse período, atingir o patamar mínimo, decorrente da liberação de dólares da parte dos Estados Unidos para o mercado global, via pagamento da dívida externa da Nação Americana, durante o Governo de Nixon, por meio da emissão de dólares.

A dita "farra do boi" acabou, conforme aponta o fim do "Milagre Econômico Brasileiro", em 1973, em decorrência do acordo promovido entre os Estados Unidos e os países produtores do petróleo, em escala global, fazendo-os se reunir num único bloco apenas, e que passou a ser denominado de Organização dos Países Exportadores de Petróleo – OPEP, onde os Estados Unidos era o seu principal articulador econômico e político, no mercado mundial, e de maneira velada é fundamental que se diga.

Uma vez assumindo o controle da produção, distribuição e estabelecimento de preços do "ouro negro" em escala global, com a anuência da OPEP, os preços dos barris de petróleo passaram a ser administrados de acordo com os interesses dos países membros, obedecendo a critérios adotados pelas políticas econômicas estratégicas veladas, criadas pelos Estados Unidos. Assim, extraindo ou não o petróleo cru, os Estados Unidos passou a ser o maior produtor, distribuidor e beneficiador dessa riqueza em escala global, à exceção da prospecção e extração.

O processo de prospecção e extração do petróleo era e ainda é de interesse que, essas atividades fossem transferidas para os países formadores da OPEP - em virtude de tais operações serem de altíssimo risco, de resultado incerto e terem custos elevados não sendo, portanto, atrativas para as superpotências -, e depois da extração, o petróleo cru, na forma já de *commoditie* deveria ser repassado para as multinacionais desse segmento, que o beneficiaria fabricando as mercadorias derivadas dessa operação tais como: gasolina comum e refinada, querosene, plástico, diesel e; por conseguinte, então as revenderia para as nações do mundo dependentes dessas matérias primas, fazendo fluir lucros extraordinários para suas petroleiras, no caso, as estadunidenses e algumas outras pertencentes aos países membros do G7, como a Inglaterra, citando como exemplo.

Como recompensa por esse "cavalheirismo" oferecido pelas castas mais ricas compradas do terceiro mundo, os países centrais onde as multinacionais tivessem sua matriz, como os Estados Unidos, volta-se a frisar, citando como exemplo, trataria de abrir seus mercados para que as "elites" parceiras dos países pobres desfrutarem das benesses de seus ganhos, comprando imóveis, utensílios domésticos, gastando em altas rodas de cidades de ostentação, como Las Vegas e parques temáticos, como Disneyworld, etc., etc. Os privilégios não paravam e ainda não param por aí. Acrescido da liberação de mercado para gastos diversos da parte dos lacaios do terceiro mundo estão ainda, a garantia da permanência dessas no poder político e econômico de seus respectivos "países" por meio da "democracia arranjada" nas urnas com os resultados das "eleições" rapidamente reconhecidas e efetivadas como "legais", do aparato jurídico, da proteção militar, do apoio da "mídia" comprada e empréstimos financeiros realizados com a garantia de pagamento das dívidas pelo seu Estado de origem que são cobertos pelos impostos que os mais pobres repassam. Tudo isso oferecido como recompensa pelas citadas "concessões", fazendo a fortuna afluir nas mãos dessas castas lacaias "paladinas" da "liberdade" e do "empreendimento democrático" e individualista garantidas pelas potências centrais.

Vale lembrar que, embora tais repasses fossem e ainda são volumosos e cheios de benefícios em decorrência da liberação total do mercado americano e dos demais mercados dos países membros do G7, para as atividades comerciais e financeiras, além de estadia ou fixação de moradia para os 10% dos estratos populacionais mais ricos das nações dominadas, em troca da liberação do acesso das multinacionais e bancos dos países hegemônicos às matérias primas do terceiro mundo, mediante ações e estratégias orquestradas pelas potências em conluio com as castas entreguistas e mercenárias dos países subdesenvolvidos, em termos comparativos, as concessões liberadas pelas potências mundiais não eram ou ainda não são tão elevadas assim, visto que, para esse caso, era e continua sendo muito mais econômico e rentável, comprar 1% ou até 10% dos estratos mais ricos dessas nações, do que tentar convencer e controlar a nação inteira, devido os interesses nas matérias primas seletivas e altamente rentáveis desses países.

Em seu tempo, como se pode ver em sua obra, "A Riqueza das Nações" e que é muito bem explorada por Paixão (2021), Smith faz uma séria averiguação se valia a pena para uma nação hegemônica como a Inglaterra manter colônias nos mais variados cantos do Planeta sob seus grilhões. Para esse autor, os custos de manutenção de possessões distribuídas pelo mundo eram muito elevados para a Coroa Britânica. Isso porque, além de proteger os colonos internamente contra as ameaças hostis das populações nativas desses domínios enviando seus navios e soldados fortemente armados para os protegerem, a Inglaterra tinha que dar todo tipo de suporte que ia desde o fornecimento de alimentos, armamentos, segurança, constituição jurídica, treinamentos e proteção. Tudo isso, inclusive contra possíveis invasões de outras nações o que envolvia gastos com suprimentos, soldados, armamentos e suporte financeiro de toda natureza. Para Smith, muitas dessas colônias não pagavam metade dos gastos realizados pela Inglaterra para mantê-las com todas as regalias necessárias com o objetivo de conter possíveis revoltas armadas realizadas por certos grupos de colonos mais politizados que tinham interesse em se tornarem independentes da Pátria mãe.

De uma maneira geral, eram essas as obrigações que recaiam sobre as nações que quisessem manter colônias distribuídas por todos os continentes da Terra. Na realidade essa era uma espécie de colonização primitiva que imperava sobre o processo de dominação dos países europeus sobre os demais países da Terra.

Visando suprir tais dificuldades no processo de manutenção de colônias distribuídas pelo mundo buscando minimizar gastos é que os países centrais mudaram as estratégias de dominação quanto ao manual de colonização desses pseudopaíses visando garantir o acesso, a todas as matérias primas oferecidas por esses.

Assim é que, ao invés de impor uma política de dominação total, bastava apenas e tão somente dominar os 10% das castas mais ricas dessas possessões e deixar que as neocolônias na condição de "independentes politicamente", assumissem todos os gastos com sua manutenção no âmbito político, econômico e militar. Dessa forma além de se apropriarem das matérias primas existentes nessas pseudonações, as grandes potências poderiam vender todos os materiais bélicos, alimentícios e de medicina para as semicolônias poderem se defender por sua própria conta e risco, fazendo com que essas assumissem todos os gastos com recursos bélicos, financeiros e em todas as situações beligerantes para sua defesa.

Além de tudo, volta-se a frisar que, as próprias nações hegemônicas poderiam obter ganhos financeiros na forma até de superlucros com vendas de armamentos, empréstimos financeiros, suprimentos de toda natureza para tais colônias. Foi assim que os Estados Unidos ampliaram sua hegemonia econômica e bélica sobre o mundo por fornecer todos os recursos que os pseudopaíses envolvidos nas guerras internas e externas travaram ao longo do desenvolvimento do império protestante pelo Planeta. É esse mesmo tipo de análise que permitiu ao Papa Francisco atribuir ao novo processo de dominação total do Globo pelas superpotências - definido como Neoliberalismo pelos seus defensores -, de Neocolonialismo inspirado possivelmente, nas observações sobre tal tema efetuado pelo senhor Adam Smith.

Além do mais, tudo que esses 10% mais ricos das castas existentes nos países dominados recebem em termos de benefícios financeiros das grandes potências, voltam para o mercado dos países centrais em virtude do fato de que, praticamente tudo que essas classes milionárias ganham são gastos nos mercados dos países ricos, o que faz enriquecer tais economias e aquecer as atividades econômicas dessas nações, gerando altos lucros às classes empresariais desses países, por meio da velocidade de circulação da moeda no interior desses mercados. De qualquer forma e por todos os meios, essas ações estratégicas praticadas pelas elites centrais se tornam um sucesso total de todas as formas e meios possíveis de se analisar.

Na verdade, as elites dos países centrais, e em especial, a dos Estados Unidos, são reguladas pelo volume de dinheiro que o visitante internacional traz para seus domínios. Para essas elites, não interessa como os imigrantes ganharam seu dinheiro. Interessa apenas que eles gastem esse dinheiro em seus mercados respectivos, fazendo a economia girar seus produtos. A alegação estratégica dessas nações é de que, estando dentro de seus territórios esses indivíduos devem respeitar religiosamente suas leis. O passado não tem importância. Daí porque o grande interesse das pessoas em viverem nessas nações e em especial, na americana.

Na outra ponta do processo, aos pobres esse direito é negado. Se esses quiserem viver nesses países os mesmos terão que recorrer a atos ilegais, condenados pelas legislações locais. Se por acaso, um desses indivíduos forem pegos, no flagra, ou por qualquer outro meio, esses são deportados imediatamente. Na verdade, países como os Estados Unidos, aceitam alguns tipos de pobres desde que esses tenham uma profissão, razoável que seja, e estejam dispostos a realizarem todos e quaisquer tipos de serviços que os cidadãos(ãs) americanos(as) se neguem a executar.

A estratégia justificada para isso é a luta contra a realização de greve por parte dos trabalhadores(as) genuinamente americanos. Daí porque não existirem greves nos Estados Unidos. Um exemplo bem típico dessa situação é o caso da greve que ocorreu entre os jogadores de basquete dos Estados Unidos, na famosa NBA, no período de 2010/2011. Antes desse período, praticamente nenhum jogador de basquete de outro país, conseguia ingressar nos campeonatos de basquete da Nação Americana. Depois dessa greve, o campeonato americano de basquete se viu infestado de jogadores de outras nacionalidades jogando livremente no basquetebol dos EUA.

A forma de dominação total das castas mais humildes dos países mantidos em situação de colônia se torna real por meio da adoção das estratégias apontadas anteriormente e em cima da desculpa, como sempre era e ainda é, da ameaça do "avanço comunista", liderado pela União Soviética no mundo, o que na verdade não passava de mera falácia, conforme já foi explicado aqui. Assim, tudo que acontecia de ruim no mercado global, era e inda é fácil de se jogar a culpa nos "comunistas", tarefa essa que ficava sob a incumbência da mídia lacaia e mercenária que ganhava e ainda ganha, verdadeiras fortunas para convencer a opinião pública desse embuste.

Como consequência da criação da OPEP orquestrada veladamente pelos próprios Estados Unidos, o valor do barril de petróleo atingiu índices alarmantes, com o preço saindo da casa dos três, para doze dólares, no ano de 1973, marcando assim, o fim do "Milagre Econômico Brasileiro". Isso porque, o reflexo da elevação abrupta do preço do ouro negro recaiu sobre as taxas de juros internacionais, onde o dólar, de liquidez em excesso, passou para a condição de moeda escassa, visto que, para manter o mesmo nível de consumo e importação do petróleo, os países que dependiam dessa riqueza e não a tinham no seu território, foram obrigados a demandarem a moeda internacional que antes, estava em excesso, fazendo seu preço subir de maneira assustadora, via elevação abrupta das taxas de juros internacionais no mercado mundial.

A consequência desses artifícios político-econômicos foi uma dupla vitória da economia política americana, uma vez que, por intermédio dessa medida, pode-se dizer que, os Estados Unidos "matou dois coelhos com uma cajadada só". De um lado, elevava o valor de sua moeda no exterior fazendo esse país se recuperar dos déficits sucessivos em dólares no mercado mundial, e de outro, obtendo lucros cada vez mais extraordinários com o beneficiamento, a comercialização e distribuição do petróleo. Esse cenário permitiu aos Estados Unidos se consolidarem como a única potência hegemônica global, só recebendo resistência da parte da União das Repúblicas Socialistas Soviéticas - URSS, que não aceitou em hipótese alguma, se submeter aos interesses e caprichos das elites financeiras dos Estados Unidos.

Na realidade, a briga maior não era assim como ainda não é, só por ideologia em relação à URSS, agora Rússia, mas sim, principalmente, pelo governo dessa Nação, em defesa de seu povo, na época, não permitir acesso do G7, ao gigantesco patrimônio na forma de recursos naturais, que eram e ainda são incalculáveis, que esse país detinha e ainda possui e que as elites globais vêm cobiçando, já há séculos. Esses 10%, que corresponde a todas as castas mais ricas e poderosas globalmente, que são conhecidas como G7, sob a liderança e imposição da elite americana, só não dominou todo o sistema político-econômico global de maneira definitiva, por causa da brava resistência em todos os sentidos, tanto político quanto econômico, oferecida a esse grupo imperialista, pela, primeiro, apenas pela União Soviética, agora, atualmente pela Rússia, já em companhia de outra grande força política e econômica mundial, que é a China, acompanhadas pelo Irã e a Venezuela, seguidas de perto, já de uma forma mais radical e extremamente fechada pela Coréia do Norte. É por isso que a classe trabalhadora em escala global ainda usufrui de algum tipo de direito. Do contrário, como diz Marx em "O Capital", esses já teriam recebido o cabresto e a corda amarradas em seus pescoços pelas elites dominantes e ido, para onde essas os levassem.

De sua parte, o Brasil, na época, que dependia de 75% do petróleo importado, se viu sem dinheiro, em virtude da elevação da sua dívida externa, que ocorreu para esse caso atípico, apenas em decorrência da variação da taxa de juros flutuantes, que por seu turno, se elevou repentinamente, como consequência do aumento da procura da moeda americana no mercado mundial por parte das nações que não dispunham de petróleo suficiente, para abastecer seu mercado interno. Se não bastasse a elevação da dívida externa como resultado da elevação das taxas de juros internacionais, o Brasil precisava de mais dinheiro para poder comprar o petróleo de que necessitava, para atender suas necessidades emergenciais. Assim, a dívida externa deu outro salto positivo incidindo negativamente sobre a capacidade de pagamento das contas nacionais do Brasil, repetindo o efeito deficitário provocado pela elevação das taxas de juros internacionais sobre seus balanços de pagamentos, no mercado externo. De repente, aquele "milagre econômico" que tinha sido tão alardeado pelos golpistas do regime militar, gerado mais por gastos desordenados, provocando uma verdadeira queima de dinheiro ocioso, redundou em uma crescente onda de endividamento internacional e se transformou numa tremenda dor de cabeça, para os "grandes economistas" responsáveis pelo fechamento das contas externas do Brasil.

Só para se ter uma ideia, a dívida externa saiu do patamar de três bilhões setecentos e oitenta milhões de dólares em 1968, para doze bilhões quinhentos e setenta e um milhões e quinhentos dólares em 1973, de acordo com dados apontados por Gremaud, Vasconcellos, Toneto Jr, (2002:402), e extraídos da Tabela 15.5. – Dívida e variações de reserva: 1968 – 1973. Isso sem contar o dinheiro ocioso, não gasto durante a sublevação dos militares, de certa forma, imposta pelos Estados Unidos com acinte dos 10% mais ricos da população brasileira, que ficou disponível sem destino certo, e que, no final, ninguém sabe que fim levou. Já para o período 74/77, período do segundo choque do petróleo, ou em outras palavras, novas elevações de preços do ouro negro de forma abrupta, a mesma dívida cresceu quinze bilhões de dólares e mais dezessete bilhões de dólares, entre 78/79, de acordo com dados dos mesmos autores (p. 416), perfazendo um total de elevação só nesse período, de 74 a 79 de 32 bilhões de dólares.

Nesse mesmo hiato, entre 74 – 79, como forma de desafogar a crise de endividamento do setor privado e dar capacidade de investimento para esse segmento, o Governo Federal deu início ao processo de estatização da dívida externa brasileira, assumindo o passivo das empresas instaladas no Brasil, que no caso, eram os que possuíam condições de se endividarem em dólares, se enquadrando nessas condições, praticamente só as empresas multinacionais e os bancos de investimento estrangeiros (Gremaud, Vasconcellos, Toneto Jr, 2002:403). Dessa forma, o Governo dos Militares repassaram para a sociedade brasileira todo o endividamento das empresas multinacionais instaladas no Brasil e mais as dívidas dos bancos de investimento estrangeiros, contraídos durante o período do "Milagre Econômico" que se deu da seguinte forma:

> [...] Iniciou-se com isso o processo de **estatização da dívida externa**. Já o setor privado foi financiado basicamente em créditos subsidiados de agências oficiais entre as quais ganhou destaque o BNDES, que teve seu *funding* praticamente duplicado. Com a transferência para este dos recursos do Pis-Pasep, antes administrados pela CEF. [...].
>
> Apesar da ampla liquidez internacional e da série de estímulos dados ao setor privado para captar recursos externos, tais como diferencial de taxas de juros e mecanismos que possibilitavam o *hedge* cambial (Circular nº 230 e Resolução nº 432, que permitiam aos agentes privados transferir o endividamento externo ao Banco Central, por meio dos depósitos em cruzeiros junto a este), o que compõe a segunda parte da explicação do processo de estatização da dívida externa, as estatais constituíram-se nos principais tomadores. O setor privado envolvido na captação fê-lo basicamente por movimentos especulativos: captar no exterior e aplicar em títulos públicos com garantia de liquidez, dada a "carta de recompra" e sem risco de perda cambial, com a possibilidade de *hedge*, que se tornaram fonte adicional de especulação. (Gremaud, Vasconcellos, Toneto Jr, 2002:416).

Outra forma de socialização da dívida externa se dava por uma estratégia muito bem bolada pelos "economistas do governo militar", que se processava por meio da criação de empresas estatais em paraísos fiscais e da autorização das empresas privadas pagarem seus passivos em dólares, em moeda nacional para essas empresas, transferindo assim, todos os ônus dessas obrigações financeiras para o Governo e como consequência para toda a sociedade brasileira. Vale dizer que, esse estratagema também foi repetido em 1997 pelo governo de Fernando Henrique Cardoso, em decorrência do fracasso do chamado Plano Real criado em 1994.

Todos esses disparates em termos de ações ditas "econômicas" praticados pela "equipe econômica" dos militares fizeram a Década Seguinte, que foi a dos anos 80, se transformar no que ficou conhecida como Década Perdida, porque tal fase, em todos os seus estágios de vigência, só foram utilizadas para pagamento dos juros da dívida externa, contraída praticamente durante todo o período do Golpe militar de 1964.

3.1 A estratégia das multinacionais para se apropriarem do setor de matérias primas (*commodities*) do Brasil.

No que se refere à questão do início do processo da destruição das florestas em alta escala que é o principal objeto desta análise, motivo pelo qual foi aberto este pequeno adendo, mas necessário para o bom entendimento do tema, para viabilizar a plantação de matérias primas (*commodities*) no Brasil, como forma de geração de divisas através das exportações, visando principalmente ao pagamento dos juros da dívida externa, isso se deve a dois fatores cruciais.

O primeiro é a anchova, um pequeno peixe que era abundante nas costas do Peru, que o pescava em excesso para produção da farinha de peixe, que depois, era exportada para toda a Europa Ocidental que a utilizava como comida para a alimentação dos animais domésticos, assim como o gado e as aves.

O outro é o desenvolvimento da tecnologia da produção da semente de soja que viabilizou seu plantio nas terras ácidas do cerrado brasileiro, que antes era típica e só se adaptava às regiões temperadas do Planeta. No caso do Brasil, a soja, nessa época, só podia ser plantada nos três Estados do sul, em essência, no Paraná, Santa Catarina e Rio Grande do Sul.

Devido ao excesso de pesca da Anchova, tal atividade a levou à exaustão a partir do ano de 1975. De repente, não se tinha mais esse tipo de alimento, no caso, a farinha de peixe visando atender a necessidade de alimentação dos animais domésticos da Europa Ocidental expondo-os assim, ao risco de fome e em consequência, à queda de sua produção e produtividade. Essa exaustão gerou como alternativa a possibilidade de se substituir a farinha de peixe pela soja para a alimentação desses animais na Europa.

Assim, como quase que caída do céu, presente de Deus, no mesmo período, a Empresa Brasileira de Produção Agropecuária - EMBRAPA conseguiu desenvolver um tipo de semente de soja que se adaptava muito bem ao solo e ao clima do cerrado brasileiro, abrindo a possibilidade de se estender o plantio e a produção dessa oleaginosa para o interior do País, principalmente para a Região Centro Oeste e parte do Nordeste, expandindo-a até a região de Barreiras, localizada no oeste da Bahia.

O grande problema dessas regiões é que sua população nativa não sabia plantar soja uma vez que, essa atividade ficava restrita apenas ao Sul do País. A alternativa do Governo Federal foi criar uma política que incentivasse o deslocamento da população mais pobre da região Sul, que sabia trabalhar com a soja, para a ocupação do interior do Brasil, que estava apta para desenvolver esse tipo de cultura.

Assim, o Governo começou a liberar crédito seletivo via empréstimos subsidiados com taxas de juros negativas, transferências de recursos financeiros a fundos perdidos, financiamento da safra, além de suporte técnico e financeiro a todo o processo de plantação da soja, a partir do desmatamento com corte raso, ou seja, destruição de toda e qualquer floresta de maneira completa e sua substituição por pasto ou plantio de sementes, preparação do solo, tais como: fertilização, adubação, pulverização da safra com herbicidas, do plantio até a colheita, tudo isso a fundo perdido para a Nação que, em última instância estava apenas preocupada com o plantio da soja e não com o pagamento da dívida dos agricultores. Abertura de linha de crédito, também a fundo perdido, para a aquisição de colheitadeiras, caminhões para transporte da mercadoria até os portos, tratores e implementos agrícolas. Vale ainda acrescentar a transferência de renda para esse setor por intermédio de empréstimos a fundo perdido, para a construção de armazéns, secadores e silos, que eram destinados à estocagem da produção aos grandes fazendeiros, produtores de soja no Sul do Brasil, com a finalidade de que eles pudessem expandir suas plantações. Existia ainda, o financiamento da safra, também a fundo perdido, para a colheita, estocagem e a comercialização de toda a produção.

Com o crédito adicional e incentivo das autoridades públicas, os grandes produtores do sul do País, começaram a comprar as terras das pessoas mais humildes com a promessa de que, se esses vendessem suas propriedades para os grandes produtores rurais, os mesmos poderiam adquirir, ou até ganhar terras nas outras regiões da Nação, no caso, na Região Centro Oeste, recebendo incentivos ainda, relativos à abertura do processo de desenvolvimento da cultura da soja, tais como: empréstimos, praticamente todos a fundo perdido para a construção das casas nas fazendas, efetivação da compra de tratores, colheitadeiras, máquinas e equipamentos, correntes de grande extensão para derrubada da área, financiamento para a realização do chamado "corte raso", ou seja, que inclui a eliminação inclusive das raízes das árvores. Financiamento para a realização da mitigação da acidez do solo, que se processa pelo plantio, primeiro do arroz, durante um período de cinco anos, depois, dá-se início efetivo ao plantio da semente da soja.

Todos esses incentivos financeiros foram realizados a fundos perdidos, ou seja, estabelecia-se uma obrigação para pagamento das dívidas por parte dos produtores rurais, mas, no caso, se esses se vissem sem condições de fazer o pagamento de tais empréstimos, fato esse que sempre "acontecia", tais obrigações eram repassadas para o Governo Federal, que trataria de internalizar os prejuízos, ou seja, transferir a dívida para a Nação, fazendo a população pagar tais compromissos, sem nenhum ônus para os produtores.

Como essas transferências na forma de: subsídios, perdão das dívidas, isenções fiscais, liberação de créditos via taxas de juros negativas, são extraídos do imposto que os brasileiros pagam, e considerando-se que a característica básica do imposto que se paga no Brasil é regressivo, ou seja, paga mais quem ganha menos e quem paga os impostos neste País são apenas os trabalhadores. Isso porque os banqueiros e seus bancos, grandes empresários e multinacionais não pagam impostos e sendo assim, essas cargas de dívidas recaem exclusivamente sobre aqueles que carregam o Brasil nas costas e não têm direito a nada, no caso a classe laboral.

O complicador maior para a classe trabalhadora brasileira é o fato de que, a mesma não tem como reclamar e não possuem representantes nos cargos políticos, jurídicos e de lobbys que são criados pela "classe empresarial" para apropriação do resto que sobra dos impostos, via obtenção de facilidades junto aos cargos politiqueiros dos poderes legislativo, executivo e judiciário, que se dá por meio da liberação de propinas, corrupção e todos os meios fraudulentos possíveis aonde, como recompensa, esses recebem acesso a créditos facilitados, perdão de dívidas, redução de pena, compra de sentenças no setor judiciário, facilitação na liberação de direito de propriedades de terras griladas (roubadas) da nação por meio de invasões, apropriação de terras indígenas, etc. etc.

Um fato interessante é que, conforme informaram os próprios funcionários dos bancos que concedem esses tais créditos, no caso, os bancos públicos e oficiais existiram até situações em que, para obter créditos facilitados, os "produtores rurais" davam como garantia até terras indígenas com documentação fraudada por cartórios comprados ou em conluio com os lobbys desses "produtores rurais".

A estratégia desse povo é a seguinte: quando descobrem que haverá a abertura de uma estrada que passa por regiões muito ricas em fertilidade e riquezas minerais, ou uma benfeitoria de grande porte nessas áreas, esses "empresários do campo", inclusive os tais "políticos" formam grupos armados, invadem a terra, legaliza-a num cartório qualquer, onde o dono também participa da máfia, fazem benfeitorias no local e quando a fiscalização chega, os mesmos alegam que já investiram muito na área, têm muito capital invertido no local, era o único dinheiro que dispunham e assim, não têm como sair da terra invadida.

Quando isso não é possível, os mesmos exigem pesadas somas de dinheiro para abandonarem a região, o que, muitas vezes conseguem devido ao apoio velado dos próprios governos: ou estadual, ou Federal. Depois de tudo acertado, todos ganham verdadeiras fortunas roubadas do erário público mediante atos ilegais e lesivos de toda natureza contra a Nação e os Estados. No frigir dos ovos, essas maracutaia são bem lucrativas para as máfias organizadas que tem a participação de gente de todo tipo: políticos, autoridades, empresários, proprietários de cartórios, procuradores, desembargadores, juízes e, por aí vai. Esse é o famoso processo ganha ganha das máfias organizadas contra a Nação e a sociedade.

Outro ponto interessante é que, a maioria dos ditos "produtores rurais" são os tais "políticos" ou gente afim que, por obter informações privilegiadas, antecipam as invasões das terras públicas federais ou estaduais, mediante a contratação de pistoleiros profissionais, disfarçados de membros de movimentos sindicais dos trabalhadores rurais que da sua parte estão legalizados e lutam por um pedaço de terra para fugir da fome nas cidades. Fato curioso é a estória que um dos jovens filhos de um sargento contou certo tempo atrás. Segundo esse jovem, o mesmo e seu único irmão, por viver das facilidades lhes oferecidas por seu pai esses ficavam livres para participar de todas as agitações proporcionadas aos jovens com pouca ou nenhuma coisa para fazer tais como, por exemplo: permitir que esses não estudassem, fizessem farras, participassem de gangues de rua, coisas desse tipo.

Depois, quando o pai ficou velho e as coisas começaram a se complicar financeiramente para a família, o chefe da casa exigiu desses que procurassem um emprego. Como eles não tinham profissão e nem estudo, era difícil encontrar trabalho. Em virtude disso, o irmão mais novo começou a estudar, embora tardiamente, e o mais velho ficava à espreita com seus "amigos" para ver se encontrava algo decente para fazer. Foi numa dessas sondagens que o irmão mais velho e seus "amigos" receberam uma proposta para ocupação de uma área na região norte de Mato Grosso, próxima da BR – 163 que liga Cuiabá, Capital de Mato Grosso ao sul do Pará. Como a dinheirama era boa, o irmão mais velho e seus comparsas, não se fizeram de rogados. Aceitaram a proposta de imediato.

Assim, de posse de armas de grosso calibre, pistolas, punhais, facões e muitas balas. eles saíram em grupos dentro de caminhonetes à meia noite para se dirigirem ao local do confronto. Chegando outro dia na região de madrugada eles começaram a invasão. Como chegaram de repente, os mesmos conseguiram vantagem devido ao fator surpresa. Diante da invasão repentina, o grupo inimigo que também sabia da riqueza e das facilidades a serem obtidas com a posse da área, fugiu de imediato. Então, os grupos invasores, os quais o filho mais velho do sargento pertencia, se apossaram da área e ficaram escondidos no mato de tocaia para protegerem o local. Segundo relatos do jovem, seu irmão e seu grupo ficaram mais dois dias escondidos, quando novamente, o grupo que havia abandonado a área voltou fortemente armado e começaram a disputar a posse do local na base da troca de tiros com armas de todos os calibres. O coitado do irmão mais velho por não ter experiência nessas ações começou a chorar e pedir para que "Deus lhe tirasse dessa enrascada". Depois de um dia mais ou menos, já com fome, sede, e alguns amigos já mortos de lado, quando houve uma acalmada no confronto, aproveitando-se do cansaço de seus parceiros, ele e dois de seus amigos resolveram fugir e procurar algo mais seguro para fazer. Foi assim que, com o dinheiro conseguido, o mesmo comprou uma barraca de camelô em uma das avenidas de Cuiabá e passou a vender bugigangas do Paraguai. Quando a Prefeitura de Cuiabá legalizou a atividade, esse comprou um barraco em um dos chamados shoppings dos camelôs e hoje em dia vive muito bem, ele, o irmão mais velho, e sua já nova família.

De maneira geral, para a sociedade civilizada, a consequência de todos esses absurdos recai sobre a infraestrutura básica do país, tais como: escolas, hospitais, saneamento básico, universidades, transporte, investimento em tecnologia que é a mola propulsora do enriquecimento das nações, todos abandonados à própria sorte. Assim, atividades altamente lucrativas e rentáveis para a sociedade e a Nação entre elas a tecnologia, porque geram lucros extraordinários, ao lado da produção de produtos agrícolas que se desenvolvem em apenas alguns lugares do planeta Terra, tais como: café, cacau, seringueira para a produção do látex, petróleo e minérios nobres, como o ouro, o cobre, o lítio, etc. todos como bem aponta o senhor Adam Smith, em sua "Riqueza das Nações" não são contemplados, ficando totalmente abandonados, à margem do processo, enquanto esses baderneiros fazem algazarras com o imposto pago pelos trabalhadores e as classes mais organizadas. Vale lembrar que temas esses são mais bem explorados por Paixão(2021) em sua obra revolucionária sobre os verdadeiros fundamentos da Economia Política e Empresarial, segundo a concepção dialética de Platão.

No que concerne ao *mainstream* afinal, o objetivo último para esses "sábios economistas, gênios, paladinos" defensores do "liberalismo de mercado" que na verdade nunca existiu, só na cabeça fantasiosa deles é que de alguma forma houve, era o plantio da soja para exportação e geração de divisas para pagamento das dívidas contraídas pelo País durante o período do regime militar, o resto, tais como os acontecimentos derivados dessas práticas lesivas para o erário público, deixar-se-ia para discutir "depois". Esse foi o chamado período das "vacas gordas" para os produtores de soja no Brasil. Assim começou a ascensão, o desenvolvimento e a intensificação da produção de sementes e capim na agropecuária brasileira, visto que, a carne bovina também oferecia um excelente atrativo para geração de dólares mediante a exportação, fato esse que não passou despercebido pelos produtores de carne, fazendo-os exigir tratamento semelhante ao oferecido aos cultivadores da soja, o que lhes foi atendido prontamente. A partir desse contexto, criou-se uma nova classe de pessoas abastadas no Brasil, mediante programas criados pelo Regime Militar via bancos públicos federais, por intermédio de empréstimos subsidiados, financiamentos a fundos perdidos, programas de incentivos à produção, concessões e transferências de possíveis obrigações desses segmentos para a sociedade com anuência do próprio Governo.

Na mesma embarcação estavam os usineiros produtores do álcool etílico, que, aproveitando-se do preço do barril de petróleo que nesse período se encontrava elevado, começaram a fazer exigências também para o governo exigindo o mesmo tratamento concedido aos produtores de sementes e capim, sob alegação de que eram "eles que garantiam a circulação da riqueza para o País" visto que "eram eles que produziam o combustível tão sagrado, no caso do álcool que, faziam a riqueza econômica girar com mais rapidez e menor preço para a sociedade". Foi assim, por intermédio dessas atividades que o Brasil se transformou no maior país formador de latifúndios do mundo, tornando uma Nação tão rica e poderosa que poderia se transformar no celeiro de produção de alimentos para seu povo e o mundo, como produtor de apenas três tipos de matérias primas: semente, capim e de gramíneas altas, esta última do gênero *Saccharum*, tribo *Andropogoneae*, nativas das regiões tropicais do sul da Ásia e da Melanésia, mais conhecida como cana-de-açúcar.

Do outro lado da mesma balança o que se viu foi uma elevação desmedida de produtos destinados diretamente à alimentação da população tais como: vagem (R$ 27,00 o quilo), tomate (R$ 9,00 o quilo), arroz (R$ 29,00 a saca de cinco quilos); maxixe (R$ 9,00 o quilo, pasmem os senhores!!); quiabo (R$ 9,50 o quilo!!!); cebola (R$ 5,50 o quilo) e por aí vai... sem contar o preço do feijão...

Vale observar que, na concepção da Teoria Econômica vigente, com predomínio do *Mainstream*, esse conjunto de procedimentos obedece a fundamentos abstratos da "Teoria das Vantagens Comparativas" criada por David Ricardo, com total inviabilidade de sua aplicação na prática. Na verdade, essa teoria não passa de uma mera elucubração teórica, baseada em opiniões intuitivas, utilizada e citada por Ricardo em apenas metade de uma página de sua obra principal "Princípios de Economia Política e Tributação", publicada pela primeira vez em 1817, analisada e interpretada coerentemente por Paixão(2021). Teoria essa que trouxe grandes complicações para o Brasil e para os humildes das terras brasileiras, que não tiveram sorte tão recompensadora como a dos produtores de sementes, carcaças e álcool, as assim chamadas matérias primas ou *commodities*, na linguagem internacional, impactos negativos esses, que são tratados a seguir.

No que se refere à questão da terra, essa se transformou no objeto da cobiça de praticamente todos aqueles que tivessem algum dinheiro disponível e que se dispusesse a transmutar essa pecúnia em um pedaço de lote, chácara ou fazenda. Além disso, a facilidades de acesso a recursos públicos mediante isenções fiscais, financiamentos a fundos perdidos, transferências e destinações de subsídios acabaram por transformar todo pedaço de terra do Brasil em objeto de cobiça e especulação imobiliária fazendo o preço dessas, atingirem valores estratosféricos.

Isso acontece, não porque a atividade de plantação de *commodities* ofereça algum tipo de lucro elevado na forma de superlucro, mas sim, porque os atrativos destinados àqueles que tinham e ainda tem um pedaço de terra, possa se enquadrar como sendo um felizardo, devido à facilidade de acesso a uma infinidade de recursos a custo zero, dinheiro esse oferecido pelo Governo Federal e transferido dos fundos que seriam destinados em investimentos na educação, saúde, no desenvolvimento tecnológico que na economia realmente importa, saneamento básico, infraestrutura produtiva, para aqueles que soubessem fazer o plantio e quisessem desenvolver a atividade da produção da soja.

O melhor de tudo para esses "paladinos" da terra é o fato de que, se as tais atividades não apresentassem ou ainda hoje, apresentarem resultados positivos, ou seja, lucro, o prejuízo é todo ele transferido para a sociedade mediante elevação da carga tributária e dos preços dos produtos derivados dessas práticas. O resultado final de tudo isso é o antro de violência em que se transformaram as áreas rurais no Brasil, resultado de invasões de terras, grilagens, massacres de famílias inteiras, assassinatos, brigas judiciais além de outros acontecimentos inóspitos a uma sociedade civilizada. Em virtude dessa selvageria, pode-se dizer assim, as florestas perderam sua utilidade como supridora dos bens necessários ao atendimento das necessidades de proteção e abrigo, tais como: as madeiras, fauna e flora medicinal, estabilidade climática e renovação de gases e que pode ser uma prática ainda consorciada com a produção de alimentos necessários ao atendimento das necessidades fisiológicas e se transformaram em áreas da prática de verdadeiras atrocidades visando a especulação e plantação de soja e capim para alimentação do gado para geração da carcaça a ser exportada.

Enquanto as classes mais abastadas do campo se transformaram em "elites agrárias" autoproclamadas "ruralistas", como resultado das benesses auferidas, as classes mais humildes, nativas do interior do Brasil, que não sabiam mexer com a atividade da soja, ao venderem suas terras, mais por pressões exercidas pelos grandes produtores, incluindo aí o próprio governo e até, grileiros disfarçados de "políticos", além de expulsos de seus sítios e chácaras, que para esses eram sua única fonte de renda e, portanto, sobrevivência, os mesmos se viram obrigados a abandonar as atividades do campo e se deslocarem para as cidades para tentarem a nova vida trabalhando como: pedreiro, pintor, guarda noturno de propriedades e empresas, servente de pedreiro; esses, no caso dos homens. As mulheres tiveram a oportunidade de se transformarem em: empregadas domésticas, atendentes de lanchonetes, cozinheiras, auxiliares de cozinha, lavadeiras de roupas, companheiras de quarto, etc.

Tudo isso em virtude do fato de que, além de serem semianalfabetos ou analfabetos, por não saberem ler e escrever, também não possuíam quaisquer profissões relevantes, se restringido apenas àquelas de plantar e colher o pão que a terra oferecia para seu sustento e que pudessem lhes proporcionar uma renda, pelo menos comparável à que eles tinham no campo. No campo, se não possuíam riqueza transmutada em dinheiro, pelo menos tinham como ganharem a vida vendendo alimentos produzidos por eles mesmos ou trocando com outras mercadorias fabricadas pelos seus vizinhos, se alimentando de maneira satisfatória com sua própria produção e tendo uma vida saudável e prazerosa por terem o que comer e viver de uma maneira simples, mas feliz.

Além de todas essas mazelas, os mesmos tiveram que internalizar estereótipos sem considerar ainda, a alcunha lhes concedida de "povo preguiçoso". Os pequenos agricultores que não tiveram a mesma sorte apontada acima acabaram por mergulhar no vício das drogas, da bebida, da prostituição, da criminalidade, da mendigagem, fazendo a violência se alastrar por praticamente toda a sociedade. Como a renda auferida nas "profissões" e nos desvios de conduta decorrentes da incapacidade plena de se procurar qualquer alternativa de vida digna, é baixa, a opção de moradia dessas castas sociais mais humildes, foi ocupar as favelas e todos os tipos de moradias que, pelo menos, os pudessem proteger da chuva e do relento, gerando verdadeiras calamidades sociais que se concentraram principalmente, nas capitais dos estados do País.

Alheio a essa situação degradante das castas sociais mais humildes, o Governo Federal procurou dar suporte aos ruralistas e aos produtores de *commodities*, pois segundo os "economistas" formados nas grandes universidades de economia dos Estados Unidos e Grã Bretanha, defensores de tais políticas, essas atividades se tornaram a única fonte de geração de divisas para pagamentos dos compromissos internacionais, visto que, toda a riqueza gerada na forma de bens materiais tais como empresas, jazidas minerais e outras fontes de geração de bens nacionais foram, não vendidas, mas praticamente doadas aos "investidores" estrangeiros, conforme foi visto acima, por eles mesmos decorrentes de suas políticas econômicas malfadadas, irresponsáveis e inconsequentes, portanto, incompetentes, aplicadas durante o regime militar. Os resultados de todas essas desgraças econômicas, malsucedidas implantadas pelos tais "economistas neoliberais" de ocasião, fez com que o PNB, que é a única fonte de medição de nível de riqueza real e de desenvolvimento de um País, decrescesse a olhos vistos, tornando o Brasil significativamente mais pobre. Empobrecimento esse, promovido e mal conduzido, é bom que se diga, pelo próprio regime militar.

Vale acrescentar que, o resultado do desenvolvimento das atividades de plantação de *commodities*, de início, foi um sucesso total, visto que, a produção de soja no Brasil em nenhum momento oferecia concorrência direta à soja produzida nos Estados Unidos, país que domina a produção dessa atividade em decorrência do predomínio das empresas multinacionais americanas nesse setor. Isso porque, quando o Brasil está fazendo plantio, os Estados Unidos estão colhendo essa oleaginosa e, enquanto o Brasil colhe, os Estados Unidos estão plantando, permitindo nesses dois mercados, um ser o complemento do outro. E o melhor de tudo nesse período, para os produtores nacionais, foi que a produtividade da soja do Brasil começou a superar a produtividade dessa oleaginosa cultivada nos Estados Unidos.

Esse sucesso brasileiro atiçou o interesse das empresas multinacionais americanas, que começaram a pressionar o Brasil para que esse criasse uma lei específica, para gerir o setor de produção de *commodities*, o que foi feito por intermédio da aprovação da Lei de Proteção de Cultivares – LPC, em 1997, que garantia e ainda garante a propriedade intelectual sobre o desenvolvimento de variedades de espécies de plantas, que são destinadas à produção agrícola resultantes de pesquisas e de programas de melhoramento vegetal, conduzidas por empresas públicas ou privadas.

Segundo Fuck e Bonacelli (2006:08), as multinacionais contando com a garantia dessa Lei, passaram a "investir" ou, em outras palavras, de maneira mais transparente, açambarcar pesadamente esse setor no Brasil, adquirindo todas as principais empresas privadas nacionais e estabelecendo parcerias com as estatais, que atuassem nesse segmento, garantindo sua supremacia total em tal ramo, na forma como se vê abaixo:

> Após a aprovação da Lei de Proteção de Cultivares (LPC), em 1997, que garante a propriedade intelectual dos cultivares e obriga os produtores a pagarem *royalties* e taxas de utilização da tecnologia, observou-se a entrada de empresas transnacionais no mercado de sementes, inclusive no de soja. Na década de 1990, várias empresas nacionais de pequeno ou grande porte foram compradas ou absorvidas pelas multinacionais, principalmente aquelas detentoras de tecnologia de ponta na área de biotecnologia (Wilkinson e Castelli). A entrada da Monsanto no segmento de soja ocorreu em 1997, com a aquisição da empresa FT Sementes, proporcionando à empresa um importante programa de melhoramento.

Continuam esses autores:

> Dentre as empresas nacionais dedicadas à produção de variedades de soja, as principais aquisições realizadas pelas transnacionais foram as seguintes: a Monsanto comprou a divisão de soja da FT Sementes e da Sementes Hatã; a Agr-Evo adquiriu a Sementes Ribeiral, produtora de sementes de soja e milho; e a Du-Pont adquiriu as empresas Pioneer, produtora de sementes de soja e milho, e a Dois Marcos Melhoramentos, produtora de sementes de soja. (Fuck e Bonacelli, 2006:08).

Se não bastasse a aquisição das empresas nacionais, as multinacionais estabeleceram parcerias com os centros de pesquisas públicos mais avançados do Brasil, passando a ter acesso e domínio a todos os avanços tecnológicos verificados na área, na vanguarda, se transformando nos verdadeiros detentores hegemônicos de toda a tecnologia descoberta e desenvolvida na área pelas estatais brasileiras, assumindo também o controle do processo de aquisição e distribuição de toda a comercialização da soja no País, à exceção do plantio e da colheita, que elas deixaram para os produtores rurais, que tiveram a incumbência de, além de plantar e entregar toda a safra para as multinacionais ficaram ainda, com a responsabilidade do pagamento de todos os encargos, inclusive das patentes, que em sua maioria foram criadas pelas próprias estatais brasileiras e repassadas para as multinacionais por intermédio das tão propaladas "parcerias", tornando os produtores rurais em empregados dentro de sua própria fazenda.

Dessa forma, todo o sacrifício efetuado pela Nação com investimentos e desenvolvimento de tecnologias, criação de empresas estatais já muito avançadas na área de pesquisa e desenvolvimento de solo e plantas, além da montagem de toda infraestrutura altamente desenvolvida no setor, sem contar o sofrimento causado aos produtores verdadeiramente rurais do Brasil, assim como toda a sociedade brasileira via pagamento de impostos, tudo isso criado para dar suporte e transferência de riqueza ao setor privado do País, entregue nas mãos dos "empresários" da área agrária, estes os repassaram praticamente de "mãos beijadas" ao mercado externo, vendendo-os a preços pífios, criando um complicativo ainda maior para os mesmos visto que, muitos desses "empresários" se transformaram em empregados nas próprias empresas que eles ajudaram a criar com os recursos lhes transferidos pelo Estado com ônus assumido por toda a população brasileira. Assim, todo aquele sacrifício e avanço realizado pelo Governo, por meio das estatais e bancos públicos criados para esse fim via realização de pesquisas e desenvolvimento de tecnologias avançadas genuinamente nacionais e criação de infraestrutura altamente desenvolvida no ramo para tornar o País autossuficiente nesse setor, deu em nada, uma vez que, foi praticamente todo ele vendido pelos "empresários ruralistas" devolvendo o Brasil para a condição de Nação deficiente na produção agrária, em especial, naquelas destinadas ao mercado externo como o de *commodities*, citando como exemplo, provocando um retrocesso na formação da riqueza genuinamente brasileira aos níveis do período de 1930, antes do Governo de Vargas.

No que se refere ao estabelecimento de parcerias entre as empresas multinacionais e as empresas estatais, essa é mais uma "estratégia muito vantajosa" tomada pelas transnacionais. Isso porque, o investimento em tecnologia além de ser muito elevado exige tempo para a obtenção de resultados satisfatórios, além do fato de que, tais retornos em inovações não são garantidos, apresentando alto grau de risco para as inversões realizadas. Como essas entidades não desejam correr riscos de quaisquer naturezas, as mesmas passam a monitorar os avanços tecnológicos realizados pelas estatais dos países subservientes. Quando essas conseguem avanços significativos e que são de interesse para as transnacionais devido aos superlucros que elas geram, as multinacionais obrigam os governos de seus respectivos países, a fazerem "parcerias" com as nações dominadas, se apropriando assim desses avanços de maneira fácil, rápida e a custo zero, lhes garantindo os superlucros que antes, eram de domínio das estatais pertencentes aos países detentores das patentes, dessas inovações.

Na hipótese dos países dominados não aceitarem fazer as "parcerias" as transnacionais obrigam seus respectivos governos, que também são seus lacaios, a simplesmente tomar a tecnologia dessas nações até mesmo, à força, que se dá por intermédio de guerras, boicotes políticos ou econômicos de toda natureza. Vale dizer que essa é uma prática rotineira no que os "economistas de plantão", normalmente os pseudoeconomistas, formuladores do "*mainstream*" costumam chamar de "liberalismo de mercado", ou "liberalismo econômico", ou ainda, "neoliberalismo", tornando essas ações em hábito em pleno Século XXI, o que é um verdadeiro absurdo, vale dizer, inaceitável para uma sociedade que se diz "civilizada".

Interessante notar é o caso das tecnologias desenvolvidas no plantio e cultivo da soja no Brasil. Volta-se a frisar que, tais inovações foram praticamente todas elas criadas pelas estatais brasileiras, em especial a EMBRAPA, mas que, por intermédio da formação de "parcerias" com as transnacionais, essas passaram a ter também o direito de exigir pagamento de royalties pelo uso das patentes dos produtores rurais brasileiros, com aval do Governo Federal.

E o mais absurdo ainda é o fato de que, caso a fase apenas de plantio e colheita não dê lucro, o que evidentemente não dá, devido à magnitude dos investimentos nesse estágio do processo que são elevadíssimos, isso faz com que toda a semente colhida não reponha em alguns casos, sequer a metade dos investimentos aplicados na área, exigindo-se anos e até dezenas de anos para se recuperar as inversões realizadas. Esse cenário obriga o Governo a assumir os prejuízos do setor e repassar novamente todos os ônus desses gastos para a sociedade que, sem saber, se incumbe de cobrir os prejuízos apresentados pelo segmento.

Na transcrição abaixo, se consegue observar com maior clareza como todo esse encadeamento se estabelece.

> Para o desenvolvimento de suas atividades de pesquisa e desenvolvimento (P&D) na agropecuária, a Empresa Brasileira de Pesquisa Agropecuária (EMBRAPA) realiza arranjos institucionais com outros atores relevantes (iniciativa privada, organizações de produtores, fundações de pesquisa, outras instituições congêneres etc.). As parcerias com diferentes agentes do mercado de sementes podem, como no caso da União dos Produtores de Sementes de Milho da Pesquisa Nacional (UNIMILHO), das fundações de produtores e da Monsanto, conferir condições para intervenção no mercado de forma a garantir impactos positivos para os usuários do setor agrícola, contribuindo para a legitimação da EMBRAPA como Instituição Pública de Pesquisa (IPP) e dando às relações público-privadas uma nova conotação (na pesquisa e no mercado de sementes). Fuck e Bonacelli (2006:07).

Traduzindo melhor, no que tange especificamente ao custo da safra, depois dos produtores rurais "arcarem" com os gastos, o Governo Federal, para minimizar as despesas desses, costuma assumir tais ônus devolvendo todos os valores monetários despendidos com custos no processo de plantio e colheita, via isenções fiscais, concessão de subsídios e empréstimos a taxas de juros negativas, abaixo da inflação, com o direito ainda de ressarcimento do dinheiro gasto na safra, via transferência pelo governo, caso os produtores não consigam arcar com os prejuízos ou no caso da perda da safra, decorrentes de instabilidades climáticas, que, com o processo de desertificação do Brasil, já de forma intensa, essa situação se torna rotineira. Por seu turno, o próprio governo para não se ver sobrecarregado de gastos com o referido processo de plantio e colheita da safra, repassa tais despesas para a sociedade, onerando outros tipos de serviços consumidos pela população, tais como: o de luz, de telefone, de água, de saneamento básico, de infraestrutura que é consumido pela população.

No ano de 1997, em decorrência da crise e do fracasso do programa de recuperação econômica nacional, definido como Plano Real, o Governo por intermédio da Lei Kandir, isentou os grandes produtores de *commodities*, no caso, a soja, do pagamento do Imposto sobre Circulação de Mercadorias – ICMS, em 17%. Para os grandes "economistas" essa foi uma maxidesvalorização do Real perante o Dólar, com o objetivo de dar fôlego ao setor de produção de matérias primas, para que esses pudessem ter uma recuperação financeira. Como os ônus dessa transferência recaia para os governos estaduais, esses, para não perderem nenhum centavo com tal auxílio ao setor de produção de sementes, repassou toda essa despesa para a sociedade, via elevação da carga tributária para as faturas de água, luz e telefone, nos mesmos 17% e, em alguns casos, até mais. Em virtude dessa elevação repentina nas faturas desses serviços, a sociedade passou a pagar, de 17% de ICMS para, no mínimo 30% desse mesmo imposto, na fatura da água; 40% em alguns estados e até 42%, no caso, da fatura de telefone e, 35% a 40% no da luz sem contar o de infraestrutura.

Como resultado dessa medida súbita, o mercado interno encolheu nesse mesmo percentual, visto que, essa foi uma transferência do consumo potencial da população para gastos com prejuízos, fazendo o setor produtivo reduzir suas vendas no mesmo percentual, o que resultou no encolhimento do mercado em tais pontos percentuais. Assim, esse é um tipo de ação que inibe e reduz o tamanho do mercado na esfera de consumo e produção da riqueza nacional, de maneira agregada, gerando instabilidade e empobrecendo-o, em decorrência da redução do nível de consumo populacional. Isso porque, os gastos que anteriormente significaria maior consumo de mercadorias, e que, por seu turno incentivaria o crescimento na produção da riqueza nacional, é todo ele transferido para gastos com despesas em setores que, para o desenvolvimento do país é improdutivo, visto que foram transferências para cobertura de prejuízo. Nesse caso, tal procedimento se transforma numa pequena socialização da dívida do setor de produção de sementes e capim, relativos à produção de matérias primas (*commodities*) no setor agrário brasileiro.

Já na nova fase do processo de produção das *commodities* no Brasil, com total controle das multinacionais, que apenas pegam as sementes e as repassam para o mercado externo via reexportação da safra, como para os produtores rurais não é mais possível obter lucros no volume da semente da soja colhida, a única alternativa desses para obter algum ganho adicional, e apenas quando isso se verifica, se dá via aumento da área plantada. Tal quadro provoca destruição das florestas, e com elas, toda sua riqueza natural, citando como exemplo, o caso das nascentes, os viveiros naturais, a biota (flora e fauna), etc., realizados por esses "produtores rurais" com a finalidade de ter acesso, na grande maioria das vezes, apenas aos subsídios, transferências, isenções fiscais, que são doados ao setor pelo Governo, de maneira rápida e fácil, transformando essa situação, num verdadeiro processo de vandalismo depredatório da área agrária brasileira.

A consequência desse novo disparate da produção "agrícola" no Brasil é a criação de um processo de destruição a olhos vistos, de centenas de milhares de hectares, e até, dezenas de milhares de alqueires de floresta nativa por ano, assolando a biota de maneira descontrolada e sem quaisquer critérios de racionalidade. A desculpa como sempre, recai sobre a necessidade de geração de divisas, para o pagamento dos compromissos externos do Brasil, o que é um verdadeiro desvario.

Na verdade esse é um processo de vandalismo, pilhagem e saque do patrimônio nacional, sem nenhuma compensação sequer razoável para a sociedade brasileira, que apenas se vê sem meios de se manter consumindo alimentos gerados pelo setor agrícola nacional, este que se especializou apenas na produção de sementes e capim em grande escala, destinados ao mercado externo, com prejuízo sem tamanho, para o setor de produção de alimentos tradicionais que são os que verdadeiramente alavancam a vitalidade da população, como o de hortifrutigranjeiros, por exemplo, e os de alimentos tradicionais como feijão, arroz, mandioca, batata, que agora têm experimentado preços astronômicos para a culinária brasileira, esses últimos que são os verdadeiros nutrientes saudáveis e extremamente necessários para garantia de saúde e da robustez da população.

Atualmente estima-se que até ¾ da produção de sementes no mundo é destinada a alimentação de gado enquanto que, na outra ponta, a população mundial se vê cada vez mais alijada dos nutrientes oriundos da terra e que são essenciais para manter a sociedade bem nutrida, saudável e com alto poder de desempenho no desenvolvimento de suas atividades normais enquanto as florestas são exterminadas pelo vandalismo dos interesses escusos.

Vale ainda frisar que, tais absurdos não ficaram restritos apenas à produção da soja, mas que também, anteriormente, no início da Década de 70 do século passado, essa mesma estratégia político-econômica tinha sido utilizada no projeto de plantio da seringueira, que deveria ser destinada para a extração do látex com o objetivo de se produzir a borracha, a ser utilizada como matéria prima para produção de pneus e seus derivados, com o nome de Política de Plantio e Produção da Borracha – PROBOR, que resultou num fracasso total. Distribuiu-se dinheiro sem nenhum critério minimamente racional para todas as fases do programa, mas que, no final, o dinheiro simplesmente desapareceu. Não se viu seringueira plantada e os prejuízos foram repassados, como sempre para o Governo que assumiu todos os ônus do fracasso de tal aventura, o que da sua parte, transferiu os custos para a sociedade via elevação da carga tributária. Entre a população nativa das regiões que receberam todos os aportes de recursos para investimento no PROBOR, surgiram piadas das mais diversas, dentre as quais, a mais famosa era a de que "o produtor da seringueira pegou o dinheiro, gastou e antes da fiscalização chegar para checar as etapas dos investimentos, tais indivíduos plantaram ervas daninhas no local, distribuíram formigueiros na área, daqueles do tipo Saúva, e quando chegavam os fiscais, os mesmos lhes diziam que tinham perdido toda a safra porque as formigas Saúva tinham comido toda a produção. Na área só se via pedaços de folhas esparramadas para todos os lados sem nenhum pé de 'seringueira' em pé".

Outra tecnologia, desta vez chamada de tecnologia limpa, desenvolvida pela EMBRAPA no Brasil, foi a da criação do álcool etílico, que até nossos dias é utilizado como combustível em automóveis. Essa foi outra inovação desenvolvida pelas estatais brasileiras, na segunda metade da Década de Setenta do Século passado como alternativa para substituir o uso da gasolina, que na época estava muita cara. Entrementes essa tecnologia invejada e cobiçada pelo mundo inteiro e que o Brasil levou mais de 10 anos para desenvolver com alto nível de rendimento, e leva-la à condição de geradora de superlucros via exportação dessa inovação, ou até mesmo do álcool etílico às outras nações que apresentassem o mesmo problema que o Brasil, e tivessem grandes áreas disponíveis para o plantio da cana e desenvolvimento da fabricação desse tipo de combustível, já foi transferida para as multinacionais americanas. É os Estados Unidos atualmente, o país responsável pela sua distribuição em escala global, que exigiu ainda, até a mudança do nome do produto, de álcool etílico para Etanol. Atualmente, inclusive, o Brasil importa o Etanol dos próprios Estados Unidos, o que é um absurdo.

Assim, com a simples assinatura de um contrato, celebrado entre o Governo Brasileiro com pressão dos tais sindicatos dos "empresários" usineiros e os Estados Unidos durante o governo de George W. Bush, o Brasil transferiu toda essa tecnologia para as multinacionais americanas. A ideia foi a seguinte, os produtores brasileiros do setor, neste caso, os usineiros, compram a área a ser explorada, constrói as usinas, plantam a cana-de-açúcar assumindo todos os custos, colhe a matéria prima, no caso, a cana-de-açúcar, a beneficia e depois transfere toda a produção já na forma de mercadoria, no caso, o Etanol, para os Estados Unidos revenderem essa riqueza limpa para o mundo se apropriando de todo o superlucro do negócio.

E o Brasil? Bem, esse fica com todos os ônus das partes que vai desde o plantio até a produção do álcool etílico, atual, Etanol cujo processo já foi descrito acima, no caso, a compra da área, construção das usinas, a colheita da cana e beneficiamento da mesma para obtenção do Etanol. Como essa parte do processo de produção não dá lucro satisfatório, só dá o básico, isso quando as condições do mercado estão propícias para essa atividade, o governo brasileiro por intermédio dos bancos estatais assume os rombos do negócio via liberação de subsídios, isenções fiscais, perdão de dívidas, transferências governamentais e depois, os transfere para a sociedade brasileira pagar tais sobrecargas mediante elevação da carga tributária.

Como os usineiros ficam apenas com o lucro básico, quando os consegue, se os mesmos quiserem ampliar suas margens de ganho eles podem obter isso, buscando mais subsídios e transferências governamentais, o que os mesmos conseguem apenas por meio da ampliação da área plantada. Aí, mais florestas e áreas virgens são destruídas e substituídas pela plantação da cana-de-açúcar.

No que tange ao petróleo, a desgraça, digo, a má sorte do Brasil começou em 2006 quando da descoberta do Pré-Sal nas bacias oceânicas brasileiras, durante o Governo Lula. Como se sabe, e como já foi discutido aqui, quando se analisou o período do "Milagre Econômico Brasileiro", o Brasil nunca foi autossuficiente em petróleo. Na primeira metade da Década de Setenta do Século passado, foi diagnosticado que este país só produzia 25% do petróleo que precisava para abastecer suas fontes distribuidoras. Vale lembrar que até mesmo esses 25% que o Brasil já produzia deve-se aos esforços hercúleos do bravo brasileiro nacionalista que sempre brigou para que o Brasil tivesse sua própria empresa que fosse responsável pela: pesquisa, exploração, produção, refino, transporte e comercialização do petróleo cru, que foi o caso do digníssimo senhor Monteiro Lobato[10] que fundou a Companhia Petróleo do Brasil em 1931[11], estando à frente de sua gestão por 10 anos e levada adiante, esse sonho, pelas lutas desenvolvimentistas do senhor Getúlio Dornelles Vargas que inaugurou em 03 de outubro de 1953, na cidade do Rio de Janeiro, a empresa Petróleo Brasileiro S/A – Petrobrás.

É justamente a Petrobrás, hoje em dia uma das mais importantes empresas de petróleo do mundo que teve essa honra. Se o petróleo tivesse permanecido nas mãos exclusivamente da Petrobrás e do povo brasileiro, ele poderia resolver praticamente todas as questões de déficits cambiais que o Brasil supostamente pudesse ter porque, essa matéria prima uma vez beneficiada geraria lucros extraordinários para os cofres brasileiros, lucros esses que são cobiçados pelas superpotências em escala global. Inclusive o preço do combustível para os brasileiros seria um dos menores do mundo o que viabilizaria a produção e distribuição de mercadorias, as verdadeiras riquezas de uma nação, por todo o continente nacional visto que, este País é uma Nação Continental, a preços que corresponderia a uma verdadeira situação de privilégio para um país que quisesse se considerar próspero e autossuficiente.

Infelizmente isso não ocorreu. Não ocorreram por causa de vários problemas de ordem de planejamento estratégico e operacional, já costumeiros, realizados pelos pseudoeconomistas de costume, defensores de uma realidade que nunca existiu, no caso a tal economia de livre mercado. A primeira estratégia ridícula e malfadada foi a questão de transformar a estatal que nunca precisou de nada de ninguém, em uma empresa de economia mista. Os manuais de Economia Política e Empresarial puras, muito bem trabalhada por Paixão(2021) pelo método dialético, seguindo os ensinamentos de Platão (Pai da Filosofia Econômica), Marx (Pai da Economia Empresarial) e Smith (Pai da Economia Política), que são os verdadeiros economistas alavancadores e responsáveis pela transformação da Economia na única e verdadeira Ciência Social Pura, afirmam que matéria prima não se exporta e também não se estabelece sociedade entre Estado com quaisquer segmentos privados que possa existir. Isso porque, o setor privado não dispõe em hipótese alguma e sob quaisquer situações de dinheiro em quantidade suficiente para estabelecer parceria com uma estatal, que é uma empresa de propriedade de uma população que no caso do Brasil, possui mais de 210.000.000 de brasileiros, economicamente e moralmente falando. Aliás, o tal estabelecimento de parcerias e privatizações são as maiores das falácias criadas só para que os 10% que são as classes mais altas das populações dos países do mundo, possam saquear as riquezas de suas nações respectivas e negociá-las mundialmente extorquindo a população desses países na seara econômica e política. Essas tais privatizações e sociedades mistas só existem nas "teorias econômicas" inventadas de maneira intuitiva e meramente saídas das cabeças dos pseudoeconomistas escroques americanos, alemães e ingleses, inspirados por indivíduos como: Locke, Comte, Maquiavel, Lutero, Ricardo e seus asseclas em escala global.

Outro absurdo foi a colocação das ações da Petrobrás em Bolsa de Valores, no tal "mercado de capitais" sendo que, sequer existem mercados de capitais. Na realidade esses tais "mercados" são nada mais nada menos do que balcões de dívidas. O que se vende e o que se compra nesses pseudomercados são direitos de recebimentos de dívidas contraídas pela venda de ações e de títulos públicos para formação de fundos de investimentos. Nesse mercado não se vê lucros se vê apenas ganhos decorrentes de transferências de direitos de posses mediante variações para mais ou para menos de transferências financeiras. Nesses casos, o que o vendedor ganha o comprador perde, com direito de recuperar esse gasto sabe-se lá quando e sabe-se lá como.

---

[10] Ver: https://www.ebiografia.com/monteiro_lobato. Acesso: 14/10/2021.
[11] Ver: https://www.hehe.org.br>rabphe>article. Acesso: 14/10/2021.

Na verdade, esse é um artifício econômico criado por investidores gananciosos, ardilosos e individualistas que sonham em ganhar dinheiro fácil, sem trabalhar, influenciados pela máxima do hedonismo intelectual definido como: "máximo prazer com o menor sacrifício possível". Essa estratégia da venda de ações começou com os capitalistas ingleses e americanos que sonhavam em se apropriar dos meios de transporte de ida e vinda dos transeuntes americanos na Colônia dos Estados Unidos, por meio da venda de passagens mediante construção de vias férreas. Esse estratagema foi inspirado entre esses capitalistas interesseiros, nas vendas de títulos públicos pelo Estado, antes Coroas imperiais, como meio de se obter dinheiro das classes altas da época para que os reis e príncipes pudessem financiar os gastos dos países e dos reinados com guerras e ostentações de poder.

Como essa atividade de integração entre os estados americanos por intermédio da construção de ferrovias também era importante para a nação inteira, os Governos, primeiro dos ingleses, depois dos estadunidenses, apoiavam essas ações se transformando nos verdadeiros avalistas dessas empreitadas com cobertura de possíveis prejuízos dessas estratégias pelo Estado. Isso se dava via transferência das despesas para a sociedade mediante elevação de pagamento de impostos. Nesses casos, o governo além de bancar com as diferenças necessárias para o início dos investimentos, era o responsável também pela cobertura dos prejuízos, daí se dizer: sociedade mista, onde os lucros se afunilavam para os bolsos dos "empresários e capitalistas" dessas investiduras e os prejuízos ficavam sob responsabilidade do governo que os assumia mediante o uso dos impostos pagos pelos contribuinte.

Nesses tipos de empreitadas as falcatruas com dinheiro público ou da sociedade, é bom que se diga, são desgraças anunciadas, uma vez que se podem antever os prejuízos e as dores de cabeça da Nação, fato esse que aconteceu com a Petrobrás, devido às medidas citadas acima que são incompetentes, irresponsáveis, portanto, descabidas desses pseudoeconomistas de plantão. Tais profecias apocalípticas se tornaram realidade com as avalanches de processos contra essa potência Nacional por busca de indenizações, principalmente da parte dos aplicadores em ações dos Estados Unidos, com aval dos poderes Executivo, Legislativo, "empresarial", seitas e facções "religiosas", mídia, forças armadas e do judiciário brasileiro por intermédio de *lawfare* praticados pelos tais juízes e procuradores estaduais e federais batizados de Lava Jato sob as imposições e direcionamentos da Central de Inteligência dos Estados Unidos - CIA. Lógico que toda a baderna com essas ações irresponsáveis praticadas por tais paladinos dos negócios, era já uma desgraça anunciada para os cofres públicos.

É de se surpreender e de se admirar sobre a impunidade e as cartas brancas que esses indivíduos de plantão, autoproclamados "economistas" com "diplomas de doutorado" adquiridos sabe-se lá como - sabendo-se apenas como tais escroques conseguem destruir uma nação e a reputação de um povo em tão pouco tempo -, recebem da sociedade e dos governos, para fazerem todas essas atrocidades contra o povo brasileiro e a civilização atual, reiteradas vezes.

O senhor *Edward Snowden* já alertava o governo brasileiro sobre essa ameaça quando denunciou a espionagem do Governo dos Estados Unidos na administração do País durante o Governo do PT. Na realidade, o governo dos Estados Unidos através da CIA estava era analisando a veracidade dos acontecimentos relacionados à descoberta do petróleo e o potencial dessas descobertas para elaborar o golpe mirabolante e tomar o petróleo do Brasil sem quaisquer esforços ou sacrifício da parte dos investidores e multinacionais estadunidenses.

Fato esse que foi recheado de total sucesso. Simplesmente todo o petróleo do Pré-Sal se transferiu, como num passe de mágica, do PNB do Brasil para o PNB das principais potências globais, em especial dos Estados Unidos, que foi concretizado com o Golpe Institucionalizado pelas Forças Armadas, os Poderes Executivo, Legislativo, Judiciário, pseudorreligioso representado pelos protestantes, algumas facções de padres e bispos infiltrados na Igreja Católica, e a maioria dos "empresários" de ocasião, que, como já se falava nos bancos acadêmicos nos idos de 1984, não passam de "empresários por acaso" gerentes de produção ou administradores de cemitério, transformando o País no antro da baderna e do desgoverno generalizado. Esse quadro fez transmudar a situação atual política e econômica descrita acima numa das piores desgraças de toda a História que se abateu sobre uma pseudonação que se diz "independente", que se chama Brasil, dominado pelo império da fome e da miséria de seu povo, enquanto as potências que dominam o País mais os 10% da população mais rica e entreguista auferissem os maiores lucros e ganhos extraordinários, jamais visto na América Latina ou talvez, no mundo.

Não satisfeitos em saquear todas as maiores riquezas conquistadas pelo Brasil nos últimos anos, imediatamente após a recuperação do País dos rombos praticados pelo regime militar de 1964, a CIA exigiu a realização do desmonte da Petrobrás para transformá-la apenas numa empresa de prospecção, perfuração e exploração de petróleo cru, que só dão despesas e gastos estratosféricos, sem quaisquer retornos garantidos além de serem as partes mais difíceis e de alto risco do processo.

Já as partes de beneficiamento (fabricação de derivados do petróleo) e distribuição dos combustíveis que geram lucros extraordinários estão sofrendo pressão para que sejam todas vendidas para empresas multinacionais, sob a imposição do imperialismo americano para favorecer as petroleiras, principalmente as americanas e inglesas. Assim, a Petrobrás está saindo da condição de uma empresa que pesquisava, explorava as bacias, extraia o petróleo até das áreas mais profundas, beneficiava, comercializava e distribuía toda a produção, o que é o mais justo e digno de se fazer, está sendo forçada a passar a ser uma mera empresa apenas de prospecção e extração de petróleo cru.

Em linhas gerais, o que as multinacionais e os governos dos Estados Unidos e Inglaterra fizeram com a Economia Brasileira foi só repetir as ações estratégicas praticadas contra o setor de agronegócios, a produção do álcool etílico, a Embraer e a Barreira de Alcântara, incluindo a Petrobrás, tornando o Brasil num país produtor e fornecedor apenas de matérias primas que não geram lucros, nem esperanças de desenvolvimento quaisquer que sejam para o seu povo, enquanto os lucros extraordinários obtidos com tais matérias primas são todos transferidos para as mãos das superpotências tornando o Brasil num País totalmente subserviente e se consolidando na condição de "pseudonação" ou neocolônia das potências internacionais, em especial dos Estados Unidos por intermédio da Doutrina Monroe.

O quadro atual da Economia Brasileira proporcionalmente falando, é a mesma que se verificou no Brasil no período da República Velha, anulando todos os avanços proporcionados pelo Governo Vargas até os nossos dias, nas áreas de educação, cultura, crescimento com desenvolvimento, avanços tecnológicos e melhoria de bem estar material e espiritual. O Brasil hoje só produz serviços que não gera riqueza porque não cria mercadorias e se consolida como uma Nação de emigração populacional aonde suas riquezas, na forma de capital intelectual vão todas para outras nações do mundo em busca de oportunidades. Assim, o Brasil ao invés de ser um país de imigração desse tipo de recurso que é o quadro estratégico mais importante e necessário para a evolução com civilidade das grandes nações, se tornou um país de emigração de riquezas intelectuais que são não renováveis.

Diante de tantos disparates praticados pelo Governo do Brasil, não se sabe qual é o real papel do *mainstream* de Economia nesse cenário, no que tange a aplicação de conceitos científicos de relevância, uma vez que, a mesma história na seara econômica dessa corrente de pensamento, vem se repetindo desde os idos de 1964, sem nenhum resultado, sequer razoável para o desenvolvimento do Brasil. Essa constatação só reforça a tese do senhor Mark Blaug (1993; p. 18) que afirma que tais "economistas" são lacaios do governo, mas que, na concepção deste estudo, esses "paladinos" não passam de meros lacaios dos 10% da população mundial, ou em outras palavras, dos endinheirados que se autodenominam "elite global". Já aproveitando-se desse mesmo exemplo, pode-se afirmar com toda a veemência, a inaplicabilidade da teoria das vantagens comparativas de David Ricardo, na vida prática econômica de uma população.

Uma grande observação sobre esse perfil apresentado pelos "economistas liberais, os defensores das teorias ricardianas, os neoricardianos, os neokeynesianos, da corrente de Chicago que fazem apologia ao controle da moeda como forma de dominar a economia global, os tão propalados "Chicago Boys" vivem na esfera da fantasia e do acaso, todos economistas estadunidenses e ingleses propagadores em escala global de verdadeiros ufanismos econômicos, o que levou os Estados Unidos à beira da falência em escala global, o que diga-se de passagem já é uma realidade, e que servem de inspiração aos tais "economistas brasileiros" que seguem essa paranoia.

Outra realidade que se observa como consequência da destruição indiscriminada das florestas e sua substituição pela plantação e comercialização de matérias primas (*commodities*) e carcaças de animais, é a relação inversa entre o aumento do valor *in natura* das florestas em relação à queda do preço das áreas já preparadas e ocupadas para a plantação de monoculturas e produção de carcaças de animais. Isso porque, o valor relativo das florestas mantidas em pé tem elevado de forma mais do que proporcional ao aumento e, em muitos casos, até queda do valor das áreas destinadas a plantio e cultivo de produtos agrícolas. Isso tudo ocorre por causa das descobertas recentes da importância e da riqueza que gera uma floresta conservada intocada, em relação à sua destruição e substituição por áreas destinadas ao sistema *Plantation*. Mais ainda, com a destruição e depredação de áreas silvestres, em sua maioria visando apenas à especulação imobiliária e à tentativa de justificar o acesso a incentivos "agrícolas" e subsídios, da parte do governo, as florestas mantidas em pé, tem triplicado ou até quadruplicado o seu valor econômico de mercado.

E o mais grave de toda essa balbúrdia é o fato de que, quanto às terras degradadas que precisam de investimento para sua recuperação, esses grandes produtores exigem que o Governo as recupere. Para eles novamente praticarem o mesmo ato de vandalismo, à custa da sociedade, de sempre.

Em uma entrevista cedida pelo então Governador de Mato Grosso senhor Blairo Maggi, durante seu mandato governamental, que se estendeu de 2003 a 2010, ao ser indagado por uma repórter sobre a situação das terras degradadas no Estado, que nesse período já atingia o total de 2.000.000 de hectares, fato esse confirmado pelo próprio Governador durante a entrevista, o mesmo afirmou na oportunidade durante a entrevista que, quem deveria recuperar tais áreas era o Governo Federal. Maior absurdo que isso, como diz o ditado: "só mesmo passando mel no Pão de Açúcar".

Por fim, em verdade esse quadro apresentado pelos "economistas brasileiros" lacaios das elites centrais é observado e criticado há muito tempo, já na década de 70 do Século passado, sendo que a mais famosa e relevante de todas se vê, nos brilhantes escritos do senhor Economista Francisco Oliveira, em sua obra "Crítica à Razão Dualista", transcrito abaixo:

> Os conhecidos opositores da Cepal no Brasil e na América Latina tinham, quase sempre, a mesma filiação teórica marginalista, neoclássica e keynesiana, desvestidos apenas da paixão reformista e comprometidos com o "status quo" econômico, político e social da miséria e do atraso seculares latino americanos. Como pobres papagaios, limitaram-se durante décadas a repetir os esquemas aprendidos nas universidades anglo-saxônicas sem nenhuma perspectiva crítica, sendo rigorosamente nulos nos seus aportes à teoria da sociedade latino americana, reconhece-se a impossibilidade uma crítica semelhante aos "sem razão".

Assim, a maior agiotagem praticada à Economia Brasileira, foi oferecida pelo modelo concentrador de renda, inviabilizando a educação, incentivando a fome, a miséria, a prostituição, a mesquinhez e a ganância de uma classe despreparada sem bases ideológicas, moral e de identidade, para defender os interesses nacionais e criar uma sociedade promissora, baseada em pressupostos sociais nobres, justos e compatíveis com a realidade econômica e social de um povo marcado pela opressão, pelo desprezo, pela fome e miséria que, mesmo assim, nos momentos mais difíceis, ainda mostram brios de uma raça que deposita esperanças, nos seus ideais, e consequentes dias melhores.

Tais escritos muito atuais do Professor Francisco Oliveira, podem ser bem rematados pela brilhante narrativa do saudoso senhor Ruy Barbosa, em sua "Oração aos Moços" dedicados aos formandos de Direito do Largo de São Francisco em 1920, quando foi homenageado como Paraninfo dessa turma:

> Ora, senhores bacharelandos, pesai bem que vos ides consagrar à lei num país onde a lei absolutamente não exprime o consentimento da maioria, onde são as minorias, as oligarquias mais acanhadas, mais impopulares e menos respeitáveis, as que põem, e dispõem, as que mandam, e desmandam em tudo; a saber: num país onde, verdadeiramente, não há lei, não há moral, política ou juridicamente falando."
> - Ruy Barbosa[12]

Cristo pediu para que os homens ganhassem o pão com o suor de seu trabalho, porém, não disse que, para que uns desfrutassem dos benefícios auferidos pelo sacrifício social de outrens, esses outros referidos teriam que abnegar da sua própria existência.

3.2 A importância do real papel que as florestas oferecem para a preservação da vida, no Planeta: a

---

[12] Ver: Oração aos Moços. Rede Pelicano de Direitos Humanos.
Disponível em: https://redepelicano.com/2020/12/19/o-que-seja-lei-2 Acesso: 17/10/2021

abordagem técnico-científica da situação.

A partir da Década de 80 do Século Passado, descobriu-se a importância das florestas para as atividades socioeconômicas e ambientais, além dos vários tipos de provimentos que elas oferecem para a formação e manutenção das riquezas da biota (flora e fauna), de pontos turísticos que contribuem com atrativos por meio do fornecimento de belezas cênicas únicas no Planeta, ou seja, cenários naturais que se vislumbram apenas naquele ponto específico, em decorrência do seu: formato, ornato, características ambientais, particularidades históricas, abrigo de animais endêmicos, cachoeiras, corredeiras, fornecimento de plantas medicinais, energéticas, alimentares, árvores que oferecem atrativos específicos e que viabilizam a criação de superlucro na sua cultura, tais como a seringueira, o café, o cacau, o açaí, determinados tipos de madeiras, etc. Acrescidos a esses fatores aparecem as contribuições que as florestas oferecem ao controle e a formação de temperaturas ambientais, corredores de chuvas, contenção de ventos e tempestades, equilíbrio ecológico e guarnecimento de matérias primas diversas para as atividades econômicas do indivíduo. Mais ainda, as florestas servem de *habitat* natural para insetos raros e importantíssimos para o controle natural de pragas, além da contribuição com o abastecimento de alimentos naturais altamente ricos em vitaminas, sais minerais, tais como as abelhas, que fornecem o mel, por exemplo. Existem ainda variedades de insetos que eliminam bactérias e outras categorias de bichos que são nocivos à saúde e a vida humana. Servem também, as selvas, como contenedores da proliferação de vírus endêmicos de determinadas espécies de animais selváticos, mantendo-os afastados da convivência humana.

Além disso, as florestas, principalmente as nativas, são abrigo de muitas espécies de animais selvagens que contribuem com suas carcaças para a alimentação da população nativa e, muitos são considerados ainda, objeto de atração turística, por serem endêmicos e raros. Existem ainda, as aves, de várias espécies, tais como: o Condor dos Andes, o gavião real no Brasil, as Águias, na América do Norte, os beija-flores, as aves pequenas de canto raro, como o Curió, o Rouxinol, dentre outras variedades, que são utilizadas como atrativo turístico e que atraem visitantes de várias partes do mundo, só para ouvir o seu cantar. As florestas garantem a proteção e preservação das nascentes, que são essenciais para a conservação dos rios, que oferecem a água, peixes e plantas marinhas e outras ribeirinhas, que são utilizadas no fornecimento de: além de alimentos, extratos medicinais e matérias primas para muitos produtos de origem marinha, tais como: hidratantes, pomadas, remédios, etc.

Além de tudo isso, ultimamente, com a regulação do sistema de preservação ambiental em muitos países, fato esse que procura garantir a manutenção da árvore em pé, foi criado um método econômico de compensação para as nações que decidirem por preservar suas florestas mediante compensação financeira. Esse método é definido como crédito de carbono, estabelecido com o objetivo de reduzir as emissões de gases geradores do efeito estufa tais como o carbono. Tal política de preservação ambiental com rebate financeiro foi implantada a partir do Protocolo de Quioto em 1997, mas que entrou em vigor em 2005, o que é uma excelente alternativa para países subdesenvolvidos com dificuldade de gerar divisas internacionais, possam utilizar desse critério para financiar suas atividades econômicas na seara de investimentos em escolas, universidades e criação de politicas de pesquisas e avanço tecnológico, variável essa que é a principal atividade mola propulsora do crescimento com desenvolvimento das nações, sem a penalização da sociedade com emissões de gases poluentes.

Acima de tudo isso, de todas as importâncias e relevâncias das contribuições das florestas para a manutenção da vida e da saúde humana e do Planeta, talvez, a mais importante de todas é a capacidade que as áreas florestais possuem, de fazer a antecipação das chuvas viabilizando a plantação, o suprimento de oxigênio, a formação da água, a colheita de frutas, a renovação dos pastos, a revitalização da vida e a contribuição do ar renovado, que muito auxilia na melhoria do bem estar tanto material, quanto espiritual do indivíduo.

Vale salientar que, o fenômeno da antecipação das chuvas, realizada pelas atividades das árvores, se dá pela renovação das folhas, onde se localizam os parênquimas clorofilianos, que são tecidos que possuem grande quantidade de pigmentos verdes chamados de clorofila, as responsáveis pela captação da luz solar, que é a energia que permite à planta, produzir sua própria alimentação, por intermédio da fotossíntese. Contendo grande quantidade de clorofila, os parênquimas clorofilianos possuem ainda, no seu interior, os estômatos, as câmaras subestomáticas, que são espécies de bolsas receptoras, onde ficam alojados a água e os gases que serão trocados (liberação ou absorção de oxigênio e absorção ou liberação de gás carbônico), durante o processo de respiração das plantas, por intermédio dos pecíolos, uma espécie de boca, localizada na parte superior dos estômatos. Estruturas essas, localizadas todas no interior das folhas, que são as principais responsáveis pela realização da fotossíntese.

Na verdade, são nos locais onde existe grande quantidade de florestas que as chuvas ocorrem primeiro, principalmente durante a primavera, quando se aproxima o verão. Isso se verifica porque, as árvores tais quais os ursos, reduzem seu metabolismo e hibernam durante o inverno. Nessa estação, elas estão sem folhas que caem praticamente em sua totalidade, no outono, estação do ano que antecipa o inverno. Fato esse que é bem visível nas regiões temperadas e frias, mais próximas dos polos da Terra. Vale lembrar que, embora as árvores troquem as folhas também nos trópicos, nesses lugares, a renovação das folhas ocorre de maneira automática, quase imperceptível na visão humana, na proximidade da primavera, e início de verão. No inverno, no estágio da hibernação, as atividades metabólicas das árvores são minimizadas, ficam praticamente todas em estado de repouso. Quando o tempo começa a aumentar sua temperatura, durante a mudança de estação, saindo do inverno para a primavera - período esse em que a intensidade da luz solar se eleva -, são as árvores, os primeiros seres vivos, a perceberem isso.

Ao sentir que o calor se aproxima, sua atividade metabólica começa a se intensificar para que ela possa produzir seu próprio alimento, que se dá, por intermédio da realização do processo chamado de fotossíntese. Por seu turno, para que as plantas possam intensificar seu metabolismo elas precisam dos alvéolos, ou câmaras subestomáticas, localizadas nas folhas que são fundamentais para a viabilização da acumulação de nutrientes no seu interior, principalmente a água que contém o oxigênio e o hidrogênio, mais o carbono, que existe livre no ar. Além da água - que contém o hidrogênio e o oxigênio -, e do carbono, os vegetais, para garantir a produção da sua alimentação com eficiência, também precisam captar da natureza, tanto os macronutrientes quanto os micronutrientes. Entre os nutrientes que compõem os macronutrientes, que são considerados como essenciais, e que por isso, devem ser captados em grande quantidade pelos tecidos vegetais, além do carbono, do oxigênio e do hidrogênio estão: o nitrogênio, o fósforo, o enxofre, o magnésio, o cálcio e o potássio. Já entre os micronutrientes, que devem ser acrescidos ao metabolismo, mas em pequenas quantidades para acelerar o processo da produção do próprio alimento pelas plantas, por meio da fotossíntese estão: o ferro, o cloro, o cobre, o manganês, o zinco e o molibdênio. (Moraes, 2020).

Mas, antes de tudo isso acontecer, depois de ser despertada do seu estado de hibernação pela elevação da intensidade da luz solar e do aumento do deslocamento dos ventos, contendo maior quantidade de umidade que ficam soltas na atmosfera, as plantas, principalmente as árvores, eliminam de vez, as folhas velhas, substituindo-as pelas novas, que contêm estas, os parênquimas clorofilianos, compostos do estômato e sua boca, mais a câmara subestomática, semelhante ao alvéolo pulmonar, com formato de feijão, que juntos, terão a incumbência de realizar a fotossíntese com maior intensidade. Tem-se ainda a ressaltar que, a boca do estômato é constituída por um par de células-guardas, que funcionam como os lábios humano, e são divididas por uma abertura central, de nome ostíolo, que liga a câmara subestomática localizada no interior da planta, responsável pelo acúmulo de água e gases, com o meio externo, o ambiente.

Depois de trocadas as folhas, as árvores, de imediato, dão início ao processo de fotossíntese que auxiliará grandemente às florestas a anteciparem as chuvas. Dotadas de grande capacidade de absorção, por estarem recém-formadas, as folhas, por meio da ação dos parênquimas clorofilianos, passam a captar grande quantidade de luz solar, que as auxiliará, na forma de energia já convertida, a aproveitar da atmosfera, com o auxílio do estômato, além do oxigênio e do carbono necessários à respiração da planta, o hidrogênio, que é fundamental para que elas possam produzir a água.

Vale esclarecer que as plantas não captam do ar a água já pronta. Elas produzem a água, fato esse que é muito importante para a geração das chuvas. Na realidade ela recolhe da atmosfera e do solo, por intermédio da ação da folha e da raiz, apenas os elementos químicos puros, que funcionam como a matéria prima para a produção de seu alimento, no seu interior, no caso, o hidrogênio, o carbono, o oxigênio, o nitrogênio, o fósforo, o enxofre, o magnésio, o cálcio, o potássio, o ferro, o cloro, o cobre, o manganês, o zinco e o molibdênio, cada um com uma função específica, que depois são processados para a fabricação tanto da água quanto da seiva. Esta última conterá todos os nutrientes, subdivididos em macronutrientes e micronutrientes, que são produzidos durante o metabolismo realizado pelas estruturas internas das folhas e outros tecidos vegetais das árvores. Mas, de todas essas reações produzidas pelas plantas, a mais importante é a fotossíntese, que é feita com maior intensidade, por ser fundamental para a produção e fornecimento da alimentação dos vegetais e que é produzida pelos próprios vegetais, vale destacar.

De início, tanto o oxigênio quanto o carbono são utilizados como elementos essenciais para que a planta possa realizar o seu processo de respiração, que é mais perceptível, durante a noite. Durante o dia, além de respirar, de forma concomitante, a planta intensifica através dos trabalhos do parênquima clorofiliano, localizado nas folhas, a absorção da energia solar que, conforme já frisado, é a potência supridora de energia na forma de calor, fundamental para que o vegetal consiga produzir a sua alimentação, que se dá, por intermédio da realização da fotossíntese. No início desse processo, por meio da ação de seus componentes, a folha acrescenta o hidrogênio em número de dois, ao oxigênio, formando a água (H_2O) que é estocada na sua câmara subestomática.

Dando continuidade à realização da fotossíntese, a folha, depois de criada a água no seu interior, acrescenta, ao hidrogênio e ao oxigênio, o carbono, elaborando por meio desse procedimento, a glicose, que possui a fórmula molecular $C_6H_{12}O_6$, completando o processo. A glicose, depois de produzida pela fotossíntese, é misturada com a água e os demais elementos químicos que, por entrarem em processo metabólico transmutável, dão origem à seiva, que estará composta de todos os nutrientes (macronutrientes e micronutrientes), que são os alimentos da planta, quando então, serão distribuídos por todo o corpo do vegetal, garantindo assim, a nutrição saudável da mesma.

Vale lembrar que, todos os metabolismos efetuados pela planta, tanto o da produção de seiva quanto o da fotossíntese, são realizados de maneira intensiva, visto que, embora ela saiba que precisa produzir seu sustento, a mesma não tem noção da quantidade ideal, total necessária que tem que produzir. Ela só sabe o seu limite de consumo por dia. Assim, depois de atingir seu ponto de saciedade diário, uma parte ela estoca na forma de seiva, para garantir sua alimentação durante o inverno, já no seu período hibernação. Já a parte que excede tudo o que ela precisa para saciar suas necessidades diárias, mais o que é preciso ser estocado para garantir seu consumo durante o inverno, a árvore os elimina para o meio externo.

O fato interessante é que, o sistema de controle, absorção, distribuição, eliminação desses gases é um processo realizado de forma perfeita e constante pela planta na estação do verão. Assim, durante o dia em que é realizada a fotossíntese, para aproveitar ao máximo a luz solar, visando garantir o seu provimento, todo o excesso de oxigênio, além daquilo que é necessário para viabilizar a sua respiração e alimentação, que se dá pela fabricação da glicose e da seiva, é eliminado pelo seu estômato, para o meio ambiente, ao mesmo tempo em que a planta capta o carbono existente na natureza, na forma de uma troca perfeita (*tradeoff*).

É por isso que, durante o dia, a planta elimina o excesso de oxigênio produzido e absorve o carbono necessário para a realização do seu metabolismo. Nesse período, ao eliminar o excesso de oxigênio acumulado em seu interior, a planta provoca uma externalidade positiva tanto para o homem como para todos os animais visto que, esse oxigênio, será utilizado por esses seres, para garantir a sua respiração de maneira saudável. Ao mesmo tempo, por seu turno, sem perceber, tanto o ser humano como as demais espécies de animais, eliminam o excesso de gás carbônico que será utilizado pela planta, para garantir o processo de fotossíntese. Nesse caso, cria-se um sincronismo por intermédio de um *tradeoff* entre a respiração dos animais, inclusive do ser humano, e as plantas. Ambos utilizam a quantidade exata de gás de que precisam, no caso, as plantas, o carbono, e os animais, o oxigênio, deixando de lado o excesso que fica livre no ar e que é aproveitado pelo Planeta, que o auxilia no controle da temperatura ambiental. Nesse caso, gera-se um processo de ganha-ganha entre as respirações dos animais, das plantas e do próprio Planeta, uma vez que, o excesso de ambos os gases, no caso, mais o oxigênio que é absorvido pela Terra, a ajudará a controlar o excesso de poluição e garantir a estabilidade da sua resiliência, ou seja, a capacidade que o Planeta tem de se recompor, devido à ação praticada pelo homem na natureza e definida como antropogenia.

Vale ainda acrescentar que, além da respiração e da produção da fotossíntese, a planta também transpira e realiza o fenômeno que recebe o nome de sudação diurna. Todos esses metabolismos realizados pela arvore, dá suporte à vida saudável dos animais, entre eles o ser humano, que se verifica, novamente, pela geração dos excedentes produzidos e eliminando-os para o meio ambiente, criando as externalidades positivas realizadas pelos vegetais. Assim, outro tipo de externalidade positiva também realizada pela planta recebe o nome de Transpiração. O fenômeno da transpiração se dá por meio da eliminação do excesso de água do interior das folhas da planta para o meio externo, quando ela arrefece o calor do interior de suas folhas.

Diante desse princípio resta observar que, a água, dando continuidade às suas atividades no interior da planta, durante a realização da fotossíntese, quando são produzidas a glicose e a seiva, ainda ajuda as folhas no processo de transpiração. A transpiração da planta se realiza porque, quando a folha está trabalhando de maneira intensa, ela corre o risco de superaquecer e morrer, prejudicando toda a realização do metabolismo. Ao perceber isso, a árvore aciona a câmara subestomática que está localizada no interior da folha estocando a água. Ao receber a mensagem, de imediato a câmara subestomática libera a água que vai refrigerar toda a folha, eliminando-a depois, para o meio externo, na forma de vapor, através do ostíolo, que é o orifício localizado no meio do estômato, entre as células-guarda, no caso, também, podendo ser chamado de "boca do estômato". Dessa maneira, a câmara subestomática fazendo a liberação da água, impede que a folha superaqueça o que permite que a planta, dê continuidade à realização de todo o processo da fotossíntese.

De acordo com o Portal Biomania,[13] isso ocorre principalmente quando a umidade relativa do ar está baixa. Assim, novamente a árvore, por intermédio do processo da transpiração, gera outro tipo de excedente, agora, na condição de vapor d'água e provoca outra externalidade positiva, liberando a água em excesso, na forma de névoa, para o meio ambiente, que vai contribuir para com a melhora da umidade relativa do ar, o que facilita também, a respiração dos demais seres vivos, principalmente das pessoas, que têm problemas pulmonares.

Depois de contribuir com a realização da fotossíntese, da produção da seiva e da transpiração das folhas, a água produzida no interior da planta, ainda contribui com outro processo realizado pela árvore, e definido como sudação noturna. De acordo com o mesmo portal Biomania (2020), "a sudação ou gutação é a eliminação de água em forma de gotículas. Essas gotículas de água, que também contêm alguns sais minerais dissolvidos, saem por aberturas especiais que se encontram principalmente nos bordos e nas pontas das folhas". Ao contrário da transpiração diurna, a transpiração noturna ou sudação noturna é realizada com maior intensidade no período noturno, quando o solo está encharcado e a árvore se encontra com excesso de água no seu interior, eliminando-a para o meio externo misturada com o excesso de sais minerais que, assim como a própria água, foram produzidos no seu interior. Novamente, a árvore gera excedente na forma de água desta vez acrescida de sais minerais que se transformam no nutriente para o solo, e que é eliminada para o meio externo, gerando mais externalidade positiva ao meio ambiente e aos animais, estando incluídos entre eles, os seres humanos.

Assim, resta destacar outra função extraordinária que têm as árvores. Nesse sentido, em havendo excesso de água no seu interior e estando a umidade relativa do ar baixa, a árvore regula o ambiente eliminando vapor d'água, para manter estável tanto a temperatura quanto a umidade relativa do ar, gerando benefícios para os seres vivos. Já por outro lado, se a umidade do solo está alta, no caso, encharcado, durante a noite, o que pode prejudicar a saúde e o desempenho das raízes, novamente a árvore elimina água em excesso para o meio externo, na forma de gotículas, pelos bordos das folhas visando manter a situação do ambiente em que ela vive, sob seu controle. Por intermédio dessas ações, as árvores contribuem com outro tipo de benefício para a biota, que é o de regular os desequilíbrios ambientais, garantindo a estabilidade de vida para todos os seres vivos.

De acordo com as análises efetuadas acima relativas à ação das plantas, por intermédio da sua estrutura corpórea e das folhas, constata-se que as árvores são extraordinárias fábricas geradoras de excedentes, nas formas de alimentos, citando as sementes como exemplo, e também, de água, oxigênio, flora medicinal e sais minerais, misturados com suas seivas tornando-as expostas a céu aberto e disponível para toda a vida animal, fatores esses que contribuem de maneira fundamental para a conservação da saúde, da alimentação e da vida dos seres vivos de uma maneira geral, no Planeta. Além de tudo isso, deve-se reconhecer ainda que, as árvores são fábricas perfeitas, principalmente pelo fato de que elas, em hipótese alguma, poluem a atmosfera com externalidades negativas, pelo contrário, elas facilitam o controle e a manutenção da biodiversidade do Planeta, contribuindo com a estabilidade natural da sua capacidade reprodutiva e de preservação de sua resiliência, que se dá pela realização das externalidades positivas.

Na realidade, não existe a expressão "mãe natureza", e sim, o reconhecimento de que verdadeiramente é a árvore, a grande mãe da natureza e da própria economia, permitindo que, por intermédio da geração de excedentes na forma de sementes, foi ela que viabilizou a *François Quesnay* desenvolver a teoria do excedente

---

[13] https://biomania.com.br/artigo/angiospermas-folha. Acesso em: 15/08/2020.

econômico e que, Smith por seu turno, a transferiu para a atividade produtiva por meio do desenvolvimento da teoria do valor trabalho e da sua divisão em etapas, durante a produção de mercadorias, não sem antes Platão já ter afirmado que, os assalariados, para terem remuneração visando garantir a aquisição dos bens necessários aos provimentos de suas necessidades, vendem o uso da sua força física, chamando de salários, sua compensação. Platão (2006:64).

De todas essas ações espetaculares, depreende-se que, são as árvores as grandes provedoras do equilíbrio natural do Planeta e que viabilizam a garantia da manutenção do *habitat* de forma saudável na Terra. Sem a árvore, pode-se afirmar que, não existe vida.

Quando se diz que, para que se tenham outros planetas habitados no Universo, basta que se constate a existência da água e de oxigênio no seu interior, que são os responsáveis pela viabilização da vida das bactérias e outros seres vivos, esse é um grande equívoco que comete a humanidade. A evidência real e ideal, não é a da existência de água e oxigênio em abundância, mas sim, a de que esses planetas tenham *habitats* naturais com predomínio de grandes florestas.

Não é à toa que o Livro do Gênesis afirma no terceiro dia da formação do Universo e da Terra, antes da origem do homem e de todos os animais selváticos:

> Disse também Deus: As águas que estão debaixo do céu, ajuntem-se num mesmo lugar, e o elemento árido apareça. E assim se fez. E chamou Deus ao elemento árido terra, e ao agregado das águas mares. E viu Deus que isto era bom. Disse também Deus: Produza a terra erva verde que dê a sua semente; e produza árvores frutíferas que deem fruto, segundo a sua espécie, e que contenham a sua semente em si mesmas, para a reproduzirem sobre a terra. E assim se fez. E produziu a terra erva verde, que dava semente segundo a sua espécie; e produziu árvores frutíferas que continham a sua semente em si mesmas. E viu Deus que isto era bom. E da tarde e da manhã se fez o **dia terceiro**.

3.2.1 Como se dá o processo de criação das chuvas pelas florestas e a intensificação da formação de desertos no território brasileiro

Agora, resta explicar como é que as florestas contribuem grandemente para a realização do fenômeno da antecipação das chuvas, na fase de transição entre o inverno e a primavera, período esse que antecede o verão, que é o mais chuvoso de todas as estações climáticas.

Quando as árvores trocam as folhas, essa etapa é essencial porque as folhas velhas não conseguem fazer o trabalho da fotossíntese com a mesma intensidade e eficiência que as novas. Como as árvores sentem isso, quando a temperatura começa a aumentar e os ventos mudam de intensidade, trazendo maiores quantidades de vapores de água, as folhas novas já criadas, dão início à captação dos elementos químicos que formam a água - porque a água apenas captada do ambiente, não é suficiente para completar todo o processo de fotossíntese das plantas -, no caso, o oxigênio e o hidrogênio, e começam a sua fabricação estocando a água nas suas câmaras subestomáticas, ao mesmo tempo em que os parênquimas clorofilianos, aumentam a captação de luz solar, que é responsável pela intensificação da realização da fotossíntese.

Como o início da primavera é quente e seco, seco devido ao inverno, as folhas liberam parte da água estocada na forma de vapor, das suas câmaras subestomáticas, que se dá por intermédio da ação dos ostíolos, um orifício localizado entre as células-guarda, no meio dos estômatos, responsável pela ligação da câmara subestomática com o meio externo. Através desse procedimento, conforme já frisado, os vapores de água liberados pelos estômatos, refrescam a folha permitindo que essa mantenha a realização da fotossíntese na sua intensidade máxima, sem se superaquecer e garantindo o processo de fabricação da sua alimentação.

Como se está falando no caso de florestas, a quantidade de vapores de água liberada pelas folhas das árvores se multiplica, principalmente no período vespertino, já no final da tarde, devido à diminuição da intensidade da luz solar, transformando-se em névoas que são liberadas para o meio ambiente. Em períodos normais, essas névoas refrescam o ambiente no período noturno, caindo no solo quando se refrescam pela queda de temperatura durante a noite provocando o fenômeno do orvalho também chamado de sereno. É por isso que nas proximidades das florestas, ou mesmo no interior desses bosques, a temperatura se torna amena e úmida. Excelente para relaxar o espírito e dormir.

Durante a primavera quando se está chegando o verão, as zonas de alta pressão se aproximam dos continentes, trazendo consigo os ventos carregados de vapores de água, provindos dos oceanos e levando-as para o interior da parte seca do Planeta. Ao se deslocar para o interior dos continentes, essas massas de ar carregadas de vapores de água forma o que se chama de rios voadores. Por conseguinte, uma vez já dentro da parte seca do Planeta Terra, esses rios voadores se chocam com os vapores de água oriundos das florestas criadas pelos fenômenos descritos acima, e que são levadas de baixo para cima da atmosfera por meio doas zonas de baixa pressão. Assim, ao serem levados para a parte superior da atmosfera os vapores de água carregados pelos ventos gerados pelas zonas de baixa pressão se chocam com os rios voadores trazidos pelos ventos gerados pela zona de alta pressão oriundo dos oceanos. O resultado desse choque é que provoca o milagre das chuvas.

Assim, mesmo na forma de névoa, esses vapores de água se elevam e, já na parte superior da atmosfera, se unem a outras emanações de água trazidas pelos ventos, fazendo com que os excessos de eflúvios se juntem às nuvens que, por conseguinte, formam as gotículas que se transformam em chuvas. É por isso que, no período de transição entre o inverno e a primavera, é nas florestas que as chuvas ocorrem primeiro decorrentes da união dos vapores de água, gerado pela transpiração das folhas, que se volatilizaram e se juntam com as emanações de água existentes na atmosfera, trazidas pelos ventos. Nesses casos, é o processo de transpiração das florestas que faz aumentar a quantidade de vapores de água na atmosfera, que se juntam aos eflúvios de água trazidos pelos ventos, e que se transformam em chuvas.

Diante do exporto sobre o comportamento dos vegetais no que concerne à formação das chuvas consegue-se depreender com maior propriedade, que as florestas além de funcionarem como os verdadeiros pulmões do Planeta, devido a grande quantidade de excedentes de oxigênio que liberam no meio ambiente, são também responsáveis pelo desprendimento dos vapores de água que sobem da terra, cedidos na forma de excedente pelos seus estômatos, localizados nas folhas, que se unem com a evaporação da água dos rios, mares e oceanos, trazidos pelos ventos, amenizando todo o clima da Terra. Isso, sem contar ainda o fato de que, os benefícios gerados pelas florestas, contribuem de forma decisiva para a melhoria do bem-estar tanto físico quanto espiritual dos seres humanos, principalmente, os que sofrem de problemas pulmonares.

Além de todos esses benefícios, as florestas ainda proveem por meio do fornecimento de folhas, raízes, cascas, troncos, seivas medicinais e excedentes de alimentos, na forma de sementes, a saúde dos seres vivos, inclusive das pessoas, se transformando nas grandes supridoras de riquezas naturais que abundam os ecossistemas existentes no Planeta. Ademais, no caso da Floresta Amazônica, foi descoberto que esses vapores de água trazidos pelos ventos e misturados com os eflúvios de água, fornecidos por essa majestosa floresta equatorial, se transformam em verdadeiros rios voadores que viabilizam a existência da vida em, praticamente toda a América do Sul, contribuindo com a preservação e manutenção da saúde de milhões de vidas nesse Continente.

Antigamente, muito se pensava que eram as primeiras chuvas que faziam com que as folhas das árvores surgissem como num passe de mágica. Porém, atualmente se enxerga o contrário. Não é a chuva que provoca o surgimento das folhas, mas sim, é o trabalho da fotossíntese realizado pelas folhas novas que provocam o milagre da chuva, principalmente depois de um sol muito quente e seco. Isso porque é nessa hora que as folhas transpiram mais, amenizam a intensidade do calor, e com o excesso de transpiração realizada por elas em conjunto com a umidade trazida pelos ventos, que se localizam na parte superior da atmosfera é que provocam as primeiras chuvas de primavera, depois, verão.

Por intermédio desse procedimento, também se consegue entender como é que surgem os desertos, e porque esses, por seu turno, se localizam em maior quantidade e tamanho, nas regiões próximas dos trópicos do Planeta. Tal fato ocorre principalmente, nos espaços de terra em que não existem florestas. Isso porque, aonde não há floresta, não existe o processo de transpiração das folhas e dos demais fenômenos originários da fotossíntese realizada pela árvore e, sendo assim, os vapores de água trazidos pelos ventos não se misturam com a água criada pelos bosques, fazendo com que os rios voadores passem direto por essas regiões, sem serem percebidos e sem provocarem chuva, tornando o solo seco, depois ressecado, o que o faz perder seus nutrientes e se transformem em grandes montanhas de areia.

Foram justamente esses fenômenos que provocaram tempestades de areia no interior do Brasil numa extensão de mais de trezentos quilômetros atingindo várias cidades do interior de São Paulo e Mato Grosso do Sul, agora na primeira quinzena de outubro, fatos esses que em conjunto já se traduz no processo de transformação desse País no maior deserto do Planeta de forma intensa e que se estenderá, segundo os analistas científicos mais renomados na área ambiental, das caatingas do nordeste até a região norte do Rio Grande do Sul. Isso em menos de cem anos, se continuar o processo de destruição das florestas brasileiras na mesma intensidade atual.

Com a destruição das florestas e das matas que cobrem o solo, esse fica exposto diretamente à intensidade da luz solar, principalmente devido a realização do corte raso, que é um tipo de preparação do solo, aonde se tira tudo do mesmo, inclusive as raízes, o que impede que novas árvores surjam no lugar, para a realização de plantio da soja, dos capins e da cana-de-açúcar. Por meio desse processo a terra fica totalmente desnuda expondo e destruindo as nascentes, eliminando completamente a flora e a fauna das regiões, impedindo que se façam estudos científicos para se analisar o potencial dessas plantas para a produção de remédios e outros benefícios para a saúde humana e de outras espécies de animal.

Com o passar do tempo, não chegando as chuvas no local, como aconteceu na região do interior do Estado de São Paulo e Mato Grosso do Sul, por mais de três meses, todos os nutrientes do solo se perdem transformando-se em pó que são soltos no ar tornando-o pobre e sem capacidade de recompor-se. Se essa situação persistir, ela pode provocar problemas respiratórios na população, principalmente para as pessoas que tem morbidades na região pulmonar, em especial, as crianças, e os idosos.

Nesse cenário, a terra fica ressecada e a temperatura se eleva acima dos padrões normais para a área afetada, o que faz criar uma redoma de calor muito intensa e que se espalha por toda a região tornando o ambiente extremamente impróprio para a respiração devido à queda da umidade relativa do ar e ao aumento da poluição em níveis elevados.

Em se mantendo essa situação, na primavera, no período mais próximo do verão, chegam os ventos com grande quantidade de vapores de água, provocados pelas zonas de alta pressão, oriundos dos oceanos, que se adentram pelo continente, formando o que se chama de rios voadores. No interior do continente eles têm dificuldade de continuar seu avanço, em decorrência da presença de redomas de calor, provocados pelo desmatamento e pela grande quantidade de pó que se forma no ar, fazendo com que grande quantidade de vapor de água sentindo essa resistência do calor, se desloque para outras regiões enquanto que outra parte se acumule nos lugares mais altos da atmosfera por não poderem continuar seu deslocamento para o interior do continente.

Quando outras massas de ar carregadas de vapor d'água provocadas por novas zonas de alta pressão oceânicas penetram pelo continente, se deparam com aqueles vapores de água já retidos na atmosfera pela presença das redomas de alto calor geradas pelas zonas de baixa pressão. O encontro dessas novas massas de ar úmidas se deparando com as redomas de alta intensidade de calor, que se transformam em verdadeiras saunas em céu aberto e faz com que haja um aumento de ventos que se formam para romper esse obstáculo. Quando isso ocorre, há a geração de ventos muito fortes e de alta intensidade provocando, primeiro, as tempestades de pó, depois as chuvas torrenciais que destroem toda a base do que restou da proteção do solo transportando-os como reféns da imensa força das tempestades que passam a destruir tudo que encontram pela frente.

O resultado de tudo isso, normalmente é uma catástrofe social provocando inundações, destruição de casas, plantações, e o que resta das árvores que estão à frente. É assim que tem início à formação de desertos no interior dos continentes, fato esse que está acontecendo no Brasil, já em alta intensidade, em virtude da destruição da resiliência da terra provocada pela destruição desordenada das florestas decorrentes das ações antropogênicas.

No caso da Floresta Amazônica, em virtude da sua destruição, a maior parte dos ventos que trazem os vapores de água dos oceanos, esses quando deparam com as redomas de calor, quando não ficam retidos, se deslocam mais para cima, próximo à linha do Equador onde se deparam com as montanhas dos Andes e se deslocam para o sul, provocando chuvas torrenciais na zona temperada do Hemisfério Sul, a partir da região sul do Rio Grande do Sul. Então, as chuvas que deveriam ocorrer com maior intensidade nas áreas que estão se transformando em desertos no interior do Brasil, tendem a se deslocar mais para o sul, provocadas pela deslocação dos rios aéreos, o que, no futuro, quando o interior do Brasil se tornar em deserto, provocarão chuvas cada vez mais torrenciais começando na Bolívia até a região sul da Argentina, trazendo calamidades para toda essa região.

No que se refere à quantidade de massa de ar provinda do Oceano Atlântico por meio dos rios voadores, devido à presença da redoma de calor no interior do continente, como afirmado acima, ela se divide, principalmente em três partes. Duas já foram descritas acima e a terceira, toma caminho diferente. Essa última massa de ar, por ser mais forte e se situar mais acima, ao norte dos rios oceânicos e adentrarem para o interior da América do Sul, mais próxima do Círculo do Equador, empurrada pela resistência da redoma de calor, ao atingir o Circulo, possivelmente acaba se misturando com o fenômeno definido como protuberância equatorial[14]. Nessa região, o empuxo gravitacional da Terra é menor. Devido a esse fator, do empuxo gravitacional ser menor, considera-se que grande parte dessa massa de ar úmida, atravessa o Equador e atinge as zonas de alta pressão do Hemisfério Norte, ali na região do Caribe.

É justamente nessa região que se formam as grandes zonas de alta pressão, com ventos extremamente fortes, cheios de vapores de água. Ao atingir essa área, o que restou dos rios voadores que se deslocaram para o Hemisfério Norte, por não conseguir se adentrar para o interior do continente latino americano, se soma à umidade e aos ventos dessa região. Esse fenômeno faz aumentar a força dos furacões que se formam nessa área e se deslocam destruindo tudo pela frente até atingir o sul dos Estados Unidos, onde provoca todo tipo de calamidade climática nessa Nação. Como esta parte da presente teoria ainda precisa ser confirmada com maior propriedade com o uso de instrumentos meteorológicos e por profissionais da área, ela será considerada apenas como hipótese a ser testada por esses profissionais.

Tal hipótese deve começar pela consideração sobre os efeitos provocados pela devastação sem sentido da Floresta Amazônica no Brasil, a partir do ano de 2019 em relação às chuvas torrenciais que ocorreram no sul dos Estados Unidos e se estenderam até a cidade de Nova Iorque, no inicio do ano 2020 e 2021, no primeiro estágio da fase chamada como período das tempestades nesse País. Quando atinge esse estágio, a massa de ar provinda do Brasil carregada de vapores de água, depois de adentrar no Hemisfério Norte e atingir a Costa Atlântica dos Estados Unidos, ela se esparrama misturando-se com outras massas de ar e formando novas zonas de alta pressão, até alcançar a Europa, o que, provocou possivelmente, as tempestades na Europa Ocidental. Entrementes, conforme já frisado, tal situação precisa ser analisada com maior propriedade, motivo pelo qual a mesma será considerada apenas como uma hipótese provável de se acontecer, não estragando com isso, a qualidade e seriedade deste estudo.

Outra atividade que provoca um efeito similar à destruição das florestas no Brasil pela realização das queimadas vale dizer, procedimento esse último, já condenado pioneiramente por Monteiro Lobato em 1912 (Frazão, 2021), é a construção de usinas hidrelétricas.

Para se produzir energia elétrica a partir das usinas hidrelétricas é necessária que se faça a construção de barragens. Para que as barragens possam entrar em funcionamento são fechadas as comportas das usinas o que bloqueia o deslocamento de água pelo leito dos rios representando-a, criando-se no local um imenso lago. Esse lago quando começa a ser formar se espalha por toda a área em volta destruindo tudo que encontra pela frente, inclusive e principalmente as florestas. Então, no lugar onde havia a floresta, muitas delas riquíssimas em biota (flora e fauna) além de possíveis riquezas minerais no subsolo, são destruídas para dar lugar a uma imensa quantidade de água retida. Só ai, nesse processo, com a destruição das florestas, há uma redução de imensa quantidade de vapores de água produzida pelos bosques que fertilizavam o solo e amenizavam o calor nos momentos de intensa radiação solar.

Esse fenômeno provoca efeito semelhante ao da destruição da floresta e sua substituição por pastos ou plantação de sementes tornando a região mais pobre em termos de produção de água necessária para formar as chuvas visto que, a água parada dos lagos se evapora e quando atingem a atmosfera é destruída pela alta intensidade da luz solar, transformando-a em apenas átomos de oxigênio e hidrogênio soltos no meio ambiente. Nesse caso os vapores de água simplesmente desaparecem e quando vêm os rios aéreos eles não encontram essa umidade produzida pelos bosques para possibilitar a formação das chuvas, fazendo com que a pluviosidade da região caia. Infelizmente, para complicar a situação da floresta amazônica, foram construídas duas usinas hidrelétricas enormes, no caso, Tucuruí e Belo Monte, que acabaram por destruir imensas áreas de floresta, que, associadas ao processo de intensificação da destruição da Floresta Amazônica a partir de 2019, para plantação de pasto e semente, acabaram por intensificar o processo de formação de desertos no interior do Brasil.

---

[14] Ver: Linha do Equador. Disponível em: https://pt.wikipedia.org/wiki/Linha_do_equador Acesso: 21/10/2021

Científica e economicamente falando, não se entende os porquês da construção de hidrelétricas nessa região, inclusive no Brasil, visto que, ela é a área que mais recebe incidência de luz solar no Planeta pelo fato de ser cortada pelo Círculo do Equador, que é a região mais quente da Terra. O próprio Brasil está numa área considerada como tórrida do Planeta, localizado entre o Trópico de Câncer e o Trópico de Capricórnio, estando no meio desses dois trópicos o Círculo do Equador, portanto, recebendo incidência máxima de sol praticamente, durante o ano todo.

A única explicação mais plausível para a substituição da energia solar pelas usinas hidrelétricas nessa região está relacionada ao volume de investimentos necessários para fazerem essas usinas e também ao número de lobbys que são formados por "empresários" e "políticos" para terem acesso aos recursos financeiros, o que não é pouco, vale dizer, que são destinados à construção dessas unidades que são gigantescas e envolvem enormes gastos financeiros, por demandarem uma quantidade absurda de projetos de infraestrutura, compra de matérias primas na forma de ferro, cimento, aço, aquisição de caminhões, tratores, pá carregadeiras, mão de obra qualificada como engenheiros da construção civil, elétrica, arquitetos, ambientalistas, mais trabalhadores não qualificados, indústria de fabricação de geradores, tubos, enfim, tudo quanto é tipo de instrumentos necessários para a construção da infraestrutura dessas unidades energéticas e que envolvem ainda, as adoções de técnicas especializadas de superfaturamento e de negócios escusos. Assim, cria-se um cenário único para a prática de todas as atividades legais e ilegais, por parte dos atores do processo visando terem acesso de uma maneira ou de outra, nesses recursos oriundos dos impostos pagos pela sociedade.

Já na construção das barragens tem início os principais problemas "ambientais e sociais, pois uma grande área de terra (na maioria das vezes, produtiva) será alagada e todo sistema social e ecológico será destruído para sempre" Derrosso & Ichikawa (2014).

Na concepção de Bermann (2003) apud Derrosso & Ichikawa (2014), "do ponto de vista ecológico, as populações de animais, ecossistema, fauna e flora são alagados para abrigar o reservatório de água. Do ponto de vista social, as populações que ali residiam são compulsoriamente deslocadas e, junto com isso, mudam hábitos, rotinas, funções produtivas, relações sociais".

Segundo ainda os mesmos autores, Queiroz (2000, p. 15) acrescenta que "o enchimento de reservatórios tem levado ao esvaziamento da vida de milhares de pessoas, a despeito das insuficientes e amiúdes equivocadas ações compensatórias a elas dirigidas pelo poder público". Dessa maneira "a construção das usinas, na maior parte das vezes, provoca um deslocamento de famílias e de modos de vida, para outras áreas territoriais, visando à formação do reservatório da futura hidrelétrica." Derrosso & Ichikawa (2014).

Derrosso & Ichikawa (2014) reproduzem as narrativas baseadas em dados apresentados por Zhouri e Oliveira (2007), asseverando que:

> [...] No Brasil, mais de um milhão de pessoas foram compulsoriamente deslocadas, devido à inundação de suas terras promovida pelas usinas hidrelétricas. Essa mudança não é apenas de espaço físico, mas principalmente altera as relações sociais, as ocupações laborais, as rotinas, as representações simbólicas, os vínculos, ou seja, a identidade dessas populações. E aí está a dificuldade das populações em se adaptar a essa nova situação e ressignificar suas identidades, ligadas ao espaço territorial passado, deixado para a construção do reservatório da nova usina.

Consubstanciado em tais afirmações, novamente, volta-se a frisar que, como no Brasil quem paga imposto é o pobre e o trabalhador(a), visto que esses cidadãos(ãs) não tem para onde fugir, e como tal, diante disso, são os mais humildes e os assalariados(as) que alavancam as falcatruas no País por meio dos impostos que eles são obrigados a recolher perante a Nação, é assim que eles sustentam um sistema definido como "democracia" onde prevalece a tirania dos lobbys. Nesse cenário, cria-se o processo do ganha ganha entre os grupos articulados para praticarem todo tipo de saque contra o erário público. Diante desse quadro dantesco, no País prevalece a seguinte situação: se você roubar do seu jeito e com sua equipe e não intrometer no meu roubo e da minha equipe estará tudo bem. Você não intrometendo comigo e eu não me metendo na prática que você executa, estará tudo resolvido. Então, cada um roubando do seu jeito e não se intrometendo no jeito de roubar de outrens, que mal tem? É assim que foi criada a tirania coletiva contra a tirania individual praticada contra o Estado e os mais humildes. Nesses casos, enquanto a sociedade e o Estado perdem por meio de artifícios fraudulentos, os lobbys ganham por criarem estratégias intencionais de circulação de propinas.

Já de antemão pedindo desculpas pela minha intromissão nessa retórica, esse quadro me faz lembrar um caso semelhante que eu tive a oportunidade de presenciar quando era criança. Na minha infância, praticamente todos os garotos na fase dos 12 aos 17 anos costumavam brincar na rua. Ou jogando futebol, ou brincando de polícia/ladrão, ou roubando frutas na casa do vizinho, ou brigando nas ruas ou até, entre os grupos mais pesados, roubos em supermercado. Como minha mãe sabia de tudo isso, me liberava para brincar com esses meninos mas com limites expressos, quais eram: não andar em grupo, não fumar nada que eles me oferecessem, não ficar na rua depois das 18:00hs, e por ai vai... Entre esses garotos, eu tinha três amigos, um de 12 anos, e mais dois irmãos que sempre andavam em grupo. Essas crianças eram as mais sapecas porque seus pais já eram de certa idade, trabalhavam fora e não tinham com quem deixar esses irmãos. Nesse caso os pais deixavam o almoço pronto, que eles comiam depois de voltarem da escola, uma escola pública. Na parte da tarde, depois de fazerem os deveres de casa, que eles terminavam lá pelas 15:00hs, o mesmos saiam para se divertir na rua, e então, era só brincadeira. Costumeiramente esses dois irmãos que saiam pelas suas andanças, levavam o menor garoto da gurizada, que tinha apenas 12 anos, para lhes ajudar. Normalmente, para fazerem suas artes, esses três só andavam juntos.

Certo dia, lá pelas 16:40hs, quando estávamos todos jogando futebol na rua, apareceram os três, cada um carregando uma caixa de isqueiros que eles acendiam e ficavam colocando fogo em tudo que encontravam pela frente. Durante a colocação de fogo nos plásticos, nas folhas, nas árvores secas, eles tiravam um isqueiro da caixa e os distribuíam para todos os colegas presentes.

Numa dessa, um dos nossos colegas perguntou para os três: - De onde vocês tiraram essas caixas de isqueiros?

Eles responderam: - Nós roubamos no supermercado....

Aí, todo mundo arregalou os olhos e perguntaram para os três: - Como é que vocês fizeram isso?

Então eles começaram a relatar a aventura: - Tem o supermercado tal, esse supermercado fica na beira de um morro que no alto tem uma igreja. No pé desse morro existia muitas moitas que davam para os três esconderem os frutos do roubo. O supermercado, a sua frente, dava para uma avenida muito movimentada onde os clientes entravam e saiam com suas compras. Na parte dos fundos do supermercado tinha uma rua estreita que era usada para que os caminhões viessem e descarregassem as mercadorias para formarem o estoque da venda, que ficava no segundo andar e tinha uma sacada que dava acesso para a rua.

Pois bem, quando os caminhões chegavam, descarregavam as mercadorias e as levavam para o depósito que era acessado por uma escadaria bem larga, que a ligava ao primeiro andar. Chegando ao segundo andar, os funcionários do supermercado deixavam as mercadorias e iam fazer outras atividades.

Então, os três amigos, vendo os caminhoneiros descarregarem as mercadorias e os funcionários as levarem para o andar de cima no depósito, começaram a avaliar a situação. A brecha que eles encontraram nas instalações do supermercado e que facilitava a prática do roubo, era a sacada.

Dessa forma, depois que o local ficou vazio, eles colocaram o parceiro mais alto e menos inteligente para subir pelo lado de fora da sacada, adentrar para o depósito e pegar as mercadorias que estavam já guardadas.

Quando o irmão mais velho subiu e adentrou ao depósito para roubar as caixas de isqueiros, o irmão mais novo, que era o mais esperto da turma, ficava na parte de baixo da sacada, para aparar as caixas que eram jogadas pelo seu irmão, enquanto que, o mais jovem dos três, pegava a mercadoria que lhe era repassada pelo irmão mais novo do meliante, que estava no andar de cima roubando as caixas e as escondia rapidinho, nas moitas situadas no pé do morro que ficava perto, a uns trinta metros do local.

Numa dessas idas e vindas apareceu o guarda. A presença do guarda de imediato foi percebida pelo membro mais novo da equipe, que era responsável por esconder as caixas nas moitas.

Ao ver o guarda, o membro mais novo tratou de avisar o irmão mais inteligente dos três, que ficava responsável por aparar as caixas que lhes eram jogadas. Ao ouvir o aviso do amigo, esse de imediato, procurou avisar o irmão que estava no andar de cima do supermercado.

Infelizmente isso não foi possível. Isso não foi possível porque, no momento que apareceu o guarda o irmão mais velho estava no interior do depósito para pegar mais caixas. Assim, o irmão mais novo não pôde avisá-lo.

Como o irmão mais novo e o menino mais criança de todos, não puderam avisar o irmão mais velho, esses correram e foram esconder por detrás das moitas que ali perto ficavam.

Na parte de cima, quando o irmão mais velho chegou com mais uma caixa na sacada para jogá-la para o irmão mais novo que ficava na parte de baixo, esse se deparou de frente com o guarda que estava olhando para cima para ver o que estava acontecendo ali.

No desespero, o irmão mais velho, como não tinha para onde correr, e, diante do medo terrível, fez uma proposta para o guarda.

Essa foi a proposta: - não seu guarda, não avise ninguém não.... nós repartimos .... nós repartimos...

Diante dessa oferta, o guarda olhou para todos os lados. Como viu que ali não tinha mais ninguém, esse não pestanejou e de imediato, gritou para o irmão mais velho, que estava roubando as mercadorias: - Então manda mais... manda mais.....

E assim, ficaram os quatro roubando o supermercado: o amigo mais novo, os irmãos e o guarda.

É isso que se dá, nas tão propaladas "democracias" existentes pelo mundo: roubo coletivo do erário público por meio de lobbys articulados.

De volta ao tema, como esse tipo de investimento é muito volumoso e são feitos em intervalos de tempo longos, aqueles "políticos" e "empresários" que estiverem atuando no período de construção dessas obras, podem se sentir felizardos por terem acesso a esses recursos fazendo crescer suas fortunas particulares. Então, diante desse cenário, os projetos de viabilidade econômica em relação aos custos benefícios de construção de fontes de energia alternativas são negligenciados, fazendo prevalecer aquelas obras que geram mais ganhos para os lobbys criados em detrimento das fontes alternativas mais viáveis e mais baratas para o País. Como a construção de usinas fotovoltaicas são mais baratas, não geram danos ambientais e engloba uma quantidade menor de atores envolvidos na sua construção, ela fica relegada em segundo plano, em detrimento da preocupação com a sustentabilidade ambiental e da preservação de recursos naturais às gerações futuras.

Entrementes, ultimamente esse quadro tem sido mudado em virtude do aumento dos períodos das secas no Brasil, provocando as crises hídricas e fazendo elevar as despesas da população com energia, geradas pelas termelétricas, o que é um grande absurdo. Infelizmente, novamente, os interesses de grupos particulares, a ambição e a ganância por ganho de dinheiro fácil, começam ou já está prevalecendo na situação. Isso porque, ao invés de se construírem empresas estatais, para viabilizar o acesso da população total do País a esse tipo de recurso energético, estão se abrindo concessões para empresas particulares, até oriundas de outras nações para explorarem esse segmento em busca de lucros elevados na forma de superlucros. Fato esse que dificulta e até em alguns casos inviabilizam definitivamente os investimentos do País na produção de mercadorias, transportes, acesso a matérias primas baratas e o potencial de investimentos em empresas, que demandam grande quantidade de energia, que é necessária para viabilizar suas atividades produtivas.

Essa situação acaba por transformar um Estado que deveria ser extremamente rico e de grande potencial de desenvolvimento em uma Nação pobre, tal qual são os Estados Unidos, que é um país que concentra suas atividades econômicas na iniciativa privada, dentre eles o setor serviços, que é um ramo de produção derivado do segmento da fabricação de produtos e é considerado improdutivo por consumir suas mercadorias no momento de sua própria produção, tornando-se assim, uma categoria que não gera desenvolvimento por não produzir riquezas na forma de bens. Esse quadro torna essa Nação americana num Estado pobre, de população mal distribuída em relação ao poder aquisitivo, onde aparecem as maiores discrepâncias entre os pobres e os ricos, visto que apenas 1% da população detém já o controle de 70% da riqueza total desse país, enquanto que, por outro lado o mesmo possui um número absurdo de miseráveis que perfaz um total de 46,8 milhões de indivíduos situados abaixo da miséria absoluta, fazendo prevalecer assim, para esse, o perfil populacional de Estado indigente em que pese o mesmo seja o detentor da moeda de circulação global, como é o caso do dólar, tenha a maior concentração de milionários do Planeta, as maiores empresas, as forças armadas mais poderosas do mundo, e em contraposição, possui a maior divida interna e externa do Planeta, incobrável e impagável, fatos esses que são inexplicáveis pela Economia Política e Empresarial puras. Na atualidade a miséria desse Estado é tamanha que o mesmo é dado a saquear e pilhar as riquezas naturais mais rentáveis das nações subdesenvolvidas do mundo impedindo que essas tenham condições de sair de seu estágio de miséria e submissão total em relação aos países mais poderosos.

Paixão (2021:281) assevera que:

> Em data recente, baseando-se em estudos e pesquisas diversas, realizadas pelas entidades mais importantes do mundo, que tratam desses assuntos, já é consenso que a renda global se centraliza em mãos de poucos, de forma cada vez mais intensa. De acordo com o jornal, "O Globo", em matéria veiculada, em 18/06/2017 - 21:38 h., e atualizado às 21:44 hs., do mesmo dia, baseando-se em publicação, divulgada pelo relatório do *Boston Consulting Group – BCG*, apenas 1% da população global para o período contemplado pelos estudos, detinha 45% da riqueza global. Outro dado interessante sobre esse tema e apresentado pelo mesmo relatório e divulgado ainda pelo mesmo jornal, é a previsão de que, já em 2021, "os milionários estadunidenses, terão 70% da renda desse país".

O mesmo autor, fundamentado em Platão(2006), argumenta que, em termos de economia política e empresarial puras, não adianta se ter um Estado pobre de população rica, mas sim, um Estado rico de população rica pois enquanto o Estado rico garante a liberdade de ir e vir de sua população, o mesmo não se pode dizer de uma população rica vivendo num Estado pobre. Numa Nação rica de população rica, seus habitantes desfrutam de segurança, bem estar físico e espiritual; facilidade de locomoção, acesso fácil a lazer, trabalho, relacionamento mútuo e garantia de estabilidade futura.

Atualmente, o país que mais se aproxima desse perfil é a China construída a partir da gestão de Deng Xiaoping, nos idos do final da Década de 70, do Século passado e levada adiante por Xi Jinping, o que transformou esse País na segunda maior potência econômica e na terceira força militar, ambos da atualidade. A população de uma Nação qualquer ela que seja somente será rica se o Estado for rico em termos de fornecimento de toda a infraestrutura social, de segurança e econômica necessárias, para garantir a sobrevivência digna de sua população. Segundo Platão, em sua obra "A República", para que a sociedade ou o povo de um determinado país possa atingir esse estágio, é necessário que isso seja realizado mediante o desenvolvimento dos fundamentos da educação e da cultura.

Entendendo educação como sendo um conjunto de recursos fundamentados em valores tais quais: a sabedoria, a coragem, a justiça e a temperança. Uma sociedade não se baseia em leis, porque senão, como diz Platão (2006:25):

> Mas cada governo faz suas leis em seu próprio interesse. A democracia institui leis democráticas a tirania emana leis tirânicas e os demais, do mesmo jeito. Uma vez estabelecidas as leis, os governantes proclamam justo para seus súditos o que convém a eles e punem os transgressores como violadores da lei e da justiça. Pretendo, portanto, dizer, meu caro, que em todos os Estados a justiça é sempre o

interesse do poder constituído e esse tem tal força que, ao que parece, é justiça sempre e em qualquer lugar a mesma coisa, isto é, o interesse do mais forte.

De volta ao tema: hidrelétricas, acrescenta-se que esse sistema ainda envolve a ocupação de extensas áreas provocando todos os inconvenientes que envolvem a questão da preservação ambiental, a destruição de biomas riquíssimos em flora e fauna, a eliminação de sítios arqueológicos, que muitas vezes ainda nem foram explorados adequadamente, o potencial do subsolo tais como a possibilidade de existência de minérios de vários tipos, muitos deles raros e que poderiam oferecer lucros extraordinários na sua exploração, além de pedras preciosas e até ouro. A construção de grandes barragens ainda promove a destruição de lugares históricos, áreas de belezas cênicas e de rara imponência que atrairiam muitos turistas para a sua visitação que poderiam gerar rendas por intermédio da atividade de ecoturismo, turismo ecológico, turismo de aventuras como o de prática de esportes radicais; a extinção de plantas que poderiam proporcionar a criação de remédios para cura de doenças, o deslocamento de populações inteiras provocando instabilidade social. Tudo isso só para proporcionar a construção de usinas que muitas vezes não oferecem nem a metade do potencial da criação de riquezas que foram destruídas, que teve seu projeto implantado mais para viabilizar a prática de atividades estratégicas escusas, como as ações de superfaturamento, por exemplo, visando saquear o erário público.

Vale afirmar que, nessas áreas com predomínio de gigantescas florestas, ou em todo o Brasil, no lugar da construção de usinas poderiam ser construídos sistemas fotovoltaicos para a geração da energia elétrica a partir da captação de raios solares, a um custo infinitamente menor e de emissão zero de poluição, além de não afetarem o ecossistema de nenhuma maneira, portanto, uma alternativa de produção de energia elétrica altamente viável e econômica em relação a todas as demais fontes geradoras de energia elétrica, inclusive a das hidrelétricas (Alves, 2019). De acordo com a mesma autora, os sistemas fotovoltaicos se subdividem em dois tipos: o sistema On-Grid que são também conhecidos como sistemas conectados à rede elétrica e o sistema Of-Grid que são definidos como sistemas isolados por não se conectarem a rede elétrica convencional, o que o faz trabalhar assim, de forma autônoma.

Alves (2019, pág. 16) ainda acrescenta que:

> O cenário brasileiro possui hidrelétricas como fonte principal de energia alternativa. No entanto, com o crescente aumento populacional, industrial e agrícola, o consumo de energia vem aumentando no país e, além disso, as frequentes estiagens acarretam crises hídricas, que prejudicam a oferta de energia no país, bem como o consumidor final. Um dos principais motivos é que em períodos de seca há diminuição dos reservatórios nas usinas hidrelétricas, responsáveis pela maior parte da produção de energia elétrica no país.
> Com isso, a geração de energia elétrica fica prejudicada e as concessionárias precisam contratar energia mais cara, como as usinas termelétricas. Por consequência, os consumidores finais recebem cobranças adicionais na conta de luz e o valor é repassado para as companhias, a fim de se compensar os altos gastos nesses períodos.

O sítio Portal Solar[15] cita as vantagens oferecidas pela energia solar, dentre as quais cabendo destacar:

> ✓ Seu baixo impacto ambiental, sua instalação simples, seu baixo custo em relação ao tempo de vida útil (mais de 25 anos) e o fato de poder ser utilizada como substituta da energia elétrica convencional em regiões que ainda não possuem distribuição.
> ✓ A energia solar é uma das mais sustentáveis do mundo, sendo renovável e limpa, uma vez que não emite poluentes nem utiliza matérias-primas escassas na natureza.

---

[15] https://www.portalsolar.com.br/vantagens-e-desvantagens-da-energia-solar.html

✓ A energia fotovoltaica também contribui para a diminuição da poluição sonora. Seu funcionamento é silencioso e discreto, evitando a produção de ruídos desagradáveis.

✓ Esse tipo de sistema de geração de energia também não requer um cuidado de manutenção exaustivo, apenas uma limpeza ocasional. Além disso, sua matéria-prima – a luminosidade do sol – é inesgotável e gratuita.

✓ As estruturas de captação podem durar até 25 anos, pagando-se em apenas sete. A economia proporcionada pode chegar até 95% do total da conta de luz, tornando esse um investimento muito inteligente, que contribui também para a valorização do imóvel.

Infelizmente, como sempre ocorre, em função do conceito distorcido que o *mainstream* tem sobre a real definição de Economia enquanto Ciência Política e Empresarial puras, e ainda movidos pela ganância, pela falta de decoro que esses têm em relação ao bom funcionamento de mercado e a formação da civilidade, até mesmo o setor fotovoltaico pode se tornar inviável como alternativa para alavancar o crescimento com desenvolvimento do Brasil, devido a esses optarem pela manutenção de apenas investimentos privados no segmento, como estratégia adotada pelo Governo assessorado por esses tais "economistas estrategistas" de plantão.

De maneira geral, vale destacar para os indivíduos que se aventuram na seara econômica, na condição de pseudoeconomistas, que esses têm que entender que, assim como $2 + 2 = 4$ e, $a + b = ab$; o segmento de energia elétrica se enquadra como INSUMO, no que tange ao processo de produção de riquezas que é o principal objeto de estudo da verdadeira Economia. Nessa condição a função dos insumos é apenas de suprir algumas carências durante o processo de produção de mercadorias, sendo destruído durante a realização dessa atividade. O que sai em si como resultado das atividades de transformação da matéria prima - entendida como sendo uma combinação de terra, capital e trabalho -, em produto acabado, é apenas a mercadoria que é destinada a suprir uma necessidade humana.

Na concepção econômica a riqueza só é riqueza quando ela é produzida na forma de mercadoria. Assim, pode-se dizer que, só a mercadoria é que é a verdadeira riqueza por se colocar como uma utilidade crucial para suprir uma necessidade humana. Em essência os seres humanos só demandam utilidades visando satisfazer uma necessidade, daí porque a importância de se produzir utilidades na forma de mercadorias.

Agora, a produção de quantidades excedentes de uma mesma mercadoria faz parte da estratégia do ser humano para que ele possa trocar esse excedente pelos demais produtos com suas respectivas utilidades visto que, é impossível ao indivíduo produzir todos os bens ou utilidades de que necessita visando saciar as demais carências do seu organismo.

Antes de conseguir os produtos restantes que lhe são necessários por meio da troca indireta, o ser humano faz transmudar o excedente gerado em lucro, que se dá através da venda dessa quantidade adicional da mercadoria no mercado. Daí a origem do conceito de lucro. O lucro só é obtido através da venda da mercadoria. Só a mercadoria é que viabiliza a existência do lucro.

É por isso que se diz que o insumo e mais as atividades de serviços não geram lucro, apenas ganhos pecuniários. Se por um acaso o insumo e o serviço forem classificados como lucro, esses promovem uma sobrecarga nos preços das mercadorias tornando-as muito caras, inviáveis em muitos casos ao consumo populacional.

Tradicionalmente, adequadamente e aconselhadamente pelos economistas puros esses acrescentam que para evitar tais inconvenientes é que as autoridades públicas são obrigadas a interagir no mercado por meio da criação das empresas estatais, para que essas possam produzir os insumos e os serviços de maneira estratégica necessária para viabilizar a produção de riquezas dentro da economia, na forma de produtos, a um preço razoável tornando-os acessíveis a quase toda a população. Através desse procedimento cria-se um processo ganha-ganha, onde todos se beneficiam das atividades criadas pelo Estado, permitindo com maior desenvoltura as ações das indústrias, das pequenas e medias empresas, do comércio, o que torna os preços mais atrativos para o consumidor final, possibilitando, por conseguinte a comercialização da riqueza fazendo-a intensificar sua circulação, o que viabiliza a criação de mercado e o aquecimento da produção de mercadorias, liberando as atividades econômicas o que permite que a economia cresça tornando-a mais atrativa para novos investidores.

Quanto aos cidadãos(ãs) que o Estado por ventura, não conseguir contemplar com essa estratégia de produção faz-se necessário que o mesmo crie políticas públicas adequadas para viabilizar o acesso desses seres humanos ao convívio social visando retirá-las da indigência, tornando-as assim pessoas detentoras de esperanças em conseguir novas oportunidades de construir com seu próprio suor, dias melhores. Vale cravar que essa não é uma opção de política pública a ser desenvolvida pelo Estado, em sua essência, mas sim, essa é uma obrigação do Estado, pois sem esses atributos essa entidade pública perde a sua utilidade.

Nesse contexto, devido à má noção que "economistas" formados nas escolas estadunidenses, inglesas, e até alemães, têm do real conceito da Ciência Econômica, esses transformaram essa fonte de saber num conjunto de banalidades que faz com que essa Ciência Social Única perca a sua utilidade e a sua função como a parte da Filosofia pura que tem por função estudar o processo de criação, formação e desenvolvimento da riqueza social no seu sentido lato, por meio da análise do comportamento das faculdades humanas, entendidas como: necessidades fisiológicas e emoções, estas últimas classificadas, por Platão em "A República" como sendo emoções racionais e emoções concupiscênicas, e acatada por Adam Smith, o que possibilitou a esse último desenvolver toda a sua base de análise econômica reunidas em sua brilhante obra "Uma Investigação sobre a Causa das Riquezas das Nações", publicada pela primeira vez em 1776 como bem enfatiza Paixão(2021) em sua obra "A Essência da Economia Desvelada pela Dialética de Platão".

Assim, volta-se a destacar que, é por intermédio da análise e interpretação do comportamento das faculdades inatas do indivíduo que afloram desde as suas necessidades fisiológicas que englobam a deficiência de alimentação, proteção e segurança, mais as faculdades emotivas do mesmo, subdivididas em emoções racionais, que derivam estas da sua formação educacional e cultural, e as emoções concupiscênicas que por seu turno exterioriza-se no caráter primitivo do ser desde o seu estágio mais arcaico de vida, definidas por Platão e assimiladas por Adam Smith, é que esse Filósofo conseguiu desenvolver os conceitos de bem estar material e bem estar espiritual, que são os objetivos supernos do ser humano enquanto ser civilizado.

É também devido à violação desses princípios arraigados na essência do ser humano e que geram todo o desconforto analítico da Economia enquanto Ciência Social Pura e Aplicada provocados pelos seus equívocos conceituais, que a sociedade acaba por se envolver em marasmos, conflitos de: ideias, análises, interpretações quiproquós de toda natureza em busca do que seja para ela o real conceito de desenvolvimento. Quadro esse que acabou por provocar duas guerras mundiais e gerar a maior das discrepâncias em que a humanidade se vê envolvida na atualidade, no que concerne ao poder aquisitivo, no caso, a riqueza e a pobreza. E a maior dessas violações é causada por grupos restritos que se colocam na condição de "elite" e por isso se autoproclamam mais capazes, na verdade sem o ser, e tentam se apropriarem de todos os mananciais de riquezas existentes no Estado na forma de matérias primas, insumos, setores de serviços considerados essenciais para garantir o bom funcionamento da Nação e de toda sua infraestrutura econômica e social por intermédio de artifícios e estratagemas criados por elas e reunidas todas em processos de "privatizações".

Na verdade as propostas e os avanços das ideias e intuições privativistas decorrem da ganância, do imediatismo, da ansiedade, do despreparo e da busca por ganhos fáceis que abundam a mente de indivíduos inescrupulosos com fama de "empresários", sem quaisquer princípios de educação e cultura, que saem com as ideias das mais mirabolantes, que se traduzem num conjunto de frases feitas ou lorotas sem fundamentação científica alguma, criadas apenas para engambelar a opinião pública com o ardil de que, as fontes de riquezas concentradas nas mãos de indivíduos mais "capazes" trarão melhores resultados para a sociedade quanto à geração de emprego, aumento da arrecadação de impostos, desenvolvimento econômico e avanço social. Tudo isso na visão deles deve se dar mediante elaboração de processos de privatizações para se apropriarem de maneira exclusiva da riqueza do Estado em benefício próprio e em detrimento de toda a coletividade.

No Brasil, esse processo teve início a partir do Golpe Militar de 1964, ganhou intensidade nos governos de Fernando Collor de Mello e principalmente de Fernando Henrique Cardoso, implantado pelos tais "economistas" defensores de "livre mercado" que na realidade nunca existiu, que acabou por privatizar por meio de praticamente doações e transferências do Patrimônio Público para grupos privilegiados gerando um processo de depauperização do Produto Nacional Bruto – PNB. Assim, importantíssimas empresas que pertenciam a pessoas residentes do Brasil e até ao erário público nacional foram transferidos para grupos internacionais gerando além da depauperização do Patrimônio Nacional, a elevação dos preços dos serviços prestados, principalmente de energia, telefonia, transportes, desaceleração de desenvolvimento tecnológico devido à venda de setores estratégicos para grupos privados sem potencial de investimentos em tecnologia, tais como a EMBRAER e de realização de leilões de trechos de rodovias para a implantação de pedágios tornando o País refém nas mãos dos jogos de interesses de grupos preocupados em apenas explorar a atividade, sem o interesse e até a capacidade de investir em quaisquer tipos de melhorias na qualidade dos serviços prestados, por no mínimo 20 anos, além de outros absurdos.

Só para citar como exemplo, o Governo de FHC investiu oito bilhões de dólares para reestruturar e recuperar o Banco do Estado de São Paulo - BANESPA, vendendo-o a seguir por seis bilhões de dólares. Só no processo de recuperação e venda desse banco o Brasil perdeu 14 bilhões de dólares de maneira abrupta. Nesse caso o PNB brasileiro se viu desfalcado, ou seja, reduziu ou empobreceu de uma hora para outra, em 14 bilhões de dólares, patrimônio esse que jamais foi recuperado.

Além desse governo irresponsável, inconsequente, estulto ter provocado um rombo nas contas nacionais de 14 bilhões de dólares, o mesmo ainda o vendeu com uma diferença de dois bilhões abaixo do preço que ele gastou para recuperá-lo, transferindo um patrimônio nacional que era a menina dos olhos do povo de São Paulo, para um grupo internacional, fazendo essa propriedade sair do erário público brasileiro ou PNB, como queiram, para o PNB espanhol, o que implicou em acréscimo, no envio de divisas do legado nacional para o setor externo, provocando evasão de riquezas do povo brasileiro. Na verdade não se sabe até nossos dias, em qual estratégia malfadada esses vândalos, irresponsáveis, meliantes, camuflados de "economistas" basearam essa operação financeira para que os mesmos, miseravelmente pudessem chamar de mecanismo econômico-financeiro criado para que o Brasil pudesse entrar numa "economia de livre mercado" que na realidade nunca existiu, e se persistir essa visão socioeconômica impositora por parte dos Estados Unidos, jamais existirá.

Atualmente é a mesma coisa que estão querendo fazer com o setor energético brasileiro. Ao invés de reestruturá-lo, recuperá-lo por intermédio da construção de uma estatal forte, pujante com o objetivo de se implantar novas matrizes energéticas tais quais a solar e a eólica, principalmente concentrando investimentos nos sistemas Of Grid ou estruturas energéticas isoladas, o governo está fazendo vistas grossas permitindo que grupos privados privilegiados invistam em sistema On Grid ou estruturas energéticas interligadas apenas para garantir ganhos vultosos das concessionárias e empresas aventureiras no ramo, sem se preocupar com a importância estratégica e social que o sistema energético tem para alavancar o desenvolvimento econômico e social do País. Tudo isso com instalação de sistemas a um preço exorbitante para o consumidor final, munido de um pacote de investimento em média, em instalação nas residências, de apenas quatro placas solares a um preço mínimo de quarenta e sete mil reais, por família. Além de tudo, eles novamente, dotados da ganância por desejo do lucro fácil se aproveitam do colapso pelo qual passa atualmente o sistema energético brasileiro, para garantir lucros extraordinários ou ganhos extraordinários dos investimentos, totalmente fora da realidade da Economia Brasileira, aproveitando-se da situação de crise por que se encontra o setor.

Para tornar acessível esse sistema para a totalidade dos brasileiros, necessário se faz que o governo brasileiro crie uma estatal especializada apenas na produção das placas solares, distribuindo-as no mercado e abrindo espaço para que as pequenas e médias empresas especializadas na área façam a implantação do sistema de maneira rápida, eficiente e a um preço justo. Aproveitando-se dessa situação, o próprio governo pode eliminar as termelétricas e as pequenas e médias usinas do mercado energético visando garantir a redução de emissão de gás carbônico no meio ambiente ao mesmo tempo em que recupera as quedas d'água, as nascentes e abra espaço para o reflorestamento das áreas que anteriormente estavam alagadas.

3.3 O Método de Valoração Contingente – MVC como instrumento de aferição das contribuições financeiras da população visando a preservação dos recursos ambientais

Vale ainda ressaltar que, na seara econômica, depois da descoberta da riqueza e da magnitude das contribuições que as florestas oferecem para a preservação da vida na Terra, criou-se um ramo de investigação econômico-científico definido como Economia do Meio Ambiente, amparada por excelentes técnicas de análises econômicas de recursos ambientais, com destaque para vários tipos de metodologias muito bem elaboradas, embasadas e consubstanciadas por teorias econômicas de grande alcance e relevância, tais como: o Método de Valoração Contingente – MVC, o Método Dose Resposta - MDR, o Método Custo Viagem – MCV, o Método de Preços Hedônicos – MPH, o Método de Mercado de Bens Complementares - MMBC, dentre outros.

Deve-se acrescentar ainda que, embora essas técnicas sejam amparadas por metodologias e teorias econômicas consistentes e que não deixam margem para dúvidas no aspecto analítico, em termos quantitativos, tais vertentes apresentam resistências no que tange ao processo de sua quantificação por parte das teorias econômicas tradicionais, que não aceitam ou afirmam que, tais procedimentos são vagos e que não refletem realmente o valor do bem quantificado para o mercado efetivo, uma vez que, a maioria desses métodos se fundamenta em técnicas não amplamente aceitas, como as estatísticas, citando como exemplo, de investigação.

Na verdade, o problema não está na quantificação dos métodos de valoração dos recursos ambientais, mas sim, nas técnicas universalmente aceitas e adotadas pelo *mainstream* para fazer a análise de valoração econômica dos bens, tanto no aspecto empírico quanto no teórico. De acordo com essa vertente, a mesma considera os preceitos para se avaliar um bem econômico, apenas na ótica da oferta de produtos que são oferecidos no mercado, considerando para isso, a questão da escassez de recursos. Eles preceituam que, quanto mais escasso o recurso, mais caro o mesmo se torna, devido à questão da concorrência entre os desejosos de se obter a mercadoria no mercado, e, em virtude desse fundamento, os ofertantes tendem a vender o produto pelo maior preço, considerando para essa proposição, a questão dos gastos para se produzir o bem, estimando para isso, as despesas diretas, indiretas, o custo da produção da mercadoria e a margem de ganho que o produtor admite, para aceitar desfazer da mercadoria.

Já foi visto anteriormente que, para se valorar um produto, considerar o seu valor admitindo para isso, apenas os gastos com sua produção mais a margem de lucro, tendo como referencial a sua escassez no mercado é um erro crasso, que comete a análise econômica tradicional, considerada na versão da economia clássica e neoclássica. Na verdade, quem estabelece o preço ideal de troca do produto não é o ofertante, mas sim o demandante, por intermédio do que passa a se chamar a partir de agora, de preço social ou preço econômico.

O preço social é dado pela utilidade do produto para o consumidor e não o seu preço de oferta de mercado e sua escassez. O preço de mercado pode ter ou adquirir valores diversos, mas não é pelo preço de oferta ou escassez do produto que o consumidor aceitará desfazer de seu dinheiro, transmutando-o em uma mercadoria adquirida por determinado valor, mas sim, pela utilidade que o mesmo atribui ao bem, visando suprir sua necessidade específica pontual. E esse valor é diverso, dependendo da importância atribuída ao produto pelo consumidor, no momento de sua aquisição.

Paixão(2021) assinala que o consumidor é indiferente à escassez do produto quando ele o demanda no mercado, demonstrando como referência para essa procura, a utilidade que ele atribui à mercadoria. Uma pessoa acometida de uma doença severa não esperará o preço de um produto cair para poder comprá-lo, mas, tendo o dinheiro em mãos e a mercadoria estando na prateleira para ser vendida, ela apenas indagará sobre o seu preço, buscará se informar se o mesmo oferece algum desconto e, independente desse desconto, mesmo assim, o adquire pelo preço que o balconista estabelecer, sendo indiferente ao seu custo de fabricação ou quaisquer outros tipos de variáveis que estejam embutidas na mercadoria, como o imposto, o que é um absurdo, nesse caso, diga-se de passagem, por exemplo. Uma mulher grávida, no momento do parto, estando na rua, procurará o hospital mais próximo para poder fazer o procedimento do nascimento do seu rebento. Ela não vai buscar o hospital mais barato para fazer o parto e muito menos discutirá o preço do citado tratamento médico para isso. Ela, na realidade, além de querer ter o filho o mais rápido possível devido à ansiedade de tê-lo em suas mãos, buscará realizar o procedimento de forma mais emergencial que conseguir, para poder também, aliviar-se da dor de todo o processo de parir um filho.

3.3.1 O MVC e o Preço Social de Mercado

Assim, admitindo-se o princípio da utilidade como sendo o basilar para o estabelecimento do início do processo de troca seja ela qual for, direta ou indireta, o indivíduo ao conseguir transmutar, segundo Marx, a utilidade do produto para o seu valor, e poder novamente, fundamentando-se aqui, no princípio do excedente do consumidor de *Dupuit*, metamorfosear tal quantia, no preço que ela aceitaria pagar para obter a mercadoria perante o ofertante; procedendo-se dessa maneira, admite-se que a mesma estará apta para atribuir o valor real para o bem dentro do referido mercado, naquele momento específico. É assim que se cria o preço real do produto no mercado, que também pode ser chamado de preço social, uma vez que ele é atribuído não ao preço de oferta, mas sim, criado pelo consumidor no momento da aquisição do citado bem no mercado.

Nesse caso, a escassez tem efeito secundário ou pode até não ter nenhum efeito, incluindo nessa concepção o preço de oferta, se o produto não for útil para o seu demandante. Se não fosse assim, não existiriam produtos que estragam nas prateleiras por não terem quem os queira comprar, em consequência de sua inutilidade, independente do seu custo de produção, da sua escassez ou de seu preço de oferta no mercado.

Fundamentando-se no princípio da economicidade em Platão, que tem como base a questão da hierarquia das necessidades humanas, pode-se afirmar também que, o preço social pode ser chamado de o verdadeiro preço econômico do produto dentro do mercado. Assim, ao se calcular a média do preço social, tem-se também a média do preço econômico do produto para um mercado específico, e o preço de oferta de mercado, tende a flutuar em torno da média do preço econômico ou média do preço social, podendo ficar ora abaixo, ora acima desse. Nesse contexto, o preço social ou econômico, pode ser chamado de preço natural de mercado. Esse foi o dilema da quantificação da utilidade do preço da mercadoria atribuída ao produto que Marshall não conseguiu interpretar e consequentemente quantificar, e que só foi resolvido muito mais à frente por John Hicks, ao acrescentar na análise da curva da oferta e da procura, a curva de indiferença de consumo do bem, inspirado nas curvas de indiferenças de Vilfredo Pareto, como ele mesmo frisou em sua obra "Valor e Capital", para um individuo específico. Mas tudo isso foi baseado apenas em artifício matemático, portanto, abstração, adotada como estratégias de identificação e quantificação de uma variável econômica, não de maneira empírica.

Na realidade, pode-se chegar aos mesmos resultados, analisando-se a mesma situação, porém de uma maneira mais simples e exequível, considerando-se para isso, o preço social, que pode ser obtido por intermédio da quantificação da sua utilidade. Considerando-se preceituação de Marx, o processo de produção de mercadoria é um sistema de metamorfoses sucessivas, que são realizadas durante a elaboração do produto dentro do mercado, que sai das atividades extrativas, minerais ou florestais, via extração da madeira ou minério que será utilizado para a produção da matéria prima e que se estende até o produto final, pronto para o consumo da população, da mesma maneira que a árvore atua para produzir a seiva, a sua alimentação, que se cria por meio da fotossíntese, conforme já trabalhado aqui.

No sistema capitalista se verifica o mesmo encadeamento, que tem início, com o dinheiro se transmutando em capital. De capital, sempre mantendo a sua simetria, esse recurso financeiro se metamorfoseia em matéria prima. De matéria prima, tal quantum monetário, conservando sempre o seu valor para garantir a mesma simetria, já acrescido do excedente econômico, agregado pela mais valia relativa, se transmuta em mercadoria, que é levada ao mercado. Por conseguinte, essa é comercializada e se transmuta novamente em dinheiro, já acrescido da variável lucro, quando se transfere para o seu investidor que, posteriormente utilizará novamente o numerário, depois de efetuado os gastos e as remunerações necessárias, utilizando o que sobra em dinheiro para reinvesti-lo, fazendo-o transubstanciar em capital, com o fim de retroalimentar todo o processo conservando o ciclo de produção do sistema capitalista.

A utilidade também pode ser quantificada mediante o mesmo procedimento. Considerando-se a questão das faculdades humanas do indivíduo definido por Platão, foi visto que essa se compõe de duas partes distintas, definidas como necessidades hierárquicas (alimentação, proteção, segurança) e emoções, que por seu turno, estas últimas, se dissociam em: emoções concupiscênicas que é de natureza primitiva, alicerçada em sentimentos instintivos, inatos do indivíduo; e emoções racionais, que se fundamenta na razão, que por seu turno, é o resultado da evolução do conhecimento humano advinda da educação e da cultura.

Adotando-se inicialmente para esta análise, apenas a questão das necessidades hierárquicas, podem-se classificá-las como sendo um conjunto de carências orgânicas do ser humano que, pela simetria, se transmutam em utilidades demandadas pelo indivíduo, que são essenciais para o suprimento das mesmas privações. Nesse sentido, considerando-se apenas a questão da alimentação, essas necessidades podem ser transmutadas na forma de carência de nutrientes. Por seu turno, pode-se afirmar também que os nutrientes são essenciais para manterem o organismo vivo e saudável e, portanto, é vital para gerar o esforço físico, o equilíbrio emocional e o desempenho intelectual, enfim, as atividades diárias do indivíduo. Por conseguinte, da sua parte, esses nutrientes são subdivididos em vitaminas, proteínas, sais minerais e carboidratos.

Mantendo-se a mesma linha de raciocínio, sabendo-se a quantidade de nutrientes que são necessários para atender as necessidades diárias do ser humano na forma de vitaminas, proteínas, sais minerais e carboidratos, pode-se chegar a um *quantum* monetário específico, para tais alimentos, que são suficientes para suprir a demanda por nutrição do seu organismo. Pode-se supor, para efeito de análise, que a quantidade diária de nutrientes que são suficientes para suprir tais necessidades chegue a um montante de 700 gramas, subdivididas em: 200 gramas de carne, 80 gramas de açúcar, 20 gramas de sal, 300 gramas de vitaminas e mais 100 gramas de sais minerais. Tais nutrientes transmutados em peso na forma de gramas podem ser metamorfoseados em mercadorias, tais como: carne, arroz, trigo, feijão, açúcar, verduras, frutas, etc.

Como as mercadorias têm valores monetários, o total dos respectivos nutrientes pode ser transmutado em preços, os importes das mercadorias. Dessa forma, chegando-se a esse valor em *quantum* monetário, tal importe, por seu turno, pode ser metamorfoseado em renda necessária ao indivíduo, que se traduz na quantidade de moeda que o mesmo precisa, para poder adquirir seus produtos, ou nutrientes, que são suficientes para suprir suas necessidades diárias. Conhecidos tais valores em preços, mais o hábito de consumo da população local, ou da região, pode-se determinar facilmente, o salário mínimo necessário para atender satisfatoriamente as necessidades do contingente humano da região.

Esse salário mínimo é o salário natural, o mesmo salário que Adam Smith definiu como sendo o "salário mínimo da região". Tal procedimento é o mais adequado para se determinar o preço social de mercado de uma população específica. A soma dos salários mínimos regionais dará o salário mínimo total nacional, o qual passa a ser a referência, para se estabelecer as políticas econômicas essenciais, visando atender ao mínimo de riqueza que um país ou região precisa, para manter a população saudável e bem nutrida.

As demais necessidades, de proteção e abrigo, são atendidas pelos gostos, preferências mais o poder aquisitivo da população em análise, aí adentrando para atender satisfatoriamente a esse quesito, as políticas econômicas alternativas, aqui chamadas de mercadologia. Derivada da mercadologia aparece a mercadização, o que, por seu turno, este trabalho define, em última instância como sendo, movimentações estratégicas dos agentes econômicos nos mercados visando maximizar o número de informações possíveis sobre a utilidade dos produtos para os consumidores buscando a multiplicação de alternativas de consumo dos mesmos com o intento de potencializar as vendas, a fim de gerar resultados positivos mais que satisfatórios para a empresa.

Em termos conceituais, a expressão que mais se aproxima da definição da mercadização é o marketing, utilizado nos dias atuais, mas que não tem um referencial mais consistente de caracterização embrionária. Em termos de essencialidade pode-se afirmar que o termo mercadização é uma técnica embrionária derivada dos estudos de Platão e que foi percebido pela primeira vez nas teorias econômicas analíticas contemporâneas pelos trabalhos realizados por Thomas Malthus que identificou, assim como Platão, que os gostos e preferências derivados das faculdades dos indivíduos associadas à utilidade dos produtos é que verdadeiramente determinam o nível de demanda do mercado, e não, propriamente, a produção em si.

Entrementes, Malthus, assim como os demais estudiosos da Economia Clássica e Neoclássica, só perceberam essa realidade parcialmente, sem conseguir dar um conceito definitivo para a situação, tornando-a objeto de discussão estéril na seara econômica, parcialidade essa que se está eliminando neste trabalho. Mas em respeito ao pioneirismo de Platão e a perceptividade de Malthus considerar-se-á neste trabalho, para efeito de análise que, esse último autor, guardadas as devidas proporções é que é o verdadeiro pai da abordagem mercadológica atual, conforme expõe Paixão(2021).

Paixão(2021) ainda acrescenta que, em essência, para a realização desse tipo de averiguação analítica, não há alternativa mais viável do que se recorrer a uma investigação direta junto ao próprio indivíduo e para isso, faz-se necessário criar metodologias e técnicas de investigações adequadas, buscando-se conseguir depurar com o maior critério e rigor possível, os fatores que geram as situações e promovem mudanças de comportamento do mesmo, procurando evidenciar por intermédio dessas mudanças de comportamento, o suprassumo das flutuações que ocorrem nos fatos e que devem personificar nas variáveis escolhidas para serem trabalhadas. A maneira mais simples de se registrar essas variações no comportamento do ser humano, fazendo-o revelar seus anseios e aspirações, é recorrer aos seus sentidos, que os revelam no seu comportamento de forma pontual, através de seus órgãos sensoriais.

De acordo com Brites (2020)[16]:

> O sistema sensorial é um conjunto de órgãos dotados de células especiais chamadas de receptores. Através dos receptores, o indivíduo capta estímulos e informações do ambiente que o cerca e do seu próprio corpo. Os estímulos são transmitidos na forma de impulsos elétricos até o sistema nervoso central. Por sua vez, o sistema nervoso central processa as informações, traduzindo-as em sensações e gerando respostas.
>
> É assim que enxergamos o que está ao nosso redor, sentimos quando alguém nos belisca, percebemos se a água do banho está fria, sentimos o gosto das comidas, entre muitas outras sensações.
>
> Em humanos, os principais órgãos do sistema sensorial são: pele, língua, nariz, ouvidos e olhos. Estes órgãos captam estímulos físicos ou químicos e os transforma em impulsos elétricos, que são transmitidos ao sistema nervoso central.

Devido à ação dos sentidos, percebemos a importância dos órgãos sensoriais. Um bebê de colo, por não saber falar, ao sentir fome ou sede, recorre ao choro, tais quais quaisquer espécies de animais que, ao sentir dor, se manifestam na forma de desespero. É assim que age um indivíduo ao ter os mesmos sentimentos, uma vez que, o ser humano também é uma espécie animal. Dessa forma, o indivíduo consegue expressar seus sentimentos, por mais simples que sejam por intermédio dos órgãos sensoriais. Então, no sentido de descobrir a importância da alimentação e da necessidade de nutrientes para saciar a fome, as carências de vitaminas e sais minerais, deve-se recorrer a um instrumental de estudo que realmente consiga evidenciar tais situações para as investigações em análise. Dessa maneira, utilizando-se desse mesmo tipo de procedimento, pode-se avaliar a importância que um indivíduo atribuiria a qualquer tipo de bem, observando as emoções que emanam de seus sentimentos, indagando e avaliando por intermédio de uma técnica de mensuração específica, os valores que o mesmo atribuiria ao referido bem de acordo com a sua utilidade para esse.

De uma maneira geral, não há técnica mais simples e das mais apropriadas para isso do que a elaboração de questionários para a feitura de entrevistas à população, visto que, essa tem, no mínimo, a real noção dos nutrientes de que precisa para atender suas necessidades diárias, na ótica da demanda de bens e serviços, no mercado.

O mesmo critério se aplica à questão da depuração do valor pecuniário para se conseguir transmutar as utilidades atribuídas aos nutrientes, pela população de uma região em determinado momento, em quantificação monetária. Esse procedimento se dá, via aplicação de questionários a um público variado, sobre o preço que os mesmos atribuiriam a uma determinada mercadoria, de acordo com a utilidade da mesma para esse.

O que se precisa ter em mente para se fazer uma análise dessa natureza é apenas tomar o cuidado de adotar os procedimentos corretos para se realizar o trabalho, consubstanciados por uma teoria econômica já sedimentada, para que o estudo não se perca em situações conflitantes, que não consigam expressar o que o economista ambientalista ou não, realmente busca em sua pesquisa.

Talvez pensando nesse fundamento que, economistas como, segundo Marx, sir William Petty; e depois, mais tarde, Marshall, Vilfredo Pareto e Leon Walras, tenham desenvolvido primeiro, a Estatística, esta com Petty como seu cofundador, segundo apontamento de Marx em sua obra "O Capital", depois, essa melhorada com os trabalhos de Marshall, Pareto e Walras, que criaram a Econometria. Essa uma técnica fantástica, que permite ao economista depurar um valor pecuniário, consubstanciado da metodologia devida mais uma teoria econômica sólida que a explique e que realmente expresse aquele atributo quantificável, convertido em dinheiro, que o público consumidor atribui a um determinado bem no mercado.

Paixão (2017) para elaborar sua dissertação de mestrado sobre o valor econômico de recursos ambientais, com ênfase em um bem ambiental de beleza cênica, no caso a Lagoa da Princesa, nascente do Rio Paraguai, um dos rios mais importantes de integração continental da América do Sul, utilizou para essa atividade

---

[16] Sistema sensorial. Órgãos captam estímulos e informações. Disponível em: educação.uol.com.br Acesso: 09/12/2020.

o Método de Valoração Contingente – MVC, que é embasado em dados estatísticos, elaborados de acordo com os critérios estabelecidos pela Econometria.

Vale lembrar que o valor atribuído a um bem de beleza cênica ou a um animal exótico de rara beleza e disponível em apenas alguns lugares específicos da Terra, como o Urso Polar, que habita o Ártico, no extremo norte do Planeta, por exemplo, diz respeito a um valor psicológico. Por seu turno, esse valor psicológico está diretamente relacionado ao bem-estar espiritual do ser humano, que é sensível ao estado de preservação de bens e recursos ambientais raros, de indiscutível beleza e que assume por isso, um valor compassivo com a extinção do bem e que transmutado num quantum devido, no caso, um preço destinado à sua preservação, o mesmo se transforma num alento para o espírito, portanto, tal atributo se metamorfoseia num valor exequível e real, e em consequência, quantificável. Nesse sentido, se avalia a utilidade do bem enquanto valor sentimental tendo o excedente do consumidor de *Dupuit* como o fator determinístico subjacente para que aquele montante, no caso, o preço, consiga traduzir e expressar a quantia que cada homem ou mulher aceitaria desembolsar apenas para garantir a preservação do objeto às gerações futuras.

Ao escolher o objeto a ser investigado e ao proceder de acordo com o que o estado da arte na seara da Economia Ambiental estabelece, ou da própria Ciência Econômica em si, esse pesquisador, no caso, Paixão (2017), deu início aos seus trabalhos, entrevistando de maneira criteriosa a população local das cidades de Diamantino e Alto Paraguai, os dois aglomerados urbanos que circundam a Nascente do Rio Paraguai no Médio Norte Mato-Grossense, em seus estabelecimentos por ruas, quadras, bairros, avenidas, meio rural, estabelecimentos comerciais e industriais, para averiguar qual o preço que essas pessoas atribuiriam para ver a Lagoa da Princesa preservada, tornando a sua existência acessível às gerações futuras.

Para isso, esse autor entrevistou 314 indivíduos, obtendo uma média econométrica estimada de R$ 8,30 incluindo as variáveis de protesto, ou seja, as opiniões dos entrevistados sobre a validade da pesquisa, considerando-se as intervenções do governo no estabelecimento das políticas ambientais para a área, que na realidade não existia até a data da pesquisa. De fato, existia sob a forma de lei, mas que, na verdade, as próprias autoridades locais a consideravam como se não existisse. Já, no que concerne à média econométrica obtida, desconsiderando-se a variável que indica a intervenção do governo na política de gestão do bem em análise, no caso, as variáveis de protesto, o valor obtido foi de R$ 11,38.

Admitindo-se que essas duas cidades são de pequeno porte e que a população local é constituída em sua grande maioria, de classe média baixa e baixa, com exceção apenas das grandes propriedades que são poucas e da concentração dessas posses, mais em mãos dos produtores e dos arrendatários de áreas para plantio, além de trabalhadores de alta qualificação profissional que administram as fazendas, e que da sua parte, são responsáveis pelo gerenciamento e operacionalização do maquinário sendo oriundos de outras regiões, principalmente do sul do País, que não tem residência fixa nessas cidades, morando no local apenas por questão de trabalho, e que por isso, se caracteriza por ser uma população em trânsito, atenta-se que os valores obtidos realmente refletiam o *quantum* monetário que os entrevistados estavam dispostos a pagar pela preservação da lagoa, visto que os mesmos demonstravam muito apreço pela ideia de conservação do bem, citando o valor da contribuição de acordo e de maneira respectiva ao seu poder aquisitivo.

A consistência da análise das características dos entrevistados citados no parágrafo acima, e mais a eficácia do instrumental econométrico, realmente se refletiu no valor monetário sugerido que os mesmos estavam dispostos a pagar, uma vez que, pode-se afirmar com elevado grau de certeza, de que tal montante correspondeu fielmente ao perfil do seu poder aquisitivo. Pode-se fazer tal assertiva porque, as quantias sugeridas em sua grande maioria, variaram entre R$ 1,00, R$ 2,00 a R$ 10,00, tendo também um grande peso, entre as sugestões, o valor de R$ 20,00.

Já entre os importes sugeridos que se encaixam como desvio padrão e que refletem a incapacidade do entrevistado em não saber apontar um valor monetário mais próximo do que a realidade exige, esse foi apenas um, aonde, o pesquisado se propôs a contribuir com uma quantia considerada estratosférica, fora da realidade do seu poder aquisitivo visto que, o mesmo era uma pessoa humilde, que foi de R$ 1.500,00. Evidente que, esse valor sugerido para a preservação de um recurso ambiental como, no caso da Lagoa da Princesa, não condizia com a realidade, motivo pelo qual tal sugestão foi descartada de imediato, sem receber quaisquer tipos de considerações.

Teve um outro indivíduo que também sugeriu uma contribuição considerada elevada, no caso, o valor de R$ 200,00, mas esse trata-se de um empresário local que atua na área de grãos e que conhece profundamente a região e a situação da Nascente, portanto, um valor aceitável em decorrência do perfil apresentado pelo cidadão. Vale levar em conta que as pessoas mais abastadas realmente sugeriram um valor mais robusto para a pesquisa, com destaque para os importes de R$ 50,00 a R$ 150,00, mais um de R$ 200,00. Entrementes esse total correspondeu apenas a 2,8% dos entrevistados, o que é uma média considerada aceitável para a população de quaisquer regiões de um País de Terceiro Mundo, em tais tipos de entrevistas.

Diante dessa constatação, pode-se afirmar com muita convicção de que o Método de Valoração Contingente – MVC é uma técnica de análise robusta e assim, pode ser considerado como um procedimento de investigação adequado para se perquirir com muita propriedade sobre o preço de um bem ambiental ou o preço social que uma população diante da sua necessidade, atribui à utilidade de um bem específico de uma maneira geral. Já no caso do preço médio econométrico obtido de R$ 11,38, esse sincroniza de maneira perfeita com a grande maioria do valor das contribuições que os entrevistados disseram aceitar desembolsar, para garantir a preservação da Lagoa da Princesa às gerações futuras, que foi a importância de R$ 10,00.

Uma vez que o quantum econométrico quase coincidiu, ficando muito próximo do valor individual que a grande maioria dos entrevistados sugeriu desembolsar para garantir a preservação da Lagoa da Princesa às gerações futuras, pode-se afirmar também que, essa quantia realmente se encaixou como o valor que foi estipulado na condição de preço social médio ou o preço econômico perfeito para o bem analisado. Isso porque, tal valor se enquadrou perfeitamente nos critérios de análise econométrica estabelecidos para se diagnosticar o quantum monetário que seria o ideal que uma determinada população atribuiria a um bem, de acordo com suas necessidades e que estaria em conformidade com suas posses, podendo ser assim, utilizado como parâmetro para se determinar a simetria necessária da utilidade, buscando saciar a carência da mesma.

Lógico que, as entrevistas individuais dizem respeito ao preço social individual fornecido pela população ao um bem específico, de acordo com a utilidade atribuída a esse, e que a média de seu somatório corresponde de maneira transmutada, ao preço do ingresso ou coincide também com o preço de oferta que as autoridades devem estipular para permitir a visitação ao local. Como a entrada para visitação da Lagoa é livre, de maneira indireta, as autoridades também podem estabelecer o valor do imposto devido, sempre tendo o excedente do consumidor de Dupuit como fator subjacente, flutuando em torno dessa média, cabendo a essas, escolherem o preço que reflete a melhor situação para a realidade local, visando preservar o bem às gerações futuras. Uma vez encontrado o valor efetivo do imposto a ser cobrado obtido por meio da transmutação da média do preço social de mercado apontado acima, tem-se como resultado final, o preço do equilíbrio de mercado para a situação analisada.

3.4 O papel da Economia Ambiental Neoclássica e da Economia Ecológica no trato da preservação dos recursos ambientais.

Voltando para os tipos de análises na seara econômica que tratam do estudo da preservação de recursos ambientais, deve-se destacar ainda, o surgimento da Economia Ecológica que, embora com metodologia e técnicas próprias, diferentes de certa forma, da economia ambiental neoclássica, ambas essas áreas econômicas de investigação, buscam de maneira respectiva, dimensionar o valor real das contribuições em termos financeiros com reflexos sociais que se deve estabelecer, buscando garantir a preservação das florestas às gerações futuras ao mesmo tempo em que, se gera uma fonte de renda para as pessoas nativas da região, que a façam compreender a necessidade da conservação desses ativos por intermédio do reconhecimento da sua importância econômica e social tornando-as protegidas das ações antropogênicas.

Dentre elas, vale destacar a teoria do Princípio do Poluidor Pagador - PPP, ou seja, de acordo com esse princípio, aqueles países, regiões ou agentes físicos ou privados, que mais contribuem para com a degradação e a destruição do Planeta, devem indenizar as nações ou habitantes que consigam manter a preservação do meio ambiente dentro dos seus padrões ideais de sustentabilidade às gerações futuras dentro de seu território. Tal critério assegura o direito de que, as nações que tenham grande quantidade de riqueza natural em forma de florestas preservadas sejam compensadas mediante remuneração adequada, podendo ganhar verdadeiras fortunas com isso, mesmo não derrubando uma árvore sequer, isso sem contar o fato de que, tais países ainda podem usufruir da prática do turismo ecológico e outras ações econômico-sociais que não prejudicam o meio ambiente.

Questões dessa natureza são as das mais louváveis e que visam minimizar os impactos negativos gerados pela destruição das riquezas vegetais, evitando que elas se tornem *habitats* com risco de extinção, e com ela, impedindo também a destruição de milhares de espécies vegetais e animais existentes na natureza, de valor incalculável para a raça humana em dias atuais e que viabiliza ainda, a sua apreciação pelas gerações futuras.

Daí porque as áreas de florestas nativas tendam e até já se valorizam dois, três, quatro, e até cinco vezes mais que as terras apenas disponíveis para plantio e colheita e correndo risco de se deteriorar devido às ações do tempo e de atos antropogênicos. Nesse caso, conforme já frisado, em termos de valorização econômica, se estabelece uma relação inversa entre as áreas de reservas naturais em relação às regiões que possuem terras apenas disponíveis para as práticas agropecuárias. Destruir florestas nativas para promover melhorias no crescimento da lavoura e cultivo no ramo de *commodities*, ou, em outras palavras, apenas matérias primas, visando aproveitar melhor as contribuições no avanço de plantio e de fabricação de maquinário mais avançado que a inovação tecnológica respectiva pode proporcionar no setor agropecuário, em termos de desenvolvimento da qualidade de sementes, fertilizantes, técnicas de plantio, estocagem e comercialização, embora rentável para aqueles que somente as comercializam e não as planta, é bom que se diga, não faz sentido para as práticas econômicas minimamente saudáveis.

Mais ainda, de acordo com o que foi analisado acima, uma vez que o setor de produção de matérias primas ou *commodities* já se internacionalizou, situando todas as partes mais rentáveis desse tipo de negócio nas mãos das multinacionais e dos mercados de especulação financeira e imobiliária, relegando apenas as despesas e as depredações para os produtores rurais além do financiamento da safra centrando-se nas mãos do governo, viabilizando-os por meio de transferências e estabelecimento de subsídios penalizando concomitantemente a população via elevação da carga tributária, tornando os próprios produtores como empregados dentro de suas próprias terras, essa prática perde sentido para o Brasil.

Os defensores dessa paranoia como é o caso dos pseudoeconomistas de plantão defensores de ações de "livre mercado" e que só existe na cabeça mal treinada desses, argumentam que esse cenário é necessário como forma de garantir a geração de divisas para que o País possa honrar seus compromissos internacionais. Entrementes, cabe salientar que liquidez é o recurso que mais se tem no mercado internacional atualmente e a custos baixíssimos para o Estado. O que falta é um projeto de viabilidade econômica de qualidade para as nações que dependem desse tipo de recurso e que seja elaborado por Economistas sérios, responsáveis e de visão de negócios. É bom que se frise.

3.5 A importância das florestas mantidas em pé para as práticas socioeconômicas do ecoturismo

Resta ainda acrescentar o valor e a contribuição que as florestas oferecem para as atividades ecoturísticas diversas, dentre elas cabendo destacar: a tirolesa, cavalgada, passeios a pé em veredas e "levadas", *snorkeling* e flutuação, boia-cross, observação de aves, cicloturismo, turismo de contemplação de fauna e flora, belezas cênicas, espeleologia, estudos do meio ambiente, *trekking*, parapente, asa delta, balonismo, *canyoning*, *rafting*, turismo espeleológico, geológico, pescas esportivas sem contar os demais tipos de atividades ainda não descobertas e além de outras não acrescentadas nesta breve discussão.

Da sua parte, a grande vantagem das práticas das atividades econômicas relacionadas ao ecoturismo é que esse tipo de ofício gera rendas pontuais, com poucas exigências de investimentos financeiros privados, visto que a grande maioria dos apreciadores das florestas nativas valoriza mais a rusticidade e apreciam de maneira mais intensa os benefícios reais de temperatura local, a natureza intocada, os tipos de alimentos regionais, recreação, além de outros atrativos que essa vasta alternativa de investimentos econômicos oferece. Além de tudo, a contribuição que as florestas proporcionam para o desenvolvimento das atividades de turismo ecológico é incalculável quando se refere à manutenção e recuperação, tanto do bem-estar físico quanto espiritual do indivíduo.

Entrementes, vale destacar que as ações que visem priorizar as atividades turísticas, independente da modalidade que seja, devem ser profissionalizadas e ficar a responsabilidade de regulação exclusiva a cargo do setor estatal, deixando para o setor privado em si, as atividades mais simples e de giro de dinheiro rápido, que possam gerar rendas pontuais para os habitantes locais e os agentes investidores nas atividades desse segmento, tais como: restaurantes, comunicação, guias turísticos, meios de transporte, construção de hotéis nos aglomerados urbanos com ofertas de produtos na forma de programas de visitação e passeio pelos atrativos turísticos e pontos de observação específicos. Todos regulados por leis de preservação rígidas, inafiançáveis e implacáveis, com monitoramento severo e direto pelas autoridades governamentais.

Da parte do Estado, esse deve ter por compromisso e objetivo, criar programas e investimentos públicos visando melhorar a infraestrutura de transporte, comunicação, segurança e de leis que primem pela conservação da integridade moral e física dos turistas, além de criação de estatutos específicos, que tratem apenas da preservação da paz, do lazer e da garantia de segurança do turista, por intermédio do estabelecimento de penas severas contra ações que atentem contra a integridade do visitante, tais como: assaltos, furtos de quaisquer naturezas, assassinatos, abusos de poder econômico e financeiro, dentre outras medidas protetivas. Os crimes praticados nessas atividades, volta-se a frisar, devem ser inafiançáveis, com penalidade severa e implacável.

Já da parte do setor privado, o tratamento do turista deve ser centrado na boa educação, na cultura, no respeito, no estabelecimento de preços de trabalhos e serviços justos, sem o vício do abuso financeiro e econômico. Infelizmente, nessa área existem "profissionais" inexperientes e inescrupulosos que agem assim, apenas por pensar que o turista não conhece a realidade do país e a local, tendo em mente ainda que, esse cliente só visitará a sua região uma única vez. Essas são as maiores das estultices praticadas contra os turistas de uma maneira geral, quase que em todos os países do terceiro mundo, que ainda não têm noção da importância e abrangência desse tipo de mercado, que gera rendas elevadas e pontuais para os residentes da Nação.

Infelizmente, nesses países, na seara estatal, a atividade de turismo é precoce sendo explorada por grande maioria de pessoas e profissionais inexperientes, incapacitados e, portanto, incompetentes, ligadas a grupos politiqueiros, irresponsáveis, que agem nessas áreas mais por necessidade de "estar empregado". Que exercem o cargo mais por necessidade financeira e pontual, utilizando a função apenas como "ponte" para atingir outras "colocações", e que sejam, segundo eles, mais "atrativas" financeiramente e de "maior prestígio". Ademais, esses setores ainda sofrem as consequências das políticas públicas de gestão econômicas mal elaboradas, criadas por um governo formado por políticos negligentes, desprovidos de perfil estadista, que agem apenas por instintos e interesse próprio, sem a noção do que seja o tripé: Nação-sociedade-mercado. Na realidade, esses são grupos de aventureiros que alheios à prática da verdadeira política, pensam que podem fazer e fazem o que querem. A presença do político que tenha o perfil de verdadeiro estadista ainda é exígua nesse meio econômico e social e até mesmo nesses países.

Só para citar como exemplos, adentrando na seara do turismo em geral, sem ficar agrilhoado nos méritos da questão das áreas específicas dessa atividade, a Agência Brasil de notícias, veiculou matéria no dia 15/03/2019, de autoria do senhor Vinícius Lisboa, informando que, no carnaval do Rio de Janeiro de 2019, a economia movimentou R$ 3,78 bilhões de reais. Agora, dessa assertiva pergunta-se: - Qual atividade econômica movimenta tanta quantidade de dinheiro em tão pouco tempo? - Quantas pessoas não são beneficiadas com uma renda exclusiva desse porte, num período de apenas, no máximo, uma semana?

Já, o Portal de Notícias do Globo - GI, secção de São Paulo informou que, a Fórmula 1 – F1 atraiu 130 mil turistas, que acrescentaram à receita do Estado a importância de 260 milhões de reais, ocupando mais de 70% das vagas dos hotéis, segundo matéria veiculada por esse jornal, em 08/11/2014. Por seu turno, quando se trata de turismo ecológico, o portal de notícias do Globo - G1 do Amazonas divulgou em matéria jornalística no dia 08/07/2019, que, só no período de janeiro a maio desse ano, mais de 285 mil turistas passaram por Manaus, a Capital do Amazonas. Disso, sem querer aprofundar no tema, já se consegue imaginar o quanto de dinheiro a atividade de turismo gera para a receita de uma região ou País, e quantas oportunidades de trabalho, essa área no sentido geral ecológico oferece. Isso, sem considerar o estágio de barbárie em que se encontra a economia de muitos desses países, e que levaria dezenas e até centenas de anos, em alguns casos, para obter uma arrecadação semelhante, em atividades econômicas tradicionais.

Acima de tudo, o turista é um cliente em potencial e é ele quem vai fazer a divulgação do país no exterior, sem contar o fato de que, quando o mesmo está satisfeito com o tipo de atendimento, tem grande chance de voltar mais vezes para consumir as riquezas internas do país, sejam elas: naturais, culturais ou históricas. Porém, infelizmente, nesse tipo de mercado, a ignorância e com ela, a prática da barbárie, imperam.

Por seu turno, de volta às análises ambientais, quando se refere às atividades agropecuárias, percebe-se que tais ações não apresentam muitas novidades quanto ao seu cultivo e ao seu trato, e que não vão além de avanços tecnológicos significativos nas técnicas de plantio, de cuidados com o solo, do desenvolvimento de sementes, de ocupações de áreas não degradadas, de criação intensiva de bovinos, aves, e suínos, visto que, a própria natureza já impõe limites nesse ofício impedindo sua ampliação mediante a atuação da lei dos rendimentos decrescentes e dos custos crescentes estabelecendo um padrão de limites dentro dessas ocupações.

Tentar insistir em desenvolvimento de técnicas muito abusivas nos tratos dessas atividades, só faz incorrer em custos elevados e excentricidades, o que na grande maioria das vezes, geram quebras até irreparáveis na cadeia produtiva e distorções nas atividades agrárias, o que pode vir a causar, como consequência, enormes desequilíbrios nas escalas de produção e no bom desempenho do trabalho humano, sem contar o fato de que, investimentos abusivos em tecnologias cada vez mais inovativas e de forma verticalizada na agricultura, geram despesas cada vez maiores e que não conseguem ser cobertas apenas pelo plantio de sementes e produção de carcaças de animais, devido à lei dos rendimentos decrescentes. Então, nesse sentido, pode-se afirmar que, a produção de alimentos é o fator crucial para garantir a sustentação de toda a estrutura produtiva da economia, em bons níveis de desenvolvimento como deixam claro, Platão e Smith, quando os mesmos concentram suas análises primordialmente nos limites estabelecidos pelas necessidades hierárquicas do ser humano.

Infelizmente, essa concepção foi toda ela distorcida uma vez que, a atividade econômica no setor agrário atualmente, é destinada a prática de monocultura no sistema *plantation*, com a produção de sementes e capim, principalmente nos países pobres, em extensões de terras inimagináveis no passado recente. Vale acrescentar que essas atividades são executadas a um custo elevadíssimo para a população, em virtude dos incentivos fiscais, da elevação de carga de impostos e de subsídios apenas para manter a carcaça de animais com alto padrão de qualidade para consumo nos grandes centros urbanos e nos países ricos, ao mesmo tempo em que, esse sistema serve de colchão de absorção de maquinários e implementos agrícolas, muitos desses, já ultrapassados, mais a utilização de fertilizantes e herbicidas, para garantir as vendas das indústrias, em sua maioria, também obsoletas, dos países ricos, gerando em outra ponta, que é o das reais necessidades de alimentação da população: fome, miséria, êxodo rural, desalento econômico e social.

É esse o tipo de comportamento praticado pela grande maioria dos indivíduos que se passam por "empresários", visando apenas, conforme já frisado, oportunidade para acesso a dinheiro fácil, proporcionado pelos subsídios, isenções fiscais, empréstimos a juros negativos e socialização de suas dívidas, estas últimas que se dá pelo seu repasse à sociedade, mais o descarte de máquinas, implementos, herbicidas e nutrientes, já algumas, sem valor de mercado, devido ao seu obsoletismo. Em decorrência das facilidades oferecidas de maneira descriteriosa pelo governo dos países subdesenvolvidos, e até alguns desenvolvidos, criados apenas para facilitar acesso às benesses que essas atividades abusivas de *plantation* oferecem, a grande maioria das terras dessas nações, quando não são depredadas por tais ofícios, são utilizadas como objeto de especulação imobiliária pelos seus proprietários.

A prática dessas ações promove, de maneira concomitante, a destruição da biota, contribuindo enormemente para com a eliminação das florestas e de animais endêmicos, muitos deles raríssimos e com grande valor econômico na área de exploração de atividades ecoturísticas, além de plantas consideradas raras, de grande valor tanto nutricional quanto medicinal, sendo que, várias espécies ainda nem são conhecidas. Todas essas ações em conjunto, promovem a destruição da estrutura produtiva de alimentos do Planeta em níveis catastróficos, fazendo aumentar a fome, a miséria, a desnutrição e o enfraquecimento da população em escala global.

Novamente, essa é uma atividade não econômica, tais quais as concessões de serviços públicos, as privatizações, os estabelecimentos de pedágios em vias públicas, todos caracterizados por serem, nada mais do que movimentos velados de saques e apropriação indevida do patrimônio público, se constituindo essas, em ações altamente depredatórias nas áreas agrícolas e produtivas, de uma maneira geral. Essa é a que pode ser chamada de verdadeira economia do caubói definida pelo senhor de *Kenneth Boulding* apud Becker (2004).

Nesse sentido, a análise anterior ao de imediato acima apresentado, na versão de Smith sobre o suprimento das exigibilidades do organismo humano, estudadas na ótica da hierarquia das necessidades humanas com o objetivo ulterior de produzir riquezas sociais, coaduna com as observações, análises e fundamentações da formação do individuo, enquanto ser social, desenvolvido por Platão, em "A República".

4 Sugestões e possíveis soluções para o marasmo produtivo brasileiro na seara agropecuária e ambiental

Durante toda a análise de sua obra, o senhor Smith sentencia que "superlucro" é a palavra mágica que move toda a Economia. Esse é o objetivo que todo e qualquer empresário perspicaz, busca obter dentro de suas atividades econômicas na produção de mercadorias. Adam Smith vai mais longe ainda, ao indicar em quais atividades esse fenômeno pode se manifestar com maior grau de intensidade, criando um verdadeiro atalho no processo de formação de fortuna para o indivíduo dentro do sistema capitalista de produção. Diante do exposto não há como não entender o objetivo dos grandes conglomerados ou até das grandes empresas em eliminar concorrentes buscando aumentar suas margens de lucros concentrando sobre si toda a produção, distribuição e controle nas negociações de um único produto como se observa nas situações de monopólio, oligopólio, oligopsônio, monopsônio, enfim, nos lobbys que são criados pelos grandes conglomerados para controlar de maneira unilateral a produção de uma única mercadoria que tem grande potencial de demanda devido ao seu grau de utilidade ser elevado para a sociedade.

Para esse autor, o superlucro é uma característica inerente das atividades que envolvem inovações tecnológicas e promovem a criação, a descoberta e avanço de novas utilidades manifestadas na forma de mercadorias revolucionárias. Exemplos como esses são vistos em aparelhos de comunicação como Smartphone, que ostentam utilidade, tecnologia, luxo, beleza e outros tipos de aparelhos, como carros elétricos, a última moda entre as elites centrais, que oferecem ao mesmo tempo: utilidade, tecnologia, ostentação, imponência, luxo e *glamour* tornando seus proprietários admirados pela coletividade por ter poder de consumo e refino na escolha de produtos de alto desempenho. Todos esses adjetivos permitem ao detentor da marca e aos que a comercializam no mercado, colocar margens de ganhos muito acima dos preços naturais de produtos similares, tornando esses indivíduos pessoas abastadas da noite para o dia.

Além do desenvolvimento de produtos de alta tecnologia *(high tech)* o superlucro também é observável em minérios raros e de grande utilidade, como o cobre, os metais preciosos, o petróleo, por exemplo, e produtos agrícolas que são muito apreciados pela coletividade global, mas que, porém, só podem ser cultivados em apenas determinadas regiões do Planeta. Casos específicos desses produtos são: o café, o cacau, a seringueira, a cana de açúcar, a Castanha do Pará, o caju e sua castanha, e, no caso do Brasil, ultimamente, até o Açaí. Na verdade, não se vê nenhum dos agricultores que desenvolvem essas atividades "reclamarem da vida".

Parece que os admiradores de "A Riqueza das Nações" do senhor Smith, não atentaram para esse detalhe de sua obra, optando por atividades que além de fugirem aos preceitos preestabelecidos por esse autor, que são de relevante grau de cientificidade, insistem na prática de atividades que dão muito trabalho, são de custos elevadíssimos e de retorno incerto como é o caso da soja, do etanol, e da carcaça de animais, práticas essas que são muito apreciadas no Brasil, embora este País seja o berço dos produtos que geram lucros extraordinários, como os apontados acima. Na formação da riqueza econômica do Brasil a cana-de-açúcar, o café, a seringueira, o cacau, conforme já frisado, até o açaí tem sua história à parte, ocupando capítulo especial, como grandes contribuidores da formação de fortunas de muitas famílias, de regiões e até da própria Nação. Quando se estuda História, desde o ensino primário, já se observa a relevância da cafeicultura como a grande alavancadora do desenvolvimento econômico e social do Brasil no final do Século XIX e início do Século XX.

Além de tudo, e o mais importante é que, esses produtos quando são cultivados provocam mudanças mínimas na composição do solo, na conservação das áreas florestais, são árvores; no caso do café, da seringueira, do cacau que ajudam a preservação e a conservação de biomas, o que favorece em muito a preservação das estruturas florestais às gerações futuras. Isso tudo sem contar o fato de que, essas árvores podem ser cultivadas de forma consorciada com outras atividades agrícolas, promovendo um verdadeiro complexo produtivo gerando ganhos diversos e a baixos custos para os seus cultivadores.

Vale ainda acrescentar que essas atividades exigem maior atenção e cuidado apenas na fase de sua implantação, dispensando ingerências especiais e a custos elevados quando tais práticas já estiverem em plena produção, obrigando apenas aos seus detentores, o monitoramento e o respeito ao processo natural de cultivo dessas riquezas florestais.

Isso sem contar o fato de que, o Brasil já possui profissionais ultra capacitados nas áreas de Agronomia, Engenharia Florestal, Biologia, Botânica, Ecologia que podem somar aos programas de preservação ambiental gerando lucros extraordinários em atividades simples, ao mesmo tempo em que podem contribuir significativamente para com a manutenção das florestas em pé, atuando em consórcio com as atividades da Economia Ambiental.

Além do cacau, da seringueira, do café, existem ainda árvores que podem fornecer madeira de alta qualidade e durabilidade como a Teka, o Pau de Balsa, por exemplo, que podem ser produzidas em consórcio com as atividades de cafeicultura, de produção da seringa, do açaí, do cupuaçu, de frutas como o abacaxi, a acerola, o abacate, a manga, o caju, as hortaliças, enfim; uma infinidade de benefícios que se tornam agradáveis e que só podem somar ao capital do produtor, necessitando apenas de apoio e incentivos, como empréstimos de longo prazo para fomentar o início dessas atividades, ativando a cadeia produtiva agrícola e gerando mais que o quadruplo de emprego e lucro do que o cultivo de *commodities*.

O professor Doutor Jorge Madeira Nogueira em suas já tradicionais aulas de Instrumentos Econômicos de Gestão Econômica Ambiental – IEGA I e II, do curso de Gestão Econômica do Meio Ambiente, oferecido pela Universidade de Brasília – UnB, argumenta que, durante o desenvolvimento de sua Tese de Doutorado, que tratou de depurar para diagnosticar a viabilidade econômica de uma fazenda de plantação de sementes de soja, o mesmo constatou que o retorno econômico desse tipo de investimento, na época, demandava 50 anos. Segundo ainda o Professor Jorge, "o que salvava" os produtores rurais da extrema penúria nos momentos intermitentes dos investimentos eram as atividades agrícolas consorciadas, que eram mantidas na fazenda.

Agora que as atividades de *commodities* já passaram para o setor externo, já não é mais viável economicamente falando para o Brasil, a continuidade dessas práticas ao mesmo tempo em que, de outra ponta, o governo pode criar políticas econômicas mais realistas que tirem os produtores rurais do cabresto imposto pelas multinacionais, que os torna empregados dentro de suas próprias terras.

Ao se desenvolver políticas econômicas dessa natureza haverá uma migração natural, que tende a se intensificar quando os produtores rurais perceberem os retornos econômico-financeiros que não são baixos e também, são mais tranquilos, sem exigência de trabalhos adicionais, retrabalhos e gastos exorbitantes, até fora da capacidade de pagamento desses profissionais.

Durante o processo de mudança do sistema de produção agrária, pode haver ainda a possibilidade de resistência de alguns grupos que queiram insistir na prática desses devaneios agrícolas no que tange ao retorno financeiro, relutando em aceitar a implantação dessas novas políticas agropecuárias, mas que podem muito bem ser alertados de que, há a grande possibilidade de eliminação de subsídios e transferências para esse segmento sem contar o fato de que, se os mesmos quiserem insistir nessas atividades eles podem ser processados pela sociedade e serem obrigados a fazerem indenizações para a população em cumprimento ao que estabelece o princípio do poluidor pagador. Assim, por exemplo, os produtores, proprietários e responsáveis pelo verdadeiro manancial de terras degradadas expostas ao sol, algumas já em estágio avançado de desertificação e geradoras de desconforto para as pessoas idosas, as crianças, e algumas outras detentoras de morbidades provocadas pela poluição do ar e esquentamento da temperatura da terra, devido à destruição das árvores, podem ser intimados a indenizarem essas pessoas devido às externalidades negativas que a produção de *commodities* provoca no meio ambiente.

No que tange à produção de matérias primas para o mercado externo como a soja, por exemplo, a prática de corte raso deixando a terra totalmente desnuda e exposta às condições climáticas e de temperaturas ambientes inóspitas, fazendo elevar ainda o seu grau de degradação, também estão sujeitos às mesmas penalidades impostas pelas autoridades inclusive com indenizações elevadas, em obediência ao princípio do poluidor pagador. Um dos fatores mais agravantes além da geração dos problemas oriundos das mudanças climáticas está o caso do assoreamento dos rios, lagos, e até, no caso do Brasil, do Pantanal de Mato Grosso, um viveiro natural de espécies raras e também de peixes com sabores exóticos que, só são muito apreciados nessa região tais como: o pacu, o cachara, o pintado, o dourado, a peraputanga, o piavuçu, dentre outras espécies de pescados que servem de alimentação para a população nativa e também para os restaurantes tradicionais e luxuosos dos grandes centros urbanos como: Cuiabá, Campo Grande, e até São Paulo, etc., e que atraem ainda turistas de várias partes do Brasil e também do mundo, que são tentados pela beleza natural do Pantanal de Mato Grosso, considerada a maior área alagada do Planeta.

Em períodos de pesca, a prática dessas atividades geram verdadeiras riquezas sociais não só na forma de geração de emprego e renda, mas também de evolução da qualidade de vida da população local e de empresários que exploram as atividades de turismo nessa área e que em períodos de pico, de concentração de grande quantidade de atividades no local, desfrutam de momentos impares de lazer e que impactam positivamente sua vida econômica durante todo o resto do ano, além da melhoria no seu nível de bem estar físico e espiritual.

O segredo para a qualidade da carne especial de altíssima aceitação dos peixes dessa região está na alimentação que eles consomem que são de plantas endêmicas como algas, frutas de árvores que crescem junto aos rios, o capim marinho que serve de alimento diferenciado para esses pequenos e saborosos animais, que muito saciam as necessidades alimentares da população ribeirinha e de, como disse, turistas que procuram o local para a prática das pescas esportivas, alimentação nativa, a apreciação da sua beleza natural seja ela no curtir o por do sol, seja na prática da contemplação de animais selvagens, destacando-se entre eles a beleza e a imponência da onça pintada, considerada a predadora rainha do Pantanal de Mato Grosso.

As fazendas do sul de Mato Grosso ao realizar o corte raso, principalmente nos platôs de onde os rios nascem formando a Bacia do Paraguai que vão banhar o Pantanal de Mato Grosso, para plantio da soja, deixando a terra exposta às ações das chuvas e ventos, que nos períodos chuvosos são constantes e de muito volume de água, quando os aguaceiros correm para os rios, levam consigo não só pedaços de madeira, ou o veneno que é despejado nas lavouras para o combate das pragas e ervas daninhas, mas também, carregam consigo grande quantidade de terra, areia e pedras que são depositadas nos leitos dos rios, destruindo as cavernas de seu interior, que servem de abrigo para os peixes, além de eliminarem vários tipos de vegetais através desse processo, que em épocas anteriores serviam de alimento para esses animais aquáticos provocando fome e piora da qualidade dos pescados, que se juntam na região do Pantanal para reprodução e fazer a multiplicação das espécies.

De maneira geral, as ações antropogênicas praticadas em todo o sul de Mato Grosso, decorrentes da intensificação da produção de capim para formação de carcaças de animais, em especial, o gado e sementes que são comercializadas como *commodities*, que se estende principalmente, desde a cabeceira do Rio Paraguai até Rondonópolis e região, potencializam a destruição dessas riquezas naturais, o que provoca o empobrecimento da área, por intermédio da morte dos peixes, extinção de espécies de animais e aves, e como reflexo, traz ainda a falta de alimento saudável para a população ribeirinha, a redução das atividades de turismo e o assoreamento dos rios, gerando processos de degradação intensiva da área, com resultados em algumas situações já quase que irreparáveis, se não forem tomadas atitudes pontuais por parte da população local e do governo desse Estado, para conter esse avanço depredatório.

Um exemplo mais catastrófico dessa situação é o caso do assoreamento do Rio Taquari, que antes nascia no sudeste de Mato Grosso e banhava o norte do Pantanal de Mato Grosso do Sul, servindo de viveiro natural para os peixes, que por seu turno, alimentava a população local e ainda fornecia seu leito para que os animais das fazendas pudessem sorver a água que deslizava pelo seu leito.

Com o assoreamento desse rio, no período das chuvas, quando essas ocorrem com maior intensidade, causando enxurradas que formam um verdadeiro aguaceiro, não mais encontrando o leito do Rio Taquari para escorrer, se esparrama por toda a região, invadindo as fazendas, destruindo as plantações, alagando toda a área e como consequência, acabou com praticamente todas as atividades econômicas em sua volta. Com a destruição das fazendas, seus proprietários foram obrigados a abandonarem o local incorrendo em prejuízos incalculáveis sendo obrigados a se mudarem para os grandes centros ou outras regiões, provocando um verdadeiro êxodo rural e gerando desequilíbrios sociais nas áreas onde se instalaram, por falta de assistência da parte dos governos locais, principalmente de Mato Grosso e Mato Grosso do Sul.

Tal catástrofe, recorrendo-se ao princípio do poluidor pagador, obriga os produtores de *commodities* ou o Governo de Mato Grosso, a indenizar financeiramente Mato Grosso do Sul e a parte da população desse Estado envolvida, como reparação pelo dano econômico-social causado a essa linda, mas já depredada região.

Quanto à questão da produção de alimentação para equacionar a questão da fome, seja ela do gado europeu ou asiático, bem como dos melhores restaurantes dos Estados Unidos, da Europa, da Ásia, da África, e até do próprio Brasil, esse problema pode ser resolvido de maneira prática, econômica e altamente rentável para todos os envolvidos estabelecendo-se um verdadeiro princípio ganha-ganha por intermédio da substituição da farinha de peixe que antes tinha como matéria prima a Anchova como solução do problema da alimentação do gado europeu ou, pelo cultivo da soja em nossos dias, pela produção e comercialização do Pirarucu.

O Pirarucu é um peixe de agua doce, de fácil manejo, tem carne macia, saborosa e muito apreciada, que pode substituir até a carne de muitos pescados nobres em variados pratos com alta aceitação, sem espinhos, de alto potencial nutritivo, de grande valor comercial, sendo que seu peso pode atingir 200 quilos, normalmente é comercializado a partir já do primeiro ano, quando atinge 10 quilos, seu tamanho pode chegar até três metros, de alta rusticidade, que pode ser cultivado em consórcio com outras atividades animais tais como a criação de bovinos, bubalinos, aves, além de não exigir cuidados especiais durante seu manejo. Seu *habitat* pode ser tanto a água parada quanto a água corrente, o mais simples possível, não exige grande espaço para sua criação sem quaisquer controles especiais, em especial da água, visto que ele é predador, come outros peixes que não tem valor comercial como a Tilápia, por exemplo, e respira no mesmo estilo das baleias, tendo que emergir em intervalos regulares uma vez que esse espécime só faz a respiração aérea. Tem-se que ter tolerância apenas com a questão da captura e consumo desse tipo de pescado quando da sua primeira reprodução, visto que o Pirarucu só começa a se reproduzir a partir do quinto ano de vida[17] obrigando o produtor a dividir as matrizes por plantel.

>Água - adapta-se a todos os tipos de água, inclusive as que apresentam barreiras químicas, com diferentes níveis de pH e de concentração de sais minerais. Em cativeiro, mesmo que a água tenha baixos níveis de oxigênio dissolvido, apresenta bom desenvolvimento pelo fato de ter que realizar a respiração aérea. Nessas condições, porém, a boa oxigenação da água é indispensável às espécies que servirão de alimento ao pirarucu. EMBRAPA: Criação do Pirarucu (1996:34)

É interessante a criação desse espécime em consórcio com outros animais porque se podem utilizar os dejetos desses últimos como os búfalos, bovinos e aves, para alimentação dos peixes que não tem valor comercial e que, por seu turno, esses servirão de alimentação para o Pirarucu, o que gera uma grande economia com o fornecimento da alimentação para esse tipo de peixe por meio da criação de uma breve cadeia alimentar.

Manejo da Reprodução

- **Instalações** – desova em águas paradas, o que facilita sua reprodução em açudes e viveiros. Para reprodução, deve-se dar preferência aos açudes.
- **Escolha dos reprodutores** – na escolha dos reprodutores para o povoamento de açudes de sistema aberto, isto é, alimentados por fontes naturais, devem ser descartados os animais com peso inferior a 500 g, devido à presença de peixes predadores nesses ambientes. Indivíduos com peso superior a 10 kg não são recomendáveis, em decorrência da dificuldade de manuseio.

   Sugere-se o uso de exemplares pesando entre 5 e 10 kg, devido à facilidade de captura e transporte.
- **Densidade** – no manejo reprodutivo, para o povoamento de açudes com matrizes e reprodutores, a densidade recomendada é de um peixe para cada 200 m^2 de área inundada.
- **Alimentação dos reprodutores** – a alimentação dos reprodutores é feita com os peixes nativos do próprio açude. Caso a população desses peixes não seja expressiva, é necessário fazer um povoamento com espécies "forrageiras", como a tilápia, a piaba etc., ou com outros peixes de baixo valor comercial e de elevada capacidade reprodutiva.
- **Reprodução** – se reproduz naturalmente em cativeiro. A época da desova coincide normalmente, com o período chuvoso que, na Amazônia, se estende de dezembro a junho. O piscicultor, no início de seu empreendimento, deve formar um plantel de matrizes e reprodutores, de modo a ter suprida sua necessidade de alevinos para engorda, quando os animais atingirem a maturidade sexual.

   Por ocasião da primeira desova, os peixes macho e fêmea pesam em trono de 40 kg cada um e têm cerca de quatro a cinco anos de idade. Para reproduzir, escolhem um local de pouca profundidade, mantendo-o livre de outros peixes, a

---

[17] Coleção Criar: Criação do Pirarucu EMBRAPA. Disponível em: https://www.embrapa.br/busca-de-publicacoes/-/publicacao/387846/criacao-de-pirarucu. Acesso: 08/11/2021.

fim de evitar lutas pelo domínio do território selecionado. EMBRAPA: Criação do Pirarucu (1996:35 – 39)

Esse tipo de peixe não exige cuidados especiais para com os alevinos visto que, os próprios pais macho e fêmea cuidam dos filhotes, protegendo-os de possíveis predadores. O único cuidado que se tem que ter com a criação do Pirarucu é que ele é um tipo de peixe de água doce e que exige altas temperaturas para a sua produção visto que ele é um animal nativo da Amazônia, que possui um clima quente e úmido, com muita pluviosidade.

De todos os benefícios e vantagens relativas à criação do Pirarucu não se pode dizer que ele não seja um produto de elevado potencial de oferecimento de superlucro para os seus criadores visto que, o seu trato é extremamente simples, de fácil manejo e é um produto de grande aceitação no mercado e com elevado nível de demanda.

Desse peixe se pode extrair tudo. Sua cabeça, pele, escamas e sua parte óssea podem ser trituradas e transformadas em farinha que, misturada com outros tipos de alimentos tais como a farinha de mandioca, mais algum tipo de capim, acrescido de farelo de milho, podem ser enriquecidos com vitaminas e sais minerais sendo beneficiados todos juntos para produzirem-se as rações de alto valor nutritivo para serem consumidos na criação de animais dentro do próprio Brasil e/ou exportados para toda a Europa e Estados Unidos, servindo de alimentação para os animais e aves domésticas dessas regiões do Planeta. Suas vísceras podem ser transformadas em adubo de alto valor proteico e de sais minerais. Sua carne pode ser transformada em filés sendo acondicionadas em vasilhames adequados, congelados de imediato e exportados com grande vantagem na ocupação de espaço, visto que eles já seriam exportados em lotes fechados, onde no mesmo local que se acondicionariam as carcaças de gado para exportação caberia o dobro da quantidade de caixas de filés de Pirarucu, com economia de espaço.

Um Pirarucu adulto equivale a um hectare de soja. Sendo que um milhão desse tipo de pescado equivaleria a um milhão de hectares de soja plantada. Trocando a produção da soja pela criação do Pirarucu em cativeiro, isso equivaleria a um milhão de hectares de árvores mantidas em pé e que poderiam ainda, como vantagens adicionais para o investidor nesse tipo de atividade, ter direito a receber o crédito de carbono. Isso sem contar a preservação das nascentes, as manutenção da biota (flora e fauna) com potencial de exploração de seus benefícios para a humanidade por meio da criação de remédios e a exploração das atividades de turismo de várias modalidades que poderiam ser: o de esportes de aventura, principalmente o da prática de esportes radicais, o de caminhada explorando o relevo da região, o de contemplação dos animais e das belezas cênicas, a preservação da qualidade do ar, acrescidas do bem estar físico e espiritual que estariam asseguradas nessas estratégias de empreendimentos.

O que realmente falta para a implantação dessa política econômica em escala macro é o princípio da racionalidade. Nas últimas décadas esse é o fundamento econômico que mais tem sofrido involução científica em decorrência da tecnificação dos ensinamentos, que suprimem a capacidade de pensar holisticamente do estudioso por intermédio da supressão nos cursos de formação, de disciplinas que induzem ao raciocínio lógico, como a Filosofia, a Ciência Política, a Economia Política, a Sociologia, dentre outras, e que pretendem ser científicos sem o ser, transformando assim o tal "profissional" num verdadeiro pedante, prolixo, ou algo do gênero. Na atualidade, na Economia, a matemática se transformou na panaceia para todos os questionamentos que se diz científico. Não que a matemática não seja um instrumental imprescindível para se confirmar uma análise bem fundamentada, bem elaborada e de sequenciamento de ideias bem estruturadas, mas que não deixa de ser apenas um instrumental de fortalecimento e sedimentação das análises sobre determinado fato, nada mais que isso.

Platão em sua obra "A República" já afirma que a fundamentação da análise inspirada na matemática normalmente se norteia pela forma de uma figura geométrica, como um trapézio, um triângulo, um losango, mas que esses recursos em que pese sejam interessantes, os mesmos se transformam num limite para o avanço do estudo analítico. Para esse autor, tais figuras se transformam como numa espécie de telhado para as análises científicas se colocando como um obstáculo, um limite para a evolução das ideias aonde, elas só podem chegar até os extremos dessas figuras, tornando esses tipos de estudos limitados.

Como alternativa para contornar essa demarcação oferecida pelas figuras geométricas, Platão sugere a utilização da análise dialética que não tem limite para sua investigação onde o principal instrumental utilizado pelo pesquisador para se diagnosticar a essência do objeto estudado é a cognição. Para Platão (2006) *apud*

Paixão(2021:113), a dialética na sua abordagem cognitiva sempre evolui a partir da comparação de um objeto em relação a ele mesmo e sua contraposição simétrica até a identificação inequívoca de sua essência. Depois de descoberta a natureza desse ser o mesmo passa a ser utilizado como referencial para comparação com outra realidade similar até descobrir também o âmago dessa última. Por intermédio desse procedimento descobrindo-se o cerne desse último objeto trabalhado, passa-se a analisar esse em comparação com outro a ser esquadrinhado e assim sucessivamente. É assim que essa metodologia pode ser utilizada indefinidamente e de forma sucessiva, fazendo-se romper o problema do telhado criado pela utilização de análises científica a partir de figuras geométricas. Esse autor explica ainda que, a dialética é um método muito difícil, complexo, mas eficiente, o que demanda segundo Platão, um perquerimento minucioso, necessário para o desenvolvimento dessa técnica científica por, no mínimo uns quinze anos.

Um exemplo clássico desse tipo de imbróglio analítico relacionado à questão da utilização de esquema de investigação baseado em figuras geométricas pode ser baseado no comentário feito pelo Professor Dr. Luiz Gonzaga de Mello Belluzzo numa entrevista concedida ao saudoso Paulo Henrique Amorim apresentada por esse último, no seu blogue intitulado "Conversa Afiada". Ao tratar do problema da tecnificação e da despolitização do profissional que o leva a uma condição de analfabeto político, o pior dos horrores de um cidadão civilizado, o professor Belluzzo disse que presenciou um tal "economista" que, mesmo depois de ter preenchido duas folhas de um caderno com um determinado cálculo, extremamente complexo, ele não sabia explicar aonde queria chegar, ou o que queria demonstrar.

Na seara política o quadro ainda é mais dantesco. Com o advento da tal "democracia", aonde se pode de tudo e onde todas as baboseiras são tratadas como "política", na qual a máxima é "falar de tudo e sobre tudo" mesmo sem saber "o quê" e "os porquês", de qualquer sandice que saia da cabeça do pedante metido a "político", só por considera-la "interessante", o espaço é aberto para qualquer dos estultos, desde que esse saiba falar pelos cotovelos mesmo que sejam apenas absurdos.

Essa realidade se torna muito mais ridícula e complexa quando se constata que todas essas balbúrdias se dão em função do valor do imposto que se tem reservado como fundo para financiamento dos gastos sociais do Estado com proteção, segurança, infraestrutura, saúde, educação, saneamento básico para viabilizar a saúde, a formação da riqueza e o bem estar físico e espiritual da população.

Ao longo da história evolutiva da humanidade o imposto sempre foi visto como um fundo formado pelo saque praticado pelo soberano seja ele: rei, tirano, imperador, governador, presidente ou qualquer outro infeliz que se acha diferenciado, contra os súditos ou o povo, para financiar suas farras, suas guerras, suas sandices, promiscuidades, enfim, tudo o que viesse à cabeça mirabolante do *bon vivant* que estivesse no poder e quisesse desfrutar da vagabundagem às custas do sacrifício da população.

Mas na essência da Economia Política e Empresarial puras, o fundo que se chama imposto tem um valor fundamental para garantir a fluidez, a liberdade, a negociação, a segurança, o transporte e a produção das mercadorias no sistema capitalista de produção. Paixão(2021) assevera que o sistema capitalista é o mais puro dos sistemas econômicos que possam existir. Isso porque é a mercadoria que produzida em quantidade satisfatória e que permite a existência de um excedente para negociação é que se traduz na verdadeira riqueza da sociedade. A mercadoria é uma utilidade que advém da necessidade de se suprir uma carência físico-espiritual do indivíduo seja na forma de sua alimentação, proteção, segurança, enfim, suas necessidades fisiológicas ou emoções, sejam elas concupiscênicas ou racionais, como bem preceituam Platão e Adam Smith, para formularem suas teorias respectivas sobre criação de Estado ideal e de produção de riquezas sob o bastião da Economia.

O sistema capitalista como preceituam os individualistas desejosos de camuflar suas pretensões egoístas e, como infelizmente ficou conhecido pela grande massa populacional, na concepção desses, seria um sistema político recheado de seus interesses egoístas e totalitários. Na realidade o individualismo sim é uma ideologia tal qual o é o socialismo, o comunismo e o anarquismo, se encaixando em virtude disso, como uma teoria política, mas não se pode dizer o mesmo da ideologia individualista quando se tenta associa-la ao sistema capitalista de produção.

O Capitalismo é um sistema econômico puro, complexo, altamente avançado, que se caracteriza na esfera da produção da riqueza pela sociedade e que está açambarcado de maneira respectiva tanto pela Economia Empresarial quanto pela Economia Política puras, sendo interligadas pela macroeconomia inaugurada pela teoria marxista na ótica da produção de Departamentos e desenvolvida pelo senhor John Maynard Keynes. Na seara da

Ciência Econômica em sua essência, o sistema capitalista é regido pelas leis da Economia Política na concepção do senhor Adam Smith, e na Economia Empresarial, onde essa última tem seu cerne desvelado pela Teoria Marxista de produção desenvolvida pelo senhor Karl Heinrich Marx em sua obra "O Capital", alicerçada segundo esse autor, no modelo M – D – M desenvolvido pelo senhor *Sismondi* e norteadas pelas análises filosóficas de Descartes e Xenofonte, conforme o próprio Marx explana nessa sua criação máxima definida por ele de "um todo artístico" e trabalhadas pelo mesmo, utilizando-se todo esse contexto e sua criatividade na concepção da metodologia dialética estando vinculadas entre si pela ótica da práxis marxista. A práxis é utilizada como uma forma de transmutar a teoria na prática, porque, na visão de Marx não há como se comprovar a teoria a não ser pela prática. Paixão(2021).

Como sistema econômico independente, autônomo, dinâmico e complexo, para se desenvolver adequadamente na produção da riqueza social traduzida na forma de mercadoria, o capitalismo precisa de uma infraestrutura eficiente, sistematizada e que disponha de todos os recursos de produção na forma de capital, trabalho e terra, em níveis satisfatórios visando produzir as utilidades de maneira pontual para suprir as necessidades humanas que tem sobre si, subjacentes as faculdades inatas do indivíduo subdivididas segundo o célebre Platão em: necessidades fisiológicas e, emoções concupiscênicas e racionais.

Além da infraestrutura necessária, a produção da mercadoria traz em si as atividades derivadas e inerentes, fundamentais à viabilização da realização de todo esse processo, que é o setor serviços. A prestação de serviço e a infraestrutura social e econômica básicas, concebidas na forma de estradas, rodovias, ferrovias, sistema avançados de comunicação, segurança, escolas, hospitais, saneamento básico, são subsídios fundamentais para a viabilização satisfatória da produção da riqueza social na forma de mercadorias, porém não gera excedente econômico pelo fato de consumir todo o produto criado no momento de sua produção. Sendo assim essas atividades foram denominadas pelo senhor Smith como atividades improdutivas, como verdadeiramente o são.

Nessa condição não há como dizer que as atividades de prestação de serviços geram lucros visto que, as mesmas não produzem excedentes para serem trocados no mercado na forma de mercadorias. Se não criam lucros essas atividades só podem originar ganhos. Ganhos esses tratados como transferências. Essas transferências por seu turno são geradas na forma de receitas e despesas advindas dos excedentes econômicos que são negociados no mercado e metamorfoseados em lucros e que tem uma parte utilizada como capital financeiro a ser trabalhado, para viabilizar a produção de mercadorias no sistema econômico. No caso das transferências, o dinheiro que um ganha como receita o outro necessariamente perde na forma de despesas.

Esses ganhos originados das atividades da prestação de serviços aos setores produtores de mercadorias na condição de supridores das necessidades inerentes às atividades de produção do sistema capitalista, conforme frisado, são também definidas como formação bruta de capital fixo. Acrescentam-se à formação bruta de capital fixo na condição de prestação de serviços, as atividades desenvolvidas pelas empresas de suporte à fabricação de mercadorias, também chamadas de atividades derivadas da produção, tais como: as indústrias de embalagens, prestação de serviços diversos realizados por profissionais liberais, setores de construção civil, assessorias empresariais, etc.

As atividades de criação e manutenção da infraestrutura básica, fundamental ao desenvolvimento da produção também chamada de formação bruta de capital fixo, em virtude de seus custos de produção e de execução ser elevado e não gerar lucro, além de ser essencial como alicerce para viabilizar todas as atividades produtivas e sociais da Nação é classificado como bens públicos por excelência, cabendo sua execução necessariamente e obrigatoriamente ficar a cargo do Governo que terá de construir estatais na forma de autarquias independentes e autônomas, sem ingerência externa de quaisquer que sejam as naturezas, para executá-las. Essa é a Lei máxima da Economia Política e Empresarial na sua essência.

Como essas atividades consideradas acessórias ao sistema capitalista, mas fundamentais para a sua boa operacionalização não geram lucros, as mesmas não podem ser destinadas à sua realização para o setor privado, sob a condição de elevar sobremaneira o custo de produção de mercadorias o que em muitos casos, inviabilizam a formação da riqueza econômica e social além de tornar o Estado refém dos interesses privados. Daí porque se dizer que as atividades de prestação de serviços sejam eles público ou privados, são consideradas como atividades improdutivas, mas essencial para a produção de mercadorias, o que faz exigir a presença de um agente econômico necessário para a sua realização e regulação que, no caso é o Governo.

O fato interessante é que, enquanto o setor de serviços é considerado improdutivo por não gerar excedentes que se transforma em lucros, o mesmo, do lado da demanda é importantíssimo para viabilizar a produção de mercadorias, devido à demanda efetiva potencial que esse setor gera. Isso porque, mesmo sendo improdutivos os agentes econômicos, no caso, as famílias que trabalham no setor serviços ganham renda que se obtêm advindo dos pagamentos pelos trabalhos que esses agentes realizam nesse setor.

Dessa forma, como os trabalhadores que atuam no setor serviços também consomem mercadorias que são necessárias para garantir sua sobrevivência, esses demandam produtos no mercado fazendo elevar as vendas do setor produtivo da economia, trazendo maiores alentos para os produtores que, para sobreviverem de maneira adequada e poder honrar satisfatoriamente seus compromissos perante seus fornecedores e parceiros, precisam vender maior quantidade de excedentes econômicos do que o normal, para obter maior incidência de lucros. É assim que o setor de serviços faz aquecer a economia, pelo lado da demanda, criando expectativas otimistas para o setor produtivo e viabilizando o crescimento da produção da riqueza social na forma de mercadorias. É por isso que é a demanda potencial que determina o *quantum* que se produz no mercado e que aquece a produção de riquezas e não, meramente, a produção.

O único economista que nos primórdios da criação da Ciência Econômica conseguiu visualizar esse quadro com maior propriedade foi o senhor Thomas Robert Malthus e os economistas definidos como subconsumistas, que defendiam a tese estes últimos, de que o sistema capitalista costumava não consumir a quantidade máxima do que produzia devido a insuficiência de demanda necessária para adquiri-la se se mantivesse apenas a ótica da oferta em detrimento da procura, mas que, por não saberem relatar com maior profundidade e acuidade esse detalhe, foram ignorados pelos economistas clássicos que tiveram suas ideias prevalecidas, seguidores da doutrina de David Ricardo que propunha a teoria da relação inversa entre salário e lucro como forma de obtenção de maior ganho e defendiam a tese de Jean Baptiste Say, de que era a produção que criava a demanda e não a demanda que criava a produção.

Assim, nesse contexto, segundo esses últimos, tudo que se produzia seria de imediato consumido não precisando a economia criar uma análise mais acurada sobre a situação da demanda. Foi devido o prevalecimento dessa doutrina na versão clássica na ótica de Ricardo e Say que se originou a crise de superprodução na economia global no período 1927 – 1933 e que ainda prevalece, essa visão, até os nossos dias, gerando crises de excesso de produção periódicas no mercado mundial.

Um exemplo claro da versão correta da teoria da demanda efetiva como a determinadora do processo de produção do sistema capitalista, na ótica de Malthus, com ênfase no acréscimo do consumo do setor serviços, defendido por este estudo, está na vida cotidiana do mercado nas capitais dos Estados e do País. Nessas cidades aonde prevalecem os estabelecimentos públicos como sedes de governo, embaixadas, câmaras estaduais, municipais, fóruns, e de prestação de serviços burocráticos, como escritórios de advogados, assessorais empresariais, empresas de fabricação de embalagens gerando uma grande quantidade de trabalhadores improdutivos, o mercado dessas cidades é sempre aquecido com elevado nível de consumo e de negociação de riquezas geradas pelo setor de produção. Nessas cidades não se pode dizer que haja crise de consumo ou de produção, todas provocadas em sua grande maioria pelo consumo das famílias que atuam no setor de prestação de serviços.

Agora, como esses ofícios não geram lucros e não podem ser destinados a sua realização para o setor privado visto que, se isso for feito, eles podem até inviabilizar as atividades econômicas a um custo acessível para a sociedade, devido aos gastos adicionais principalmente os oriundos do pagamento dos ganhos dos empreendedores desse setor pela sociedade, que não são baixos, como afirma Smith, de onde deve vir os recursos financeiros necessários para viabilizar a sua operacionalização? É daí que se origina a necessidade da criação dos fundos sociais definidos como impostos. Na concepção atual o conceito de imposto é a capacidade de a sociedade criar fundos sociais necessários para viabilizar a construção da infraestrutura econômica e social necessárias para alicerçar todo o sistema de produção capitalista na sua essência. Esses fundos devem ser criados mediante a contribuição efetiva de cada indivíduo, independente da sua condição financeira, social e econômica dentro do Estado onde ele vive, sendo resguardada sua situação de miséria que deverá ser comprovada cientificamente e combatida pelo setor público que é uma das principais funções desse.

No que tange aos impostos, de maneira geral existem dois tipos dessa espécie de fundo social: direto e indireto. O direto é aquele que recai sobre a renda do indivíduo e o indireto é aquele que incide sobre a produção.

Foi visto acima, quando se estudou o excedente do consumidor e do produtor de *Dupuit* que o tipo de imposto ideal é aquele que incide sobre a renda do indivíduo para não se penalizar a produção visto que, é essa última atividade que intensifica a formação da riqueza social. Agora, quanto a sua classificação existem três modalidades de impostos: o progressivo, o regressivo e o neutro. O imposto é considerado progressivo quando aquele que ganha as maiores rendas paga mais imposto. O imposto neutro é o valor que é cobrado proporcionalmente à mesma taxa independente se o indivíduo é rico ou pobre. O regressivo já se refere ao tipo de imposto que tem maior incidência sobre aquele cidadão(ã) que tem menor renda.

No Brasil, comete-se uma injustiça e que inibe indiretamente a produção, visto que, nesse país prevalece a incidência do imposto regressivo e que recai sobre a classe laboral, penalizando assim os trabalhadores que recebem os menores salários. Como frisado acima, o imposto regressivo sacrifica a produção porque ele retrai o consumo do trabalhador inibindo a sua demanda e fazendo com que o setor produtivo perca vendas e consequentemente, esse fato faz reduzir a receita desse segmento, com o efeito direto recaindo sobre seu lucro uma vez que, é o trabalhador que realmente gasta tudo aquilo que ganha na forma de renda. Como a incidência do imposto sobre essa classe é direta e de efeito imediato, essa situação também provoca elevação dos custos e despesas do setor produtivo da economia pelo fato de que, enquanto a incidência do imposto é de curto prazo, os ajustes nos custos e despesas de produção só podem ocorrer no médio e no longo prazo durante o processo de fabricação das mercadorias.

Nesse contexto, o ponto que mais impressiona no Brasil é o montante do valor do fundo que se cria com a arrecadação do imposto que se cobra dos trabalhadores mesmo ele sendo regressivo e também, do fundo específico do trabalhador formado por esse, durante as suas atividades laborais para garantir sua aposentadoria futura. A aposentadoria é uma contribuição de Marx que na sua obra "O Capital" assevera que o trabalhador durante a sua vida útil deve trabalhar duas horas a mais para garantir a sobrevivência daqueles que já saíram do mercado de trabalho. Portanto esse fundo é criado pelo próprio trabalhador e gerado pelo mesmo independente dos demais setores da Economia, como o financeiro, por exemplo, como querem induzir a pensar os teóricos da economia monetária da Escola de Chicago, caracterizando esse fato como mais uma falácia do *mainstream*.

Esses dois tipos de fundos devido às suas magnitudes, constituem os maiores objetos de cobiça e de atitudes fraudulentas visando as suas apropriações ilegítimas, como a propina, por exemplo, principalmente por parte do setor financeiro e da esfera pública nas formas dos poderes Executivo, Legislativo e Judiciário, que são os segmentos estéreis e improdutivos da Economia, respectivamente. Isso ocorre pelo fato desses dois setores da Economia não gerarem renda na forma de lucros, mas apenas na condição de ganhos pecuniários advindos do setor de produção de mercadorias, conforme assevera Paixão(2021). Renda essa dos bancos originária dos juros que esses cobram da sociedade e o governo com o imposto que ele arrecada da população.

Os valores arrecadados impressionam porque, em que pese o Brasil seja um país em fase de desenvolvimento, tenha um território cinco vezes menor que a Rússia e uma população maior que esse País, que possui aproximadamente 145.000.000 de habitantes, e mais ainda, seja também uma Nação que tenha apenas 210.000.000 de pessoas comparado com a Índia que possui aproximadamente 1.380.000.000 de indivíduos, todos esses dados estimados para o ano de 2020, este Estado sul americano, considerando-se apenas os países membros do grupo formado pelo Brasil, Rússia, Índia, China e África do Sul – BRICS possui uma arrecadação tributária percentual superior a de todas essas nações coirmãs, incluindo a China. Conforme dados apresentados pela Revista Época Negócios[18] "O total de impostos, tributos e contribuições recolhidos no País é de 34% do PIB, na China é de 20%".

Admitindo-se ainda que os problemas políticos, sociais, econômicos, étnicos desses países sejam três, quatro, cinco, sete vezes, superior aos do Brasil, que não possui praticamente nenhum desses entraves, tais nações possuem uma infraestrutura econômica, social, tecnológica, educacional e cultural, todas extremamente superiores ao desta nação latino-americana.

Diante desse quadro bizarro e extremamente desfavorável ao Brasil em termos de formação de capital fixo e infraestrutura básica, porque, embora o Brasil tenha uma arrecadação tributária superior a dessas Nações, sua base produtiva, econômica e social não consegue chegar sequer a 50% do potencial sócioeconômico dessas

---

[18]Brasil tem maior carga tributária dos Brics, diz estudo. Revista Época Negócios. Disponível em: http://epocanegocios.globo.com/Revista/Common. Acesso: 16/11/2021.

nações, já consideradas potências? A resposta está na forma de administração e gestão dos impostos que são arrecadados. Nesses países os tributos são praticamente todos eles aplicadas no fim a que se propõe executar, embora não se deva desconsiderar a questão da corrupção, durante o seu recolhimento. No Brasil esses mesmos fundos, que são cobradas de forma regressiva apenas da classe trabalhadora, são utilizados apenas para pagamento de altos salários para os cargos públicos criando os famosos "marajás", pagamentos de propinas, a compra de cargos públicos, desvios de verbas, indenização fraudulentas, vendas de sentenças, invasões de terras, formação de quadrilhas e outros tipos de saques desmesurados do erário público.

É nesse cenário que ganham ênfase: a corrupção, a prostituição das ideias, as vendas de cargos eletivos, os superfaturamentos, os golpes de estado, os esquemas de favorecimento, as falcatruas, os lobbys, a compra de "políticos", transformando o sublime conceito do que seja Estadista numa verdadeira banalidade.

Só para citar um exemplo, a Câmara dos Deputados do Brasil têm 513 membros, País esse que possui apenas 27 Estados mais o Distrito Federal, o que é um número muito maior do que nos Estados Unidos, Nação que tem 50 Estados o Distrito Federal e mais algumas possessões, mas que possui apenas 435 parlamentares. Quanto ao número de Senadores, proporcionalmente falando a disparidade continua sendo absurda. O Brasil possui 83 senadores enquanto que a Nação Estadunidense possui apenas 100. Isso sem contar o tal de cargo de suplência que tem "direito" cada um desses indivíduos e que pode chegar até ao número de 03, numa "tacada só". Verdadeiramente é aí que a baderna impera. Normalmente, o candidato que ganhou nas urnas a eleição, para melhorar seu faturamento, acaba vendendo o cargo para um, dois, ou até os três suplentes que estão na fila, dependendo dos esquemas montados que normalmente são muito engenhosos. Isso sem contar os auxílios pecuniários.

O portal Congresso em Foco[19] com o título "Cada deputado custo mais de R$ 2 milhões por ano" apresenta os seguintes dados:

> Salário de R$ 33.763, auxílio-moradia de R$ 4.253 ou apartamento de graça para morar, verba de R$ 101,9 mil para contratar até 25 funcionários, de R$ 30.788,66 a R$ 45.612,53 por mês para gastar com alimentação, aluguel de veículo e escritório, divulgação do mandato, entre outras despesas. Dois salários no primeiro e no último mês da legislatura como ajuda de custo, ressarcimento de gastos com médicos.
>
> Esses são os principais benefícios a que um deputado federal brasileiro tem direito. Entre salários e outras benesses atreladas ao mandato, cada um deles custa ao contribuinte R$ 2,14 milhões por ano, ou R$ 179 mil por mês. Somadas as despesas com todos os 513 integrantes da Câmara, as despesas chegam a R$ 91,8 milhões todo mês. Ou R$ 1,1 bilhão por ano.

Isso em nível de Federal. Agora em termos de Nação, considerando-se toda a "farra do boi" alimentada pela "tal democracia".

Já o jornal "A União"[20] do Estado da Paraíba, em matéria publicada 15/07/2019 09h42 última modificação: 15/07/2019 09h42, sob o título "Ganhos parlamentares ultrapassam os R$ 100 mil" de autoria de Ademilson José, esse enfatiza que:

> [...] À exceção das Câmaras Municipais, inclusive as das capitais, onde os subsídios e verbas de gabinetes são movimentados pela própria presidência e não por cada vereador, essas vantagens têm certo controle, o que não se dá nas Assembleias Legislativas, na Câmara e no Senado Federal.
>
> Na Câmara de João Pessoa por exemplo esse limite se verifica, o que não é o caso da Assembleia Legislativa do Estado que, mesmo em valores inferiores, segue o lema estabelecido na Câmara dos Deputados e no Senado Federal.
>
> O salário bruto dos vereadores da capital hoje é R$ 15 mil, não podendo exceder a 2/3 do que ganha um deputado estadual, R$ 26 mil, nem o do prefeito, hoje em R$ 22 mil. O que vale também pro deputado que também não poderia

---

[19]Disponível em: https://congressoemfoco.uol.com.br/projeto-bula/reportagem/cada-deputado-custa-r-2-milhoes-por-ano/ Acesso: 18/11/2021

[20]Disponível em: https://auniao.pb.gov.br/noticias/caderno_politicas/ganhos-de-parlamentares-ultrapassam-os-r-100-mil Acesso: 18/11/2021

ultrapassar o governador. Conforme a última publicação do Diário Oficial (23/11/2015) R$ 29.688,58 é o valor do salário do governador.

Até aqui, falando-se basicamente em salários, os ganhos (elevados ou não) até que são facilmente reconhecidos, mudando completamente de figura quando os levantamentos saem para subsídios, vantagens, entre outras coisas mais. É que, como são eles que elaboram as leis, os deputados criam artifícios e terminam ganhando muito mais.

A lista é enorme e começa com verba de gabinete para contratar assessores, verba para reembolsar despesas com combustível, selos, materiais gráficos, locação de imóveis. Essas verbas variam de Estado para Estado e, na Paraíba, estima-se hoje em torno de R$ 80 mil por parlamentar, o que somado ao salário, ultrapassa a casa dos 100 mil.

Em termos de desconto, no entanto, todos são iguais ou proporcionais. Exceção somente para parlamentares do PT que têm parte dos salários descontada em favor da legenda. Já houve mais, mas hoje, em João Pessoa, exemplo disso só tem na Assembleia, o deputado Anísio Maia que assumiu em face do pedido de licença de Genival Matias e, na Câmara, todos os meses, o vereador Marcos Henriques tem R$ 1.567,00 descontados do seu salário de 15 mil em favor do PT.

Nesse emaranhado complexo de articulações, a maior das desculpas são as indicações para cargos públicos disponíveis ao partido. Os partidos normalmente negociam entre si e acabam substituindo os titulares de cada cadeira em troca de dinheiro ou de favores. Isso se dá quando o partido dono da cadeira de deputado ou de senador, acaba recebendo a indicação do deputado ou do senador para ocupar um outro cargo e, de imediato, o tal do suplente assume sua vaga, desembolsando alguns milhares ou milhões de reais em troca desse "favorecimento". E, costumeiramente, esse suplente que assumiu o cargo traz consigo sua prole de desocupados e interessados em afanar erário público.

No que concerne ao Judiciário, essa situação não se modifica. No portal Direção Concursos, o artigo sob o título: "Quanto ganha um juiz? Veja detalhes de um dos maiores salários do país" de autoria de Brenna Farias[21], publicado em 25/02/2021, essa profissional assevera:

É errado calcularmos a remuneração de juiz apenas por seu salário. Isso porque, além da remuneração, os juízes recebem vários benefícios, mas afinal de contas, você sabe quanto ganha um juiz?

Vale lembrar que a remuneração de um juiz também é conhecida como subsídio e não pode ultrapassar o teto constitucional dos Ministros do STF, de R$ 39.200,00, segundo o artigo 93.

O profissional ganha cerca de R$ 33.000,00, podendo variar em cada região. Porém os valores podem triplicar devido aos muitos benefícios: auxílio moradia, auxílio saúde, auxílio alimentação; além de gratificações e ajuda de custo.

Um juiz pode atuar na carreira federal ou estadual, as diferenças não estão somente na área de atuação, os salários também diferem.

Além de cargos de Juiz, existem ainda as funções de procuradores, desembargadores, defensores, todos esses cargos estéreis, com salários astronômicos, criados em sua grande maioria sem necessidade alguma e que são mantidos porque o País é ignorante em todos os níveis públicos, aonde a violência sob todas as facetas impera, dando vazão aos fundamentos da necessidade da existência de um Estado que deve ser norteada pelos princípios da Educação e da Cultura, muito bem engendrada por Platão em sua obra "A República".

Além desses existem ainda os salários das próprias forças armadas que são pagos aos altos escalões que possuem patentes elevadas enquanto que, os soldados, os verdadeiros guerreiros da Nação, na outra ponta, recebem soldos irrisórios, se constituindo num verdadeiro escândalo social.

Uma das formas de se equacionar esse problema sem criar quaisquer sacrifícios para ambas as partes, fazendo melhorar assim os salários dos soldados, seria eliminar funções intermediárias e estéreis que nada acrescentam na estrutura hierárquica dos setores de defesas nacionais, como a Marinha, o Exército e a Aeronáutica, a não ser elevar despesas de gestão com salários dos militares, seria promover a extinção de cargos a partir da função dos tenentes, major, coronel, cabos, os primeiros e segundo sargentos, primeiro e segundo tenentes, subtenentes e assim sucessivamente, deixando apenas as funções dos soldados, sargentos, capitães e generais, fazendo-se horizontalizar a hierarquia das forças armadas. Os ganhos pecuniários advindos dessa

---

[21] Disponível em: https://www.direcaoconcursos.com.br/artigos/quanto-ganha-um-juiz/ Acesso: 18/11/2021.

economia deveriam ser repassados como aumento de soldo dos soldados. Essa seria uma grande opção para se equacionar o problema.

Além dos salários deve-se acrescentar que esses são vitalícios, sem contar as remunerações da aposentadoria que é paga de forma integral a uma classe estéril, de pouquíssima expressão aonde as contribuições de tal segmento para a formação desse fundo social é irrisório em relação às contribuições dos demais brasileiros(as), principalmente os do setor produtivo, no caso, o setor privado que produz riquezas por intermédio das mercadorias.

Em que pese esses salários poderiam aquecer a demanda do mercado induzindo os produtores a investir mais na produção gerando maior nível de negociação e consequentemente, aquecendo a economia com reflexos positivos na oferta de emprego e na estabilidade do sistema econômico na ótica da produção, isso não ocorre com os salários elevados que são pagos em tais cargos estéreis. Isso porque, praticamente tudo que esses indivíduos ganham como salários os mesmos gastam com viagens para o exterior promovendo uma gastança desordenada ainda com festas e consumo de bens de luxo, muitos sem quaisquer valores comerciais para o mercado interno, fazendo essas rendas transferirem-se para o setor externo e promovendo a evasão de dinheiro e riquezas para o mercado internacional tornando a Economia nacional mais pobre e obrigando o governo a realizar investimentos adicionais para manter o nível de consumo e produção na seara econômica.

Vale lembrar que o mesmo não acontece com os proventos recebidos pelos trabalhadores tradicionais que estão lotados no setor de serviços visto que, esses gastam tudo aquilo que consomem na forma de renda, e o que sobra, e normalmente sobra principalmente na classe média, eles criam uma poupança depositando-os como prevenção de gastos futuros gerando um fundo disponível na economia do País para investimentos tanto do setor público quanto do setor privado a juros baixos, viabilizando as inversões de médio e de longo prazo que são verdadeiramente os gastos que geram riquezas para o País por intermédio da produção de mercadorias.

As benesses da área pública se estendem aos 10% do setor privado detentores das maiores rendas, principalmente naqueles ocupados por grandes empresas que chantageiam o país querendo angariar favorecimentos sob a alegação de que elas são as maiores prestadoras de bem estar para a comunidade devido aos empregos que geram, normalmente oferecendo baixos salários e que são repassados para a população em cima do embutimento desses valores, sobre os preços que os mesmos cobram pelos seus produtos e/ou serviços oferecidos que, por sinal, são em sua grande maioria, de baixa qualidade.

Notadamente, essas benesses ocorrem na forma de subsídios, transferências e isenções fiscais transformando o Estado não num agente regulador, não num gestor público do patrimônio social, mas sim, no patrocinador e financiador com dinheiro público do hedonismo intelectual, ou seja, do maior prazer com menor sacrifício possível, das castas mais abastadas da Nação que infelizmente não fazem nada e impedem os querem fazer alguma coisa, para o bem estar da Nação.

Tudo isso ocorre enquanto a sociedade fica exposta aos abusos e a falta de escolas, hospitais, saneamento básico, educação adequada, cultura, investimentos em tecnologia, infraestrutura e que juntos, viabilizam o surgimento e a manutenção do desemprego, da miséria, da prostituição e todo tipo de vandalismo praticado pelas classes dos "políticos", magistrados e "empresários por acaso" que infestam o Brasil. Entendidos aqui como "empresários por acaso" aqueles que amealham riquezas por intermédio de heranças, atos fraudulentos, propinas, subornos, procedimentos ilícitos e tiranias praticadas contra a população.

A parte da sociedade educada e culta que, por sinal, é pouca, vive entre indagações tentando desvendar de onde teve origem esse emaranhado de princípios baseados em cargos que oferecem salários astronômicos para a realidade brasileira, todos estéreis e que se incide ferozmente sobre o erário público mantido a duras penas pelos impostos que os trabalhadores brasileiros pagam. Na verdade esse quadro bizarro sobre a Economia brasileira sempre existiu, mas que teve maior incidência a partir do Golpe Militar de 64, criado e mantido pelos militares, como forma de atrair adeptos aos seus movimentos de destruição articulada do Brasil visando atender as imposições efetuadas pela Doutrina Monroe alinhavada pela CIA com os 10% mais ricos do povo brasileiro.

Em termos técnico-econômicos a grande falha de gestão sobre o erário público que deu origem a esse cenário catastrófico que paira sobre as contas públicas, decorre da união perniciosa entre poder e *glamour* promovido pelos militares para, conforme já frisado, atrair adeptos aos seus devaneios políticos. Essa união perigosa sem fundamento para os cargos políticos sejam eles quais forem, abriram espaço para as ostentações indevidas praticadas pelos indivíduos totalmente analfabetos políticos, alguns deles extremamente violentos, corruptos, propineiros que passaram a preencherem os mesmos, interessados apenas em usufruir das regalias em detrimento do desenvolvimento educacional, cultural e civilizatório da Nação.

Assim, tais ocupações passaram a serem desfrutados por indivíduos de todos os tipos em sua grande maioria, indignos de preencher atribuições tão importantes como os de magistrados e políticos verdadeiramente, que deveriam ser dotados da dignidade e decência de estadistas, virtudes necessárias e fundamentais para o exercício de funções tão importantes para um Estado civilizado.

No contexto geral, tudo isso decorre da banalização do conceito do que seja democracia já criticada por Platão em "A República", que tem como base apenas o fundamento de que para ser considerado um "democrata", o indivíduo precisa apenas exercer seu direito de voto mesmo que esse seja, analfabeto político, funcional e totalmente ignorante. Diante disso não é difícil de desvendar a origem de tamanha desgraça que se abate sobre a Nação Brasileira.

Vale lembrar que, em conformidade com Platão, se faz imperativo destacar que, cargos públicos não são funções que proporcionam enriquecimento de quaisquer naturezas, mas sim, atribuições para verdadeiros estadistas que desfrutam de ideologias solidárias, defendem o bem comum, a soberania e autonomia da Nação e do seu povo, sem exigir nada em troca. Nesses cargos devem prevalecer o amor, o respeito mútuo, a solidariedade e o comprometimento com os seus pares e com a raça humana independente da religião, ideologia ou etnia. Decorrente dessas exigências o extraordinário Platão defende a tese de que tais funções devam ser ocupadas por filósofos, que são cientistas sociais sérios, responsáveis e que valorizam mais o conhecimento, a galhardia, o respeito, a evolução humana mais do que o salário que é depositado na conta todo o final de mês.

É fato que, em qualquer função, quando o indivíduo descobre o seu dom no trabalho que ele executa, se esquece o sacrifício e se descobre o prazer. O prazer e a alegria de estar sendo útil, de ter sua atividade reconhecida e ser recompensado por um sorriso, o abraço de agradecimento fraterno e em consequência disso, o cansaço é esquecido, a utilidade é descoberta, a solidariedade desabrocha como o primeiro eclodir de uma rosa no início da primavera quando o dinheiro se torna apenas mais um fetiche, como bem revela Marx, sem explicação na condição de recompensa e a justiça passa a imperar numa relação de trabalho digna entre homens.

Diante de um trabalho probo, um prazer inigualável, a eficiência latente, nesse estado de coisas, o respeito impera, a justiça prevalece e a recompensa justa pelo labor realizado pelo feliz trabalhador tornam a mesquinhez de Ricardo e seus asseclas na seara da economia clássica e neoclássica, um emaranhado de ignorância. Nesse contexto os disparates de suas besteiras intuitivas definidas por esses como a relação inversa entre salários e lucros para justificar os altos ganhos do patrão, se tornam uma hediondez universal onde a falta de vergonha impera numa contratação de trabalho enaltecida por uma sociedade que se diz civilizada.

Na verdade, o trabalhador quando está atuando na atividade que ele gosta, o mesmo liga muito pouco para a questão de salário. Se ele perceber que a remuneração que ele recebe, independente do que ele faça é suficiente para que ele tenha uma vida digna, possa cuidar de sua família com alegria, com prazer de viver, jamais se preocupará com os ganhos do patrão. Ele tratará apenas de cumprir com o que está estabelecido no contrato de trabalho com esmero, com prazer, com produtividade e com a competitividade que passa a ser um atributo natural de seus afazeres e aí, nesse estado de coisas, desde que o patrão seja justo, íntegro e respeite os afazeres de seu empregado, jamais haverá litígio numa relação de trabalho civilizada.

Se o indivíduo quiser ser rico deve desenvolver e procurar realizar suas atividades no mercado que é o lugar ideal para isso e não em cargos que devem primar pelo respeito e a luta pelo bem comum da sociedade tendo sempre em frente a máxima estabelecida por Deus de que "o indivíduo dever ganhar o seu pão com o suor do seu próprio trabalho".

De tudo o que foi analisado aqui, mesmo que seja sem maiores pretensões de descobrir a essência da formação da riqueza em toda a sua profundidade, depreende-se que o Brasil não é um país pobre. Pelo contrário, esta Nação é riquíssima. A questão da pobreza no Brasil deve ser interpretada como um produto de marketing que é utilizado para viabilizar o aumento da arrecadação tributária a custa de um povo sofrido, que nas mãos desses contumeliosos, devolutos se transformou numa moeda de troca, cuja finalidade é unicamente o pagamento de salários para classes sociais estéreis.

Nessa situação o imposto saiu da condição de um fundo social destinado aos investimentos em infraestrutura econômica e social e se transformou num instrumento provedor de rendas para classes estéreis. Nesse contexto, tudo que tais classes percebem que podem aproveitar da sociedade por meio da elevação da carga tributária eles o fazem e o utilizam como um mecanismo de sustentação da elevação sempre constante de seus proventos. No Brasil se comete até o absurdo de se cobrar impostos e taxas de inversões em atividades destinadas à produção de mercadorias e riquezas sociais que vão gerar trabalho, desenvolvimento, aumento de consumo e até elevação da própria arrecadação de tributos por parte do próprio Governo!!!

Essas remunerações são utilizadas para financiar o desleixo, a falta de respeito, a tirania, o hedonismo intelectual, mesmo que seja para discutir inutilidades, a vida fácil de uma classe alta que vive de explorações, de falcatruas, de sinecuras, e da indolência histórica que tem suas raízes na própria origem da Nação. Como diz Smith em sua obra magnifica, "A Riqueza das Nações", tais indivíduos, em sua grande maioria, facínoras, vieram para este país para desfrutar de tudo de bom que ele poderia oferecer, aonde, na própria vinda desse povo para o Brasil, esses já se utilizavam de chantagens, implorando transferências, doações, assistências, concessões por parte da Coroa para que esses pudessem efetuar seus saques de uma maneira mais segura e sem sacrifícios. Smith vai mais longe ainda, ao afirmar nessa sua obra que, a sorte desses ignorantes desleixados que vieram para o Brasil é que alguns judeus vieram junto com os mesmos pelo menos para lhes indicar um pouco de educação.

Riqueza e seu desfrute não é pecado desde que seja justificado pelo trabalho árduo, o respeito mútuo, a integridade, o valor à vida e a solidariedade entre a raça humana. Desses fundamentos é que decorre a necessidade do verdadeiro estadista: ser dotado de educação e cultura na condição de verdadeiros guardiões do Estado como preceitua Platão. Paixão(2021). Enquanto o Brasil não enfrentar essa sua realidade e não se livrar de seus fantasmas ideológicos que os acumulam de recalques múltiplos, continuará sempre com a fantasia de que é um país jovem, pobre e que, depois de evoluir civilizatoriamente, não se sabe como, se não se educar, se transformará numa grande Nação.

Para aqueles que costumam apontar o Brasil como o grande protagonista dessa situação bizarra, cabe o alento ao afirmar que essa é uma característica inerente da tal "democracia" como denuncia Platão. Esse quadro se vê com maior ou menor intensidade em todo o mundo "democrático" o que torna uma grande verdade a assertiva desse extraordinário filósofo que defende a tese de que, para que qualquer regime político possa florescer e fortalecer na gestão do Estado faz-se necessário que haja a Educação e a Cultura para a formação da sua civilização.

De volta ao cenário econômico, quanto ao comportamento dos preços em uma Economia Pura e sadia, ao contrário do que preceitua os apologistas da inflação, enaltecedores da falaciosa "concorrência de mercado" cabe a salutar, mas breve análise do insigne senhor Smith, muito bem sedimentada pelo senhor Karl Marx em sua obra já citada reiteradas vezes, "O Capital".

> É efeito natural do desenvolvimento, contudo, reduzir gradualmente o preço real de quase todos os manufaturados. O preço da mão-de-obra manufatora diminui, talvez, em todos eles, sem exceção. Em conseqüência do uso de máquinas mais perfeitas, da maior destreza e de uma divisão e distribuição mais adequada do trabalho — efeitos naturais do desenvolvimento — requer-se muito menos mão-de-obra para executar qualquer parte determinada de trabalho; e embora, em conseqüência da situação florescente da sociedade, o preço real da mão-de-obra possa aumentar consideravelmente, a grande diminuição de sua quantidade será em geral mais do que compensadora do máximo aumento que possa ocorrer no preço dos manufaturados.
>
> Há realmente alguns manufaturados em que o necessário aumento do preço real das matérias-primas anulará todas as vantagens que o aprimoramento pode introduzir na execução do trabalho. Nos trabalhos de carpintaria, marcenaria e no trabalho mais grosseiro de fabricação de móveis, o aumento necessário no preço real da madeira, em consequência dos melhoramentos da terra, compensará em muito todas as vantagens que podem provir de melhores máquinas, da destreza máxima e da mais adequada divisão e distribuição do trabalho.
>
> Todavia, em todos os casos em que o preço real das matérias-primas não aumenta ou aumenta muito pouco, o preço do material manufaturado baixa muito consideravelmente. [...] Smith (1996:267)

A assertiva de Smith de que a queda de preços de manufaturados é um fenômeno natural decorrente do avanço da tecnologia e das melhores combinações do processo produtivo que em geral se deve ao desenvolvimento e aprimoramento de novas tecnologias na fabricação das máquinas, que saem da condição de ferramentas para máquinas ferramentas, é totalmente ratificada por Marx, quando esse autor faz sua análise do sistema capitalista de produção, partindo do processo de fabricação de mercadorias dentro do chão da fábrica. De uma maneira geral, praticamente todas as conclusões das análises de Smith relativas aos seus capítulos trabalhados, foram confirmadas por Marx quando esse autor faz a sua própria análise, utilizando-se do estudo do comportamento e desenvolvimento da Economia Empresarial em sua brilhante obra "O Capital".

5. Referências

ADEMILSON, J. *"Ganhos parlamentares ultrapassam os R$ 100 mil"*. Jornal a União do Estado da Paraíba, João Pessoa: 15/07/2019. Disponível em: https://auniao.pb.gov.br/noticias/caderno_politicas/ganhos-de-parlamentares-ultrapassam-os-r-100-mil Acesso: 18/11/2021

ALVES, M. O. L. *Energia Solar: Estudo da geração de Energia Elétrica através dos Sistemas Fotovoltaicos On-Grid e Off-Grid.* (Trabalho de Conclusão de Curso), João Monlevade: 2019. Disponível em: www.monografias.ufop.br Acesso: 21/10/2021

BARBOSA, R. *Oração aos Moços.* Disponível em: https://redepelicano.com/2020/12/19/o-que-seja-lei-2 Acesso: 17/10/2021

BECKER, B. K. *Geopolítica da Amazônia*: Conferência do Mês do Instituto de Estudos Avançados da USP proferida pela autora em 27 de abril de 2004. In: Estudos Avançados 19 (53), São Paulo: 2005.

BÍBLIA SAGRADA. Tradução do Padre Antonio Pereira de Figueiredo. Erechim: Edelbra, 1989

BIOMANIA: *Angiospermas* – Folha. https://biomania.com.br/artigo/angiospermas-folha. Acesso: 15/08/2020.

BRITES, A.D. *Sistema sensorial. Órgãos captam estímulos e informações.* Disponível em: Educação.uol.com.br. Acesso: 09/12/2020.

CONGRESSO EM FOCO. *Cada deputado custo mais de R$ 2 milhões por ano.* Disponível em: https://congressoemfoco.uol.com.br/projeto-bula/reportagem/cada-deputado-custa-r-2-milhoes-por-ano/ Acesso em: 18/11/2021

DEROSSO, G.S., ICHIKAWA, E. Y.*A construção de uma usina hidrelétrica e a reconfiguração das identidades dos ribeirinhos: um estudo em Salto Caxias, Paraná.* (Artigo). Ambient. soc. 17 (3), Set 2014. Disponível em: https://www.scielo.br/j/asoc/a/qNLDLy9ByntF9xRwJtzZvLz. Acesso: 25/10/2021.

DUPUIT, J. *De la mesure de l'utilité des travaux publics (1844).* In: *Revue Française D'économie,* Annés: 1995, v. 10. n. 2, pp. 55-94. Disponível em: www.persee.fr/web/revues Acesso: 22/09/2010.

FARIAS, B. *Quanto ganha um juiz? Veja detalhes de um dos maiores salários do País.* Direção Concursos: 25/02/2021. Disponível em: https://www.direcaoconcursos.com.br/artigos/quanto-ganha-um-juiz/ Acesso: 18/11/2021.

FISHER, I. *A Teoria do Juro Determinada pela Impaciência por Gastar Renda e pela Oportunidade de Investi-la* (Coleção: Os Economistas); 2. ed. São Paulo: Nova Cultural, 1986.

FRAZÃO, D. *Biografia de Monteiro Lobato.* Disponível em https://www.ebiografia.com/monteiro_lobato/ Acesso: 15/10/2021

FUCK, M. P. BONACELLI, M. B. M. *Atuação da Embrapa nos Mercados de Soja e Milho: Por que Manter Instituições Públicas de Pesquisa no Brasil?* In: Informações Econômicas, SP, v.36, n.10, out. 2006. Disponível em: www.iea.sp.gov.br › out. Acesso: 30/11/2020

GREMAUD, A. P.; VASCONCELLOS, M. A. S. de; TONETO JR, R. *Economia brasileira contemporânea.* 4. ed. São Paulo: Atlas, 2002.

IMBIRIBA, E. P. Et. al. *Criação de Pirarucu.* Empresa Brasileira de Pesquisa Agropecuária. Centro de Pesquisa Agroflorestal da Amazônia Oriental. Brasília: EMBRAPA-SPI, 1996. 93 p. (Coleção CRIAR, 2)

Jornal da Academia Cristã de Letras *Onde haja trevas, que eu leve a luz,* ACL - N.2 - 07 de abril - 2012.pmd – *Outorga.* Disponível em: www.outorga.com.br Acesso: 17/10/2021

KENNEDY, P. *Ascensão e queda das grandes potências*, São Paulo: Campus, 1989.

Linha do Equador. Disponível em: https://pt.wikipedia.org/wiki/Linha_do_equador Acesso: 21/10/2021

MARSHALL, A. *Princípios de Economia V. I* 2. ed. (Coleção Os Economistas) São Paulo: Abril Cultural, 1985

MARX, K. H. O Capital – *Crítica da Economia Política: O Processo de Produção do Capital*, V. I; 30. ed. Rio de Janeiro: Civilização Brasileira, 2012.

MENDONÇA, M. G.; ABRÃO, R. A. F. *Monteiro Lobato e a questão do petróleo no Brasil*. História Econômica & História de Empresas v. 24, n. 2, p. 404-428, maio.- ago., 2021 Disponível em: https://www.hehe.org.br>rabphe>article. Acesso: 14/10/2021

MORAES, P. L. *Nutrição das plantas; Brasil Escola*. Disponível em: https://brasilescola.uol.com.br/biologia/nutricao-das-plantas.htm. Acesso: 12/08/2020.

OLIVEIRA, F. *À Economia Brasileira: Crítica à Razão Dualista*. Em: Estudos CEBRAP Nº 2 e Seleções CEBRAP, Nº 1.

REVISTA ÉPOCA NEGÓCIOS. *Brasil tem maior carga tributária dos Brics, diz estudo*. Revista Época Negócios. Rio de Janeiro: 2021. Disponível em: http://epocanegocios.globo.com/Revista/Common. Acesso: 16/11/2021.

SMITH, A. *A Riqueza das Nações: investigação sobre sua natureza e suas causas.* v. 1, (Coleção Os Economistas), São Paulo: Nova Cultural, 1996.

PAIXÃO, A. G. *A Essência da Economia Desvelada pelo Método Dialético de Platão*; V. Cuiabá: Amazon, 2021.

PAIXÃO, R. S. B. *As Manifestações Divinas sob Análise: na Visão da Ciência.* Cuiabá: Amazon, 2019.

PAIXÃO, R. S. B. *Valoração Econômica de Recursos Ambientais: O Caso da Nascente do Rio Paraguai – Brasil.* Cuiabá: Amazon, 2017.

PLATÃO, *A República,* (Parte I) e (Parte II), Série Filosofar, São Paulo: Escala Educacional, 2006.

Portal solar. Disponível em: https://www.portalsolar.com.br/vantagens-e-desvantagens-da-energia-solar.html Acesso: 26/10/2021

RIBEIRO JR, J. *O que é Positivismo*. 8. ed. (Coleção Primeiros Passos – 72), São Paulo: Editora Brasiliense, 1982.

ROSSETTI, J. P. *Introdução à economia*. 20. ed. São Paulo: Atlas, 2003.

TOLEDO, C. N. *O governo Goulart e o Golpe de 64*. V. 48, Coleção Tudo é História, São Paulo: Brasiliense, 1982.

www.ingramcontent.com/pod-product-compliance
Lightning Source LLC
Chambersburg PA
CBHW082109220526
45472CB00009B/2115